Für Angelica

Wilhelm Kelber-Bretz

Bildungsgerechtigkeit zwischen Anspruch und Wirklichkeit

30 Jahre pädagogische Arbeit auf den Hamburger Elbinseln

© 2021 Wilhelm Kelber-Bretz
Umschlag, Illustration: Roswitha Stein
Lektorat, Korrektorat: Sigrun Clausen

Verlag & Druck: tredition GmbH, Halenreie 40-44, 22359 Hamburg

ISBN
Paperback   978-3-347-35142-4
Hardcover   978-3-347-35143-1
e-Book   978-3-347-35144-8

Inhaltsverzeichnis

Zweites Kapitel

Pädagogische Veränderungen nach dem PISA-Schock

Aus Gründen der besseren Lesbarkeit verwende ich in meinem
Text sowohl die männliche Pluralendung, das Binnen-I als auch
die männliche und weibliche Schreibweise. Damit möchte ich
selbstverständlich niemanden ausschließen.

Land in Sicht,
singt der Wind in mein Herz
Die lange Reise ist vorbei ...

Ton Steine Scherben

Vorwort

Und Jahre oder Jahrzehnte später zeigt sich ihr
und uns, dass keine dieser kleinen Gesten klein war,
sondern dass jede schwer war an Bedeutung ...

Anne Weber, Anette, ein Heldinnenepos

Nach fast dreißig Jahren auf den Elbinseln sind mir heute viele freundliche Schülerinnen und Schüler, nette Klassen sowie eine Unmenge toller Projekte und herausragender Momente in sehr positiver Erinnerung. All das hat mich geprägt und angetrieben. Doch es war nicht immer leicht und nur eine Freude, in der Schule zu arbeiten. Ich brauchte an vielen Stellen Kraft, Ausdauer und Durchhaltevermögen, um meinen Weg zu finden. Über diese lange Zeit schließlich noch ein Buch zu schreiben, bedeutet für mich mehr, als nur die gemachten Erfahrungen geschickt in Worte zu kleiden. All das erscheint mir heute wie eine „lange Reise".

Neben dem aktiven Vorantreiben in der Schule und bei den Projekten im Stadtteil gehörten für mich häufig auch ein Infragestellen und Widerspruch, ja, sogar Widerstand dazu. Dabei bin ich mit meiner kritischen Meinung zu bestimmten pädagogischen Fragen bei einer Reihe von Kolleginnen und Kollegen, besonders bei den Schulleitungen und der Bildungsbehörde, immer wieder angeeckt. Meine Kritik hätte aus meiner heutigen Sicht hier und da etwas weniger emotional, nicht so persönlich und manchmal im Ton nicht ganz so scharf formuliert sein müssen. Sachlich notwendig war sie in der Nachschau allemal!

Auf meinem Weg musste ich immer wieder neue Pfade suchen und finden. Das konnte ich nicht allein im stillen Kämmerlein. Ich benötigte

Freunde, Kolleginnen und Unterstützer, die mir, mal mit großem Engagement, mal mit wertvollen kleinen Gesten, halfen und mitgingen.

Ich danke allen, die mich auf dieser langen Reise begleitet haben. Es sind so viele, dass ich sie in der gesonderten Danksagung am Ende des Buches nenne. Schon an dieser Stelle möchte ich besonders meine langjährigen Freunde und Kolleginnen des Forums Bildung Wilhelmsburg (FBW) sowie vom „roten Sofa" in meiner Schule hervorheben.

Bei der Erstellung des Buches haben mir viele Freunde geholfen. Ich danke allen für die inhaltlichen und gestalterischen Anregungen! Es war mir bei diesem (letzten) großen Buch-Projekt noch einmal wichtig, mit den Kolleginnen auf den Elbinseln zusammenzuarbeiten, die mich seit vielen Jahren begleiten. Ich danke daher sehr herzlich Sigrun Clausen für das Endlektorat und Roswitha Stein für das Titelbild und die grafische Gestaltung.

Mit dem Verkauf des Buches sollen die Projekte des Wilhelmsburger Bildungsfonds (WBF) unterstützt werden.

Den weitaus größten Teil dieses Buches hatte ich vor dem März 2020 fertiggestellt. Dann kam Corona und veränderte das gesamte gesellschaftliche und somit auch das schulische Leben. Ich werde an bestimmten Stellen konkret auf die Auswirkungen der Pandemie Bezug nehmen, die neue Gesamtsituation kann ich hier allerdings nicht berücksichtigen.

Einleitung
Warum ich dieses Buch schreibe

Was ich möchte ... ist, das wiederzugeben, was wert ist, gesehen zu
werden: ein Stück Leben, das nicht jeder kennt.

Irving Stone, Vincent van Gogh – Ein Leben in Leidenschaft

Ich selbst komme aus bildungsfernen Verhältnissen. Das Engagement
meines damaligen Lehrers war ein erster Impuls, selbst diesen Beruf
ergreifen zu wollen und mich für bildungsbenachteiligte Kinder einzusetzen. Doch bevor ich Jahre später als Lehrer auf den Elbinseln arbeiten
durfte, musste ich viele Umwege gehen: mit LKWs zu Baustellen fahren,
auf Zauberbühnen Kunststücke präsentieren und als Entwicklungshelfer
ein afrikanisches Land unterstützen.

Fast zehn Jahre nach meinem Examen war es dann so weit: Ich bekam
doch noch eine Lehrerstelle im Hamburger Stadtteil Wilhelmsburg, auf
der großen Elbinsel. Dort lernte ich Pädagoginnen und Pädagogen
kennen, die ihren Beruf mit großem Engagement ausübten und
versuchten, eigene und neue Wege einzuschlagen, um den Kindern
bessere Chancen zu bieten. Die dabei gesammelten Erfahrungen dienen
bis heute als Vorbilder für andere Stadtteile Hamburgs und darüber
hinaus.

Ich hatte das Glück, fast dreißig Jahre lang in unterschiedlichen
Bereichen der Bildung auf den Hamburger Elbinseln, vorwiegend in
Wilhelmsburg, arbeiten zu dürfen. So konnte ich die verschiedenen
Phasen der gesellschafts- und bildungspolitischen Entwicklungen aus
nächster Nähe beobachten, begleiten und an einigen Stellen ein wenig
mitgestalten.

In den ersten Jahren ab 1992 war ich vornehmlich als Fach- und Klassenlehrer an einer Gesamtschule in Wilhelmsburg tätig. Kurz danach startete
ich parallel dazu mein erstes außerunterrichtliches Kinderprojekt, den
Zirkus Willibald. Viele Jahren lang zeichnete ich darüber hinaus verantwortlich für unterschiedliche schulische Aufgabenfelder, anfänglich für
den Freizeit- und Ganztagsbereich, später für die Berufsorientierung.

Um die Jahrtausendwende rückte Bildung allgemein durch den so genannten „PISA-Schock" verstärkt in den Fokus der Öffentlichkeit und auch der Hamburger Politik. So wurde ich 2002 mit einer halben Lehrerstelle Geschäftsführer des lokalen Bildungsnetzwerkes Forum Bildung Wilhelmsburg (FBW). Das FBW war mit der Planung und Durchführung stadtteilweiter Bildungsprojekte, z. B. den Wilhelmsburger Lese- und Forschungswochen betraut.

2005 begannen die ersten Planungen der Internationalen Bauausstellung (IBA) mit der eingebundenen Bildungsoffensive Elbinseln (BOE). Damit erweiterte sich erneut mein Arbeitsfeld. In den folgenden Jahren wurde ich Verantwortlicher in unterschiedlichen neuen Bildungsgremien der IBA und der Bildungsbehörde. 2009 entwarfen wir in unserem Bildungsnetzwerk ein erstes gemeinsames pädagogisches Leitbild für den Stadtteil und nannten es „Elbinselpädagogik".

2013 war das lang ersehnte große Präsentationsjahr der IBA und der BOE. Die Elbinseln sollten sich der Öffentlichkeit von ihrer besten Seite zeigen - und das taten sie auch. Doch schon 2014 setzte die Bildungsbehörde (BSB) erste entscheidende Zeichen: fast alle Koordinierungsstellen für die langjährige Netzwerkarbeit wurden nach und nach gestrichen (auch meine) und der größte Teil der Unterstützung für die stadtteilweiten Projekte lief aus. Wir mussten also schnell neue Wege finden, um zumindest die erfolgreichen Stadtteilprojekte weiterzuführen.

Über die vielen Jahre konnte ich die eben genannten Prozesse und Entwicklungen nicht nur beobachten, sondern als Lehrer in der schulischen Praxis sowie als Projektleiter und Bildungskoordinator auch an ihnen mitwirken.

Von Anfang an beschäftigte mich das Thema Bildungsgerechtigkeit, insbesondere die Fragen: Wie können bildungsbenachteiligte Kinder und Jugendliche besser gefördert werden? Wodurch verbessern sich tatsächlich ihre Bildungs- und damit ihre Aufstiegs- und Lebenschancen? Fast alle meine pädagogischen Aktivitäten im Unterricht, in der Schule und im Stadtteil waren letztlich an diesen Fragen ausgerichtet.

Über die vielen Jahre hinweg erkannte ich immer mehr Widersprüche. Im Laufe von dreißig Jahren hatten sich nicht nur eine Vielzahl von

14

einzelnen pädagogischen Projekten in der Schule und im Stadtteil entwickelt, sondern es entstanden, trotz aller Probleme, verbindende Strukturen, ein einzigartiges „lebendes System", das bildungsfernen Kindern bessere Möglichkeiten eröffnen konnte. Doch all das war immer nur begrenzt. Es funktionierte nicht widerspruchsfrei, und einiges behinderte aus meiner Sicht sogar die Förderung von Bildungsbenachteiligten und damit Bildungsgerechtigkeit.

Ich hielt zunächst sporadisch, dann systematischer einzelne Erlebnisse und Erfahrungen stichwortartig fest. Schon bei meinen ersten Versuchen des Zusammenschreibens spürte ich, wie besonders diese Zeitspanne war, wie viel sich über die Jahre verändert hatte - auch ich - und welche außergewöhnlichen Erfahrungen ich sammeln durfte. Wäre es nicht sinnvoll, all dies - geleitet von meinen zentralen Fragestellungen - anderen mitzuteilen? So entstand aus meinen Niederschriften dieses Buch.

Die Aufzeichnungen habe ich in vier Kapitel unterteilt. Zunächst stelle ich aus den ersten etwa zehn Jahren meiner Tätigkeit als Lehrer einige für mich prägende Aspekte dar. Im zweiten Kapitel geht es um den Zeitraum von der Jahrtausendwende bis heute. Die Elbinseln und auch die Pädagogik allgemein traten stärker in den Fokus. Vor dem Hintergrund einer rasanten gesellschaftlichen Entwicklung wurden pädagogische und schulische Veränderungen immer schneller eingeführt. Es zeigten sich neue Erkenntnisse in der Pädagogik, der Soziologie, der Psychologie und der Hirnforschung.

Schließlich stellt sich noch die Frage, ob Unterricht bzw. Schule überhaupt allein die umfassende Förderung der Kinder und Jugendlichen bewerkstelligen kann. So lege ich im dritten Kapitel meinen Fokus auf besondere Beispiele von außerunterrichtlichen und stadtteilweiten Projekten und beschreibe im letzten Kapitel die Netzwerkarbeit im Stadtteil.

Am Ende jedes Kapitels ziehe ich ein Fazit und versuche aus meiner heutigen Sicht Anregungen für eine zukunftsweisende Bildung für benachteiligte Kinder und Jugendliche zu geben. Meine unterbreiteten Vorschläge sollen jedoch keine „pädagogische Rezeptsammlung" sein.

Vielmehr möchte ich aus meinen langjährigen Erfahrungen Denk- und Diskussionsanstöße geben.

Ein Teil der folgenden Aufzeichnungen ist sehr persönlich. Alle im Buch beschriebenen Situationen habe ich selbst erlebt, nur an einigen Stellen leicht verändert, um die genannten Personen zu anonymisieren. Die Fallbeispiele wurden von mir deshalb ausgewählt, weil sie in ähnlicher Weise auch in vergleichbaren Schulen passiert sind oder an anderen Orten so hätten geschehen können.

Durch mein Buch sollen sich vor allem Pädagoginnen und Pädagogen angesprochen fühlen, die über den schulischen Tellerrand hinausschauen und sich für Bildungsgerechtigkeit einsetzen wollen. Ich möchte die Diskussion zu diesem Thema neu beleben. Diese Aufzeichnungen sind mein Beitrag dazu.

Darüber hinaus hoffe ich, mein Buch ist für alle Leserinnen und Leser eine interessante Lektüre - mit vielen Einblicken in ein besonderes „Stück Leben" und in einen außergewöhnlichen Ort, mitten in einem großen deutschen Fluss. Das Buch soll Mut machen und Kraft geben, die Pädagogik auf den Elbinseln und in vergleichbaren Regionen weiter voranzutreiben.

Erstes Kapitel

Meine ersten zehn Jahre auf den Elbinseln

Mein Einstieg

Fast zehn Jahre lang hatte ich auf diesen Augenblick gewartet. Endlich stand ich im Sommer 1992 in einer Schule, einer Gesamtschule auf der zu Hamburg gehörenden Elbinsel Wilhelmsburg. Dort sollte ich als Lehrer, mit der Perspektive einer Festanstellung, arbeiten.

In den Jahren zuvor war es aussichtslos gewesen, in Deutschland eine Festanstellung als Lehrer zu bekommen. Nach meinem zweiten Staatsexamen als Gymnasiallehrer für Mathematik und Sport hatte ich daher seit Beginn der 1980er-Jahre meinen Lebensunterhalt als LKW-Fahrer, Nachhilfelehrer und als Entwicklungshelfer in Simbabwe sowie als Sozialbetreuer in einem Hamburger Sportverein verdient. Nebenher hatte ich auf Reisen in verschiedene Länder und Kontinente der Welt vielfältige Erfahrungen mit anderen Kulturen gesammelt. Meine Talente und meine Beschäftigung als Artist und Zauberkünstler versuchte ich zusätzlich zu professionalisieren.

In Hamburg lebte ich nun seit einigen Jahren, hatte mich immer wieder für den Schuldienst beworben, aber, wie viele andere, die Hoffnung eigentlich schon aufgegeben. In irgendeiner Liste in der Bildungsbehörde schien meine Bewerbung abgelegt und vergessen worden zu sein.

Im Winter 1991/92 bekam ich zum ersten Mal für ein paar Wochen an einer Wilhelmsburger Schule eine Schwangerschaftsvertretung für eine Mathe-Lerngruppe. Hauptamtlich arbeitete ich in einem Sportverein und organisierte Kursangebote für den Seniorensport, Kooperationsprojekte mit Schulen und Zirkusprojekte mit Kindern und Jugendlichen. Abends und am Wochenende trat ich als Zauberkünstler auf und verdiente so noch ein bisschen Geld hinzu.

Kurz vor den Sommerferien 1992, es war ein Freitagnachmittag, ich bereitete mich gerade auf einen Zauberauftritt am frühen Abend vor, rief mich gegen 16 Uhr völlig überraschend der Personalreferent der Bildungsbehörde in Hamburg an. Er fragte mich, ob ich umgehend an einer Schule vorbeigehen könne, um mich dort vorzustellen. Es gehe um eine Festanstellung als Lehrer. Wäre ich nicht zuhause gewesen, hätte er wahrscheinlich den nächsten Kandidaten auf seiner Liste kontaktiert. So telefonierte ich sofort mit der Schule und vereinbarte für den selben Abend um 20 Uhr „in der Aula" einen Termin beim Schulleiter.

Ich absolvierte noch meinen Auftritt und fuhr anschließend direkt dort hin. Mein Outfit, weißes Hemd, gebügelte Faltenhose und legeres, schwarzes Jackett, schienen mir durchaus angemessen für das bevorstehende Bewerbungsgespräch.

Vor der Aula sah ich zunächst nur zwei muskelbepackte, südländisch wirkende junge Männer, die als Türsteher fungierten. Hinter der verschlossenen Tür tobte das Leben. Laute türkische Musik war zu hören, verbunden mit einem ohrenbetäubenden Gejohle. Ich fragte die Burschen nach dem Schulleiter. Nach wenigen Augenblicken kam er heraus, ein großer, vollbärtiger Mann in Jeans und Wollpulli, der mich kurz von oben bis unten musterte, mich dann aber freundlich begrüßte, indem er mir mit seiner Pranke kräftig die Hand drückte. Er führte mich in sein Büro.

Das Vorstellungsgespräch, auf das ich fast zehn Jahre lang gewartet hatte, dauerte keine zehn Minuten. Die erste und eigentlich einzig wichtige Frage von ihm lautete: „Traust DU dir das hier wirklich zu?" Ich antwortete nach kurzem Zögern einfach mit „Ja" und versuchte noch mit ein paar Worten mein Overdressing sowie meine Erfahrungen und Qualifikationen für einen solchen Job zu erklären. Nach einem kurzen skeptischen Blick gab er mir sein Okay. Ich solle am Montag im Schulbüro vorbeikommen, um die Formalitäten zu erledigen. Er müsse jetzt zurück zum Schülerfest, sonst könne das schnell aus dem Ruder laufen.

Nach den Sommerferien fing ich als fest angestellter Lehrer an einer Gesamtschule in Wilhelmsburg an. Ich habe dort bis heute ohne Unterbrechung fast drei Jahrzehnte lang gearbeitet.

Wilhelmsburg – ein abgeschriebener Stadtteil?

Wilhelmsburg ist eine Insel. Man sieht das daran, dass man immer über eine Brücke fährt ... Und Wilhelmsburg gehört auch zu Hamburg.

Selina, Grundschülerin aus Wilhelmsburg,
in Willipedia - Ein Elbinselführer

Kaum einer meiner Freunde und Bekannten kannte damals die Elbinseln oder wusste etwas Genaueres über Wilhelmsburg. Der Stadtteil lag für die meisten Hamburger „weit weg, südlich der Elbe". Man fuhr zwar häufig über die Elbbrücken zur A1 in Richtung Hannover, ließ von der Autobahn her die große Hochhaussiedlung Kirchdorf-Süd hinter der Raststätte Stillhorn an sich vorbeiziehen und sah weitläufige Wiesen, einige Felder und viele Bäume. Aber dort zu arbeiten oder sogar zu leben war für alteingesessene Hamburger kaum vorstellbar.

Wilhelmsburg kannte man eigentlich nur durch Negativschlagzeilen aus der Presse, als den vorgelagerten „Müllhaufen" der Hansestadt. Hier verliefen nebeneinander die großen Verkehrs-Trassen, die nach Hamburg hinein- und herausführten. Hier lebten vorwiegend Migranten und Menschen vom Rande der deutschen Gesellschaft. Wenn es einen Raub, Mord oder Drogendeal in Hamburg gab, dann schien dies meist in Wilhelmsburg zu passieren.

Doch wie ich sehr schnell wahrnahm, gab es ein buntes, lebhaftes und interessantes Alltagsleben, in der Schule, auf den Straßen und Märkten, mit einer Vielfalt von Menschen, Kulturen und Religionen, die ich so überhaupt noch nicht kannte. Und die Elbinseln waren so unterschiedlich strukturiert, wie ich es bis dahin auch noch nicht gesehen hatte. Der Bogen spannte sich von Hafenkais und Industrieanlagen über ein dörfliches Milieu, traditionsreiche Wohnviertel aus der Gründerzeit und Hochhaussiedlungen aus den 70er-Jahren bis hin zu Schrebergärten und kleinen Kanälen, Elbstränden und Naturschutzgebieten sowie Feldern, naturbelassenen Wäldchen und Pferdeweiden - eine Vielfalt, die für Nicht-Wilhelmsburger im Verborgenen schlummerte und die es nach und nach für mich zu entdecken galt.

Neben dieser Vielfalt gab es etwas Besonderes, Eigenes, selten direkt Ausgesprochenes, aber doch Wahrnehmbares: ein Zusammengehörigkeitsgefühl, das wohl auf die Insellage und das zeitweise „Vergessen-Worden-Sein" zurückzuführen war.

Bei Veranstaltungen oder auch zufällig begegneten mir oft engagierte Wilhelmsburger, Alteingesessene und neu Hinzugekommene, Aktive im Stadtteil, die sich schon seit vielen Jahren für Wilhelmsburg und die Veddel als qualitätsvollen Ort des Wohnens, des Zusammenlebens und des Arbeitens einsetzten.

Und das musste man auch sehr engagiert und couragiert tun. Denn die Elbinseln waren über Jahrzehnte von den Hamburgern ignoriert und vom Senat abgeschrieben worden. Nach der Flutkatastrophe von 1962 hatte sich Wilhelmsburg immer mehr zu einem „sozialen Brennpunkt" entwickelt. So nahmen zwangsläufig auch die Konflikte und zum Teil heftigen Auseinandersetzungen auf den Elbinseln zu. Immer wieder standen die Themen Umwelt (Müllberg und Müllverbrennungsanlage), Verkehr (Autobahnen, Gütertrassen, die Wilhelmsburger Reichsstraße), Wohnen (fehlender Wohnraum und verwahrloste Mietblocks), Freizeit (zu wenige Kinder- und Jugendeinrichtungen, Schließung des Freibades, fehlendes Kino) und natürlich auch die Bildung (unzureichende Versorgung mit Kitaplätzen, schlechte Ausstattung der Schulen, unterdurchschnittliche Bildungserfolge) auf der Agenda.

Die Situation an den Wilhelmsburger Schulen war damals verheerend. Mitte der 1990er-Jahre erreichten meist um die 25% eines Jahrgangs keinen Schulabschluss oder brachen die Schullaufbahn vorzeitig ab. Das waren mehr als doppelt so viele wie im Hamburger Durchschnitt. Knapp ein Drittel der Schulabgänger erreichten einen Hauptschulabschluss, gut 10% das Abitur. Nur wenige fanden direkt nach der Schule einen Ausbildungsplatz.

Vor-Erfahrungen

... dass ich zur Elite gehören sollte, verstand ich nicht ... Ich ahnte, dass es etwas mit meiner Haltung zu tun hatte ... dass meine ... fussligen grauen Oberteile nicht geeignet waren ... dass mein Wohnort nicht geeignet war.

Deniz Ohde, Streulicht

Ich stamme selbst aus einem bildungsfernen Elternhaus. Mein Vater war Bäcker, meine Mutter Hausfrau, beide hatten nur acht Jahre lang die Schule besucht. Ich habe noch fünf Geschwister und musste sehr viel im elterlichen Kleinbetrieb mitarbeiten. Als Sohn eines Handwerkers ging man in den 1960er-/70er-Jahren auf die Haupt- oder Mittelschule, um in die Fußstapfen des Vaters zu treten. Mein damaliger Klassenlehrer in der Realschule sah das jedoch anders. Er förderte mich, sah in mir Potenziale für weiterführende Bildungswege und setzt sich dafür ein. Nur durch seine aktive Unterstützung konnte ich nach der Mittleren Reife die Oberstufe eines Gymnasiums besuchen. Dieses besondere Engagement meines Lehrers war ein prägender Impuls für meine Berufswahl und auch für meinen eigenen, späteren Einsatz für bildungsbenachteiligte Kinder.

Ich kann mich noch sehr genau daran erinnern, wie ich zum ersten Mal zum ehrwürdigen städtischen Gymnasium ging und dort von den „höheren" Söhnen und Töchtern der Ärzte, Rechtsanwälte und Unternehmer meines Heimatortes von oben herab und mit der in ihren Blicken liegenden Arroganz betrachtet wurde. Passte schon mein Äußeres nicht, so vermutete ich zudem, dass meine begrenzte Sprachfähigkeit und meine einfache Lebensweise auffallen würden. Zum Glück begleitete mich ein Freund aus der Realschulzeit ins Gymnasium. Uns beiden wurde dort nichts geschenkt. Wir mussten regelmäßig und hart arbeiten, um gute Leistungen zu erzielen. So brauchte es ein bis zwei Jahre, bis wir eine gewisse Anerkennung erlangten.

Nach dem Abitur und dem zu dieser Zeit noch verpflichtenden Grundwehrdienst fing ich an, Mathematik und Sport für das Höhere Lehramt in Göttingen zu studieren. So schön das Sportstudium und so frei die

Studentenzeit insgesamt auch ablief, das Mathematikstudium war extrem belastend und anspruchsvoll - und auch hier konnte ich nur gemeinsam mit Freunden, mit viel Fleiß und Disziplin, am Ende einen guten Abschluss erreichen. Nebenbei engagierte ich mich über viele Jahre im Fachschaftsrat Sport. Während dieser Zeit suchten wir bereits Alternativen zum Wettkampf- und Leistungssport. Ich sammelte erste Erfahrungen mit Akrobatik und Jonglage und schrieb meine Examensarbeit über den Beitrag des außerschulischen Sports zur gesellschaftlichen Emanzipation. Nach der erfolgreichen Lehrerausbildung, als es fast ein Jahrzehnt lang keine freien Lehrerstellen in ganz Deutschland gab, hatte ich, aus heutiger Sicht, das Glück, viele Tätigkeiten auszuüben, die mir später als Lehrer sehr halfen: Ich lernte in Fabriken, als LKW-Fahrer und auf Baustellen, also außerhalb eines akademischen und pädagogischen Milieus, mit sehr unterschiedlichen Menschen zusammenzuarbeiten.

Auch meine Erlebnisse auf den Reisen durch die halbe Welt, besonders in lateinamerikanische und arabische Länder, nach Iran und Afghanistan, prägten mich und halfen mir sehr, mit der kulturellen Vielfalt und meinen diversen Aufgabenfeldern an der Schule in Wilhelmsburg umzugehen. Als Zauberkünstler und Artist konnte ich nicht nur im Sportunterricht und bei Vertretungsstunden glänzen, sondern schon sehr bald eine Zirkusprojektwoche für die Grundschule organisieren und direkt anschließend mit meiner ersten eigenen Klasse den „Zirkus Willibald" starten.

Als Lehrer in Simbabwe

Eine weitere entscheidende Prägung für meine spätere Arbeit in Wilhelmsburg erfuhr ich durch meine mehrjährige Tätigkeit als Entwicklungshelfer in Simbabwe im südlichen Afrika, die ich an dieser Stelle noch etwas ausführlicher beschreiben möchte.

„Ishe kumborera Afrika". Dieses „Gott segne Afrika" war der Beginn der damaligen simbabwischen Nationalhymne, die jeden Morgen vor Unterrichtsbeginn bei der Schulversammlung von allen aus tiefstem Herzen gesungen wurde.

Ich hatte mich beim Deutschen Entwicklungsdienst (DED) beworben, der mich Mitte der 1980er-Jahre als Lehrer nach Simbabwe entsandte. Dort unterrichtete ich mehr als zwei Jahre lang Mathematik in den Abschlussklassen in einer ländlichen Sekundarschule mit etwa 600 Schülern. Die Schule lag rund 150 km von der Hauptstadt Harare entfernt, im Norden des Landes, kurz vor dem Sambesi-Tal.

Die ehemalige Missionsschule befand sich irgendwo im Nirgendwo in den so genannten Rural Areas, den von „Schwarzen" besiedelten, landwirtschaftlich schwer zu bewirtschaftenden Regionen des Landes. Von der Hauptstadt aus fuhr ich mit meinem kleinen Motorrad Richtung Norden zunächst auf breiten, gut geteerten Straßen. Irgendwann wurde die Straße einspurig, ging in eine „Gravelroad" über, auf der ich noch eine halbe Stunde lang fahren musste, um schließlich ohne jedes Hinweisschild nach links in eine „Dustroad" abzubiegen, die nach vielen weiteren Kilometern zur Magwenya Secundary School führte.

Simbabwe war damals noch ein aufstrebendes Land, mit einer Vorbildfunktion für das unter der Apartheid regierte Südafrika. Ich traf dort auf viele Menschen, die ihr Land vorwärts bringen wollten, die sich am Aufbau dieser jungen Demokratie beteiligten. Alle sahen in der Bildung den Schlüssel für die Entwicklung des ganzen Landes. Und ich wurde aufs Herzlichste eingeladen dabei mitzumachen.

Ich lebte unter sehr einfachen Bedingungen, in einem kleinen Häuschen mit Wellblechdach, Plumpsklo vor der Tür, ohne fließendes Wasser und Strom. Ich war im Umkreis von fünfzig Kilometern der einzige Weiße, der mit den Schwarzen eng zusammenlebte und als „normaler" Lehrer dort arbeitete.

Das Schulsystem, sehr autoritär und angegliedert an das britische Bildungs- und Prüfungswesen, war auf den strikt festgelegten und vorgegebenen Lernstoff der vorwiegend akademischen Fächer und die englischen/internationalen Cambridge-Prüfungen ausgerichtet. Neben der meist umgangssprachlich verwandten Landessprache Shona war Englisch die offizielle und auch die Unterrichts-Sprache. Die meisten Schüler lebten in den umliegenden Dörfern oder Compounds, meist kleinen Ansiedlungen aus Strohhütten. Die Eltern waren einfache

Bauern. Täglich legten die Schüler morgens und am Spätnachmittag bis zu 10 km Fußmarsch - ob bei Tropenregen oder, meistens, bei trockener Hitze - zurück.

Nach der täglichen „Assembly", der Schulversammlung mit Nationalhymne und den obligatorischen Ankündigungen des Schulleiters, ging es in die Klassen. Diese bestanden aus einfachen, weiß getünchten Räumen, manchmal sogar ohne Dach, ausgestattet mit zu wenigen, kleinen Sitzbänken und Pulten. Dort mussten die Kinder und Jugendlichen bis zu acht Unterrichtsstunden, den ganzen Tag lang, zu dritt oder viert sitzen, in den Prüfungszeiten sogar häufig auf dem blanken Boden, mit über vierzig anderen Schülern pro Klasse, bei einer Tagestemperatur von bis zu 40°C.

Neben den akademischen Fächern gab es am Anfang nur das Fach Landwirtschaft als so genanntes Praktisches Fach. Die einzige Abwechslung des sehr langen und streng geregelten Unterrichtsalltags waren die „Clubs": Mittwochs ging der Unterricht nur bis zum Mittag, und am Nachmittag fanden diese Clubs in Verbindung mit dem Sport- und Kulturprogramm oder Wettkämpfen statt. Ich bekam zum ersten Mal die Möglichkeit, in diesem Bereich vielfältige Erfahrungen sammeln zu dürfen. Dabei wurde mir die Bedeutung dieser extracurricularen - und über die Schule hinausgehenden - Aktivitäten für die Entwicklung der Kinder und Jugendlichen bewusst.

Bis heute empfinde ich diese Zeit als die prägendste und spannendste Phase meines beruflichen Lebens. Was war das Besondere an meiner Arbeit als Lehrer in Afrika, an dieser Zeit insgesamt? Warum machte es mir große Freude und brachte mir Genugtuung, mit fast unendlicher Energie und immer mehr Leidenschaft diesen aus dörflichen Strukturen und ärmsten Verhältnissen kommenden Schülern zu helfen?

Trotz der äußerst harten Bedingungen traf ich fast durchgängig auf lernbegierige, offene und engagierte junge Menschen, die immer bemüht waren, ihr Bestes zu geben. Sie sahen in der Schule, im Unterricht und bei den Clubaktivitäten eine Chance, die sie nutzen wollten. Für sie waren Lernen und Erfahrungen sammeln, Bildung im weitesten Sinne, ein Privileg. Gute Abschlüsse waren für sie die einzige Möglichkeit, dem kargen Leben auf dem Lande und den ärmlichen Verhältnissen zu entrinnen. Heute noch erinnere ich mich mit großem Respekt an das Durchhaltevermögen der Schüler, ihren Fleiß und ihre Disziplin im Schulalltag. An das Erdulden von Widrigkeiten, wie die Hitze, das stundenlange Warten auf einen „Transport" und die täglichen kilometerlangen Fußmärsche. Und mit größter Freude denke ich an das offene Lachen, die Lebendigkeit, die Energie und auch den Respekt mir gegenüber sowie die Hilfsbereitschaft und die Freundlichkeit der Schüler zurück.

So gelang es trotz der harten Bedingungen vielen Schülern, einen guten Schulabschluss zu erreichen. Und ich durfte eine ganze Reihe von jungen Menschen in Simbabwe bei diesem schwierigen Weg unterstützen.

Nach meiner Rückkehr nach Deutschland zum Ende der 1980er-Jahre ging ich nach Hamburg und bekam eine befristete Stelle als „Sozialbetreuer" in einem Sportverein. Mein Schwerpunkt sollte im Aufbau von Freizeitangeboten für Kinder und Jugendliche liegen. In diesem Rahmen startete ich meine ersten Jonglier- und Akrobatikkurse sowie regelmäßige Zirkusprojekte mit abschließenden großen Zirkusaufführungen und einer einwöchigen Zirkusfahrt mit Pferd und selbst bemalten Zirkuswagen durch den Landkreis. Diese Fahrt wurde für alle Beteiligten ein unvergessliches Erlebnis. Die meisten Kinder hatten so etwas noch nicht erlebt. Viele wirkten danach viel selbstbewusster - und das Erlebnis schweißte uns noch lange Zeit zusammen.

Diese Projekte sowie die damit verbundenen Organisations- und Kooperationserfahrungen halfen mir danach als Lehrer sehr dabei, aus der Schule herauszugehen und mit anderen Einrichtungen, wie Häusern der Jugend oder lokalen Turnvereinen zusammenzuarbeiten.

Gute Voraussetzungen

Im Grunde genommen gab es für mich zwei besonders gute persönliche Voraussetzungen für meine Arbeit als Lehrer in Wilhelmsburg: Die erste war meine Vergangenheit, mein eigener bildungsferner Hintergrund als Kind. Ich musste mich damals selbst gegen viele Widerstände „durchboxen" und konnte so das soziale Umfeld und die damit verbundenen Schwierigkeiten der Schüler in Wilhelmsburg sehr gut nachvollziehen. Der zweite Vorteil war, dass ich eine Menge anderer Arbeitsbereiche kennengelernt und auf meinen langen Reisen und Auslandsaufenthalten viele Erfahrungen im realen Leben außerhalb der Schule gesammelt hatte. Sie konnte ich nun nutzen.

Als ich in Wilhelmsburg begann, war ich kein ganz junger Lehrer mehr. Trotzdem fühlte ich mich als der richtige Mann an der richtigen Stelle - und so machte ich mich auf den Weg. Ich startete neben dem Unterricht mit zunehmender Intensität fachübergreifende Projekte, Ausflüge und Fahrten, meist in Verbindung mit Zirkusaktivitäten - immer auch außerhalb der Schule und möglichst nah am realen Leben.

Die ersten Jahre in der Schule

Wie geht man vor, um sich das Fremde zum Freund zu machen? Man geht. Macht sich auf den Weg.

Ulla Hahn, Spiel der Zeit

Fast zehn Jahre nach dem Abschluss meiner Lehrerausbildung war ich nun an einer besonderen deutschen Schule angekommen. Die ersten Wochen als Lehrer waren spannend. Vieles war zunächst fremd, auch sehr belastend. Lange hatte ich in Deutschland nicht mehr in einer Schule unterrichtet, und noch nie in einem sozialen Brennpunkt einer Großstadt. An der Universität in Göttingen und im Referendariat im gutbürgerlichen Umfeld einer hessischen Kleinstadt war ich auf dieses spezielle Milieu nicht vorbereitet worden.

Anfangs fand ich keine angemessene Form, in den Unterrichtsstunden wirklich das geforderte Wissen zu vermitteln. Meist war ich froh, eine Stunde und einen Schultag halbwegs vernünftig hinter mich gebracht zu haben. An den Abenden und Wochenenden war ich so ausgelaugt, dass ich kaum noch anderen Aktivitäten nachgehen konnte. Auch fiel es mir sehr schwer, über den normalen Unterricht an die Schüler heranzukommen. Ich stellte aber schnell fest, dass mir dies relativ leicht beim Sport und in den eher informellen Bereichen, besonders bei den Freizeitaktivitäten und später verstärkt als Klassenlehrer, gelang.

26

Ich mochte die Kinder und Jugendlichen einzeln, zunächst aber nicht unbedingt als Lerngruppe. Mir gefiel ihre lebendige Art, das „Südländische", das damals vorwiegend türkische Flair. Vor allem aber spürte ich etwas Unbekanntes auf mich zukommen. Ich merkte, dass ich mich an eine neue, interessante und auch sinnvolle Aufgabe herantasten durfte. Dabei rutschte ich in ein tolles Kollegium hinein. Die Schulleitung war offen und half, wo es nur ging. Sehr bald erkannte ich, dass ich auf meinen vielfältigen Vor-Erfahrungen aufbauen und diese immer mehr einbringen konnte.

In diesen ersten Jahren war ich neugierig, ging mit unendlicher Energie an die Arbeit heran, erkundete das schulische Umfeld, sammelte viele neue Erfahrungen und versuchte nach und nach, einen Überblick zu gewinnen. Ich sah dabei fast nur die positiven Seiten meiner Schule und meines Berufs: Zum einen das Glück, in einem offenen und engagierten Kollegium arbeiten zu dürfen. Man war sehr freundlich zueinander, sprach ohne Vorbehalte auch über die Probleme bei der Arbeit und unterstützte sich gegenseitig. Zum anderen das gute Gefühl, eng mit einer an Beteiligung interessierten Schulleitung kooperieren zu dürfen. Ich konnte von Anfang an an der Entwicklung eines neuen Schulprogramms mitarbeiten, meine Ideen einbringen und die gemeinsamen Vorstellungen in einer aufstrebenden Gesamtschule mit viel Unterstützung und wenigen Einschränkungen umsetzen.

Wir alle sahen uns eingebunden in die Tradition humanistischer und emanzipatorischer Erziehung, wollten die Schülerinnen und Schüler zur aktiven Teilnahme an der Gesellschaft befähigen und auch auf das Arbeitsleben vorbereiten. Ich sah den Lehrerberuf damals noch als einen „freien Beruf" an, bei dem ich die methodischen, fachlichen und pädagogischen Entscheidungen im Wesentlichen aus meinen eigenen Erfahrungen heraus und aus meiner konkreten, persönlichen Sicht treffen konnte. Letztlich wurde nicht sehr vieles von oben verpflichtend vorgegeben, und die „neue Lernkultur" hielt zunächst nur in kleinen Portionen Einzug in den alltäglichen Unterricht. Es war uns immer wichtig, die Schüler und Eltern mit ins pädagogische Boot zu nehmen, die Schule in den Stadtteil zu öffnen und außerschulische Lernorte mit einzubeziehen.

Wir hatten in der Regel nicht sehr große Klassen mit maximal fünfundzwanzig Schülern, die wir immer im Doppeltutoriat leiteten, meist mit einer Frau und einem Mann. Auch die Stundenpläne wurden so weit wie möglich mit den KollegInnen und den Jahrgängen abgestimmt. Die Schule war überschaubar, mit vier parallelen Klassen in einem Jahrgang. Sie war nach den in Gesamtschulen damals gängigen Prinzipien mit einem offenen Ganztagskonzept einigermaßen klar strukturiert. Jeder Schüler konnte seinen Leistungsfähigkeiten und Möglichkeiten entsprechend ab Jahrgang 6 oder 7 auf Basis- oder erweitertem Niveau in I-er oder II-er-Kursen lernen und jedes Halbjahr auf-, aber natürlich auch absteigen. Zudem konnte man, seinen Interessen folgend, verschiedene Wahlpflichtfächer aussuchen.

Die Schulleitung war kooperativ und in der Regel verständnisvoll. Auf den Jahrgangs- und Gesamtkonferenzen wurde zwar solidarisch, aber immer offen, wenn nötig konfrontativ argumentiert und für die besten inhaltlichen Lösungen gestritten. Dies alles war möglich, weil uns ein gemeinsames Ziel verband, nämlich uns für unsere vorwiegend bildungsfernen, sozial benachteiligten SchülerInnen einzusetzen. Wir wollten ihnen bessere Chancen bieten und das auf der Grundlage einer engen Verbundenheit. All das reflektierten wir über einige Jahre in einer festen Arbeitsgruppe zur Organisationsentwicklung der Schule und schrieben es in einem Schulprogramm zusammen, das für lange Zeit die Grundlage unserer erfolgreichen pädagogischen Arbeit war.

Von außen betrachtet, bei formalen Vergleichen mit anderen Schulen und besonders mit anderen Stadtteilen Hamburgs, lagen wir bei den Leistungen immer deutlich unter dem Durchschnitt, bis auf sehr wenige Ausnahmen. Einmalig errang eine meiner Matheklassen bei einem hamburgweiten Test von insgesamt etwa 150 teilnehmenden Klassen völlig unerwartet einen Platz im vorderen Drittel.

Doch die eigentlichen „Erfolge" meiner pädagogischen Arbeit bestanden damals nicht in guten Noten, sondern eher in einer ernst gemeinten Entschuldigung eines Schülers nach einem Streit, einem tollen gemeinsamen Gruppenerlebnis bei einem Ausflug, einem herzlichen Lachen und der tiefen Freude der Kinder nach erfolgreichen Auftritten mit dem Kinderzirkus. Und vor allem, wenn ich einige Jahre später einen früher sehr verhaltensauffälligen Schüler wieder traf, der nun, erwachsen und gereift, einen Ausbildungsplatz gefunden hatte und der sich bei mir herzlich für meine damalige Unterstützung bei seiner Entwicklung bedankte.

Es war für mich immer klar, dass ich vorwiegend als Klassenlehrer und damit stark pädagogisch arbeiten wollte. Unter dieser Voraussetzung waren für mich über Jahre hinweg besonders die folgenden Aspekte wichtig: die fachlich und pädagogisch sehr gute und freundschaftliche Zusammenarbeit mit meinen jeweiligen Ko-Tutorinnen, die vielfältigen Chancen, meine Interessen und Fähigkeiten für die Kinder einbringen zu können und meine Projekte in den Klassen, in der Schule und später auch im Stadtteil.

Erste Fragen

Dem gegenüber zeigte sich von Seiten vieler SchülerInnen und Eltern ein für mich anfangs schwer nachvollziehbares Lebens- und Bildungsverständnis. Es drückte sich im konkreten, alltäglichen Verhalten aus, etwa im Unwillen zu lernen, fehlender Neugier oder im mangelnden Interesse, sich überhaupt mit bestimmten, übergeordneten - und wie ich fand: wichtigen - Lebens-Fragen auseinanderzusetzen. Es zeigte sich auch in schlechtem Benehmen, Unpünktlichkeit, fehlender Verlässlichkeit, mangelndem Durchhaltevermögen und einer begrenzten Aufmerksamkeitsspanne. Bei vielen zeigte sich ein allgemeines Desinteresse an Schule und Bildung, was sich in der Folge in den unterdurchschnittlichen Zeugnisnoten und Bildungsabschlüssen widerspiegelte. Der Unterrichtsalltag war geprägt von Unruhe bis hin zu Chaos, was ich in dieser Häufigkeit und Form bis dahin nicht kannte.

Dabei verhielten die Kinder sich in ihrem unmittelbaren Lebensalltag durchaus klug, dachten aber meist nur sehr kurzfristig und funktional. Sie waren dann motiviert, wenn sie genau wussten, wofür es gut war oder wenn sie etwas dafür bekamen, z. B. eine gute Note.

Insgesamt fiel es mir zunächst schwer, die Art und Weise, wie viele meiner SchülerInnen die Welt erlebten und was ihr Denken und Handeln prägte, zu verstehen. Es war auf jeden Fall anders als während meines

Referendariats in einer Kleinstadt und auch im Vergleich zu Simbabwe, wo Bildung ein sehr hohes Gut war.

In den beiden Phasen meiner Lehrerausbildung und nun während meiner ersten Jahre als Lehrer hatte ich auch am für uns zuständigen Landesinstitut für Lehrerbildung (LI) nichts über bildungsferne Milieus und über spezifische Strategien zur Verbesserung des Unterrichts und des Lernens erfahren. Erst später sollte ich in diversen Veröffentlichungen entsprechende Beschreibungen und wissenschaftliche Erkenntnisse dazu finden, z. B. in der Anfang des neuen Jahrtausends durchgeführten Bestandsaufnahme und „Auflistung von Problemen" eines Wilhelmsburger Schulleiters oder in dem 2020 erschienenen Buch „Mythos Bildung" des Soziologen und Professors für Erziehungswissenschaften und Bildung Aladin El-Mafaalani.

Im Studium und im Referendariat hatte ich mich immer schon besonders für fortschrittliche und alternative pädagogische Ansätze interessiert. Ich hatte mit StudienkollegInnen in den 1970er-Jahren mehrfach alternative Schulen wie die Laborschule in Bielefeld sowie die Tvind-Schulen in Dänemark besucht, wo wir für einige Tage an einem Windrad bzw. einem großen Schiff mitarbeiteten, das später nach Südamerika aufbrechen sollte. Über Jahre hinweg hatten wir engen Kontakt zu Lehrern und Dozenten dieser Einrichtungen, auch zu einer der deutschen Vorzeige-Schulen, der IGS Göttingen. Was konnte ich nun von diesen Erfahrungen in Wilhelmsburg umsetzen?

Grundsätzlich stellte sich mir die Frage: Was war das Besondere in Wilhelmsburg und wie sahen die Unterschiede zu anderen Schulen und Konzepten konkret aus? Konnte man einfach die Erkenntnisse der allgemeinen Erziehungswissenschaften, vor allem die sich weiter verbreitenden neuen und offenen Formen des Lernens und des Unterrichtens, auch auf unsere Schüler anwenden?

Musste man nicht doch andere Inhalte, Methoden und Formen finden, vielleicht sogar eigene entwickeln? Was sollten die Konsequenzen über den Unterricht hinaus für das ganze System Schule und besonders für die Bildungsarbeit im Stadtteil sein? Ich hatte zu dieser Zeit viele Fragen, aber noch keine klaren Antworten.

Besondere Ereignisse

Während des alltäglichen Unterrichts gab es immer wieder große Probleme. Viele Lerngruppen waren damals schon sehr heterogen. Es fiel mir am Anfang nicht leicht, meine Rolle zu finden, eine Beziehung aufzubauen oder auch mich durchzusetzen. Aus diesen ersten Jahren sind mir zwei besondere Ereignisse in Erinnerung geblieben, die sehr lange - bewusst und wohl auch unbewusst - mein weiteres Denken und Handeln als Lehrer beeinflusst haben.

Fast alle Klassen waren zu Beginn des Unterrichts immer laut und es war als Anfänger sehr schwer, sie zu beruhigen. So wurde ich damals selbst immer lauter. Ich überlastete meine Stimme und in Verbindung mit einer Erkältung passierte es, dass ich sie für längere Zeit verlor. Ich konnte einfach nicht mehr sprechen – und das, nach fast zehn Jahren diverser anderer Tätigkeiten, nun gleich am Anfang als Lehrer. Dahinter steckte die enorme Belastung, der Druck, gegen Widerstände etwas durchsetzen zu wollen und auch zu müssen. Diese „Sprachlosigkeit" verdeutlichte mir, wie widersprüchlich und anstrengend mein Beruf war, wie sich die psychische Anspannung auch auf den Körper, hier auf meine Stimme, auswirken konnte. Sie signalisierte mir, dass ich mit meinen Kräften viel besser haushalten musste.

Ich begriff, dass ich etwas an meinem Verständnis vom Lehren und Lernen ändern musste. Die Zeit des ständigen Forderns, das „laute" Durchsetzen und das Anordnen schienen vorbei zu sein. Auf der einen Seite war klar, dass die Kinder irgendwann eigenverantwortlich und selbstständig lernen mussten. Andererseits wusste ich, dass sie in bestimmten Phasen eine klare Orientierung und Führung mit eindeutigen Ansagen brauchten. Als ich das begriffen hatte, wurde auch meine Stimme zunehmend besser. Die Gratwanderung zwischen Lenken und Laufenlassen sollte allerdings immer wieder ein schwieriger Balanceakt werden.

Auch das folgende Ereignis geschah in den ersten Jahren an der Schule: Ich hatte in einer 5. Klasse als Fachlehrer Mathematikunterricht in einem einstöckigen Pavillon, der direkt an den Schulhof angrenzte. Die Klasse war insgesamt sehr unruhig und besonders ein Junge störte die ganze

Zeit. Nach mehreren Verwarnungen schickte ich ihn vor die geöffnete Tür in den Vorraum. Er aber verließ einfach das Gebäude und lief zu den großen Schaukeln gegenüber auf der anderen Seite des Schulhofes, die wir von der Klasse aus alle sehen konnten. Ich rief dem Jungen durch das offene Fenster hinterher, er solle sofort zurückkommen. Er aber störte sich überhaupt nicht daran und fing an zu schaukeln. Ich war verunsichert, ob ich die immer unruhiger werdende Klasse allein lassen konnte und zu dem Jungen hingehen sollte. Alle beobachteten ihn, wie er sich immer höher und höher schwang. Er setzte schließlich zu einem besonderen Schwung an ... und von nun an verlief alles wie in Zeitlupe: Die Seile lagen fast senkrecht in der Luft, er überdrehte am höchsten Punkt, ließ die Schaukelkette los, überschlug sich, flog durch die Luft und schlug aus gut zwei Metern Höhe mit dem Hinterkopf auf einer Steinkante auf.

Er lag da wie tot. Die Kinder in der Klasse schrien. Ich war wie gelähmt und konnte in diesem Augenblick überhaupt nicht denken, geschweige denn handeln. Zum Glück zuckte der Junge nach wenigen Sekunden einmal kurz. Das war der Auslöser für mich, wieder klar zu werden. Ich schickte sofort einen Schüler zum Schulbüro, um einen Rettungswagen rufen zu lassen und lief raus zu dem Kind. Bange Minuten vergingen, die Zeit schien stehen zu bleiben. Der Junge atmete, aber bewegte sich nicht. Zum Glück kam nach wenigen Minuten der Krankenwagen, der ihn nach kurzer Zeit abtransportierte. Ich weiß heute nicht mehr, wie ich die Ungewissheit der nächsten Stunden ausgehalten habe, bis die glückliche Nachricht eintraf, dass er keine irreparablen Schäden davon tragen würde.

Bis heute, meist bei unruhigen Klassen, im Sportunterricht und auf Klassenfahrten, denke ich daran, welche Verantwortung wir als Lehrer tragen und wie viel Glück ich rückblickend in vielen ähnlichen Situationen hatte.

Auch oder gerade wegen all dieser Probleme wurde es immer wichtiger für mich herauszufinden, was eigentlich hinter den Fassaden steckte. Ich wollte nicht nur besser zurechtkommen, ich wollte meine Arbeit aktiver und letztlich auch zufriedenstellender gestalten. Insgesamt dauerte es Jahre, bis ich vieles verstand, was bei den Schülern unter der Oberfläche los war, warum sie sich aus meiner Sicht manchmal recht seltsam verhielten. Es dauerte noch länger, bis ich verstand, was im Stadtteil passierte. Mit nicht nachlassender Neugier, mit Ausdauer und nachhaltigem Interesse näherte ich mich den Kindern, den Eltern und ihrem Lebensumfeld in Wilhelmsburg an.

Die meisten KollegInnen waren sehr engagiert an der Schule, doch auch hier kannte damals kaum jemand genauer die Elbinseln und das alltägliche Leben vor Ort. Man fuhr morgens zur Arbeit und am Nachmittag wieder zurück in seinen eigenen Stadtteil, in dem man wohnte und sein privates Umfeld hatte. Nur selten gab es außerhalb der Schule Überschneidungen mit lokalen Bewohnern. Damals wohnten nur einer oder zwei von den etwa achtzig Kollegen auf den Elbinseln. Auch die Idee, die Schule in den Stadtteil zu öffnen bzw. den Stadtteil in die Schule zu bringen, war noch eher ungewöhnlich. Besonders mit der Hilfe eines Wilhelmsburger Kollegen machte ich weitere Erfahrungen vor Ort, lernte unterschiedliche Einrichtungen und viele Menschen im Stadtteil näher kennen. Ich organisierte immer mehr Aktivitäten außerhalb der Schule und erweiterte so meinen Horizont Schritt für Schritt über die Schulgrenzen hinaus.

Dabei spielte der von mir 1993 gegründete Kinderzirkus eine besondere Rolle. Wir probten im Kulturzentrum Honigfabrik und veranstalteten regelmäßig große Mitmachaktionen im Wilhelmsburger Bürgerhaus. Immer häufiger gingen wir zu Proben und Auftritten in andere Einrichtungen, traten bei lokalen Straßenfesten und im benachbarten Altenheim auf. So lernte ich über den Zirkus immer mehr engagierte Menschen und auch Wilhelmsburg nach und nach besser kennen.

Hereinspaziert! Zirkus Willibald – wie alles anfing

Wir sind der Zirkus Willibald
Wir spielen hier für Jung und Alt
Wir tanzen, musizieren
Wir zaubern und jonglieren
Wir machen Clownerie
Mit sehr viel Fantasie ...

Erste Strophe des Liedes vom Zirkus Willibald

Diesen selbst gedichteten Text schmetterten die Zirkuskinder aus voller Kehle zum Beginn jeder Vorführung. Zirkus Willibald war von Anfang an mehr als ein normales Schulprojekt. Der Kinderzirkus hatte immer eine besondere Bedeutung für mein Verständnis als Lehrer und war zeitweise sogar der zentrale Teil meiner schulischen und außerschulischen Arbeit. Außerdem konnte ich mit ihm mein Hobby und meine große Leidenschaft in meinen Schulalltag integrieren. Später wurde er darüber hinaus zu einem wichtigen Ausgangspunkt für die bildungspolitische Entwicklung auf den Elbinseln insgesamt.

Ich steckte, zusammen mit meinen beiden KollegInnen, am Anfang sehr viel Energie in die Aktivitäten und es machte uns allen wahnsinnig viel Spaß. Dadurch konnten wir nicht nur den schulischen Druck und viele negative Erlebnisse im beruflichen Alltag ausgleichen - vor allem ich hatte hier mein eigenes Experimentierfeld, meine eigene pädagogische „Spielwiese" gefunden, auf der ich meine Ideen ausprobieren konnte. Die Kinder merkten das sehr schnell und zogen mit. Das Projekt war sofort erfolgreich und wurde schnell auch von außen anerkannt. So schöpfte ich daraus auch sehr viel Energie für meinen Schulalltag.

Angefangen hatte alles mit einer Projektwoche der Grundschule vor den Sommerferien im Jahr 1993. Nach der großen Abschlussvorstellung in einem richtigen Zirkuszelt auf einer Wiese am Rande der Schule waren alle begeistert - zuvorderst die Kinder, aber auch die Eltern, die KollegInnen und die Schulleitung. Einem neuen, regelmäßigen Kurs mit meiner ersten 5. Klasse, gleich nach den Ferien, und damit dem Beginn des „Zirkus Willibald", stand nichts mehr im Wege.

Das Ziel des Zirkus war es immer, den Kindern mit einem attraktiven, bewegungsorientierten, fröhlichen Freizeitangebot neue Erfahrungen zu eröffnen und ihnen Erfolgserlebnisse zu ermöglichen. Beim Zirkus wurden sie gleichzeitig gefördert und gefordert. Durch das regelmäßige Miteinander-Üben und die Auftritte steigerten die Kinder ihr Selbstwertgefühl und sie wurden innerlich „stärker".

Um sich zu entwickeln und ihre Stärken und Möglichkeiten voll auszuschöpfen, brauchen Kinder neben der Schule zusätzliche, unterstützende Angebote, wo sie Spaß haben, sich ausprobieren können und die ihre

Begabungen hervorlocken. Sie brauchen vielfältige, positive Erfahrungen. Der Kinderzirkus Willibald war und ist bis heute ein solches Angebot, das von den Kindern entsprechend wahrgenommen wird. So schreiben die Grundschülerinnen Mia und Aleyna in dem Buch „Willipedia - ein Elbinselführer":

> *Der Zirkus Willibald ist ein toller Zirkus und man kann zu Fuß*
> *dort hingehen. Dort lernt man coole Tricks und Jonglieren. Auf*
> *der Bühne führen wir auch unsere Tricks vor und singen Lieder.*
> *Es ist sehr schön und macht viel Spaß.*

Der Zirkus Willibald entstand zwar als Klassenprojekt an der Schule, aber immer mit dem Anspruch, eng mit anderen Bildungseinrichtungen im Stadtteil zusammenzuarbeiten und aus der Schule herauszugehen. Regelmäßig wurde an einem Nachmittag in einer der Turnhallen der Schule geübt. Die ersten Auftritte fanden in benachbarten Einrichtungen statt. Schließlich trat der Zirkus immer regelmäßiger im Bürgerhaus Wilhelmsburg auf.

Das Zirkusprojekt verlief so erfolgreich, dass es nicht nur bis heute fester Bestandteil der Nachmittagsangebote unserer Schule ist, sondern auch in andere Einrichtungen des Stadtteils, wie das Kulturzentrum Honigfabrik, das Haus der Jugend und Nachbarschulen ausgeweitet wurde. Schon nach einem Jahr wurde 1994 der „Circus Roncalli" Pate vom Zirkus Willibald, und wir traten in der großen Manege des weltberühmten Circus auf. Aber wir verloren nicht die Bodenhaftung. Wir übten regelmäßig weiter und gingen im selben Jahr im September das erste Mal eine Woche lang mit Fahrrädern und eigenem Zirkuswagen im benachbarten Landkreis Harburg auf Wanderschaft. Das war der Auftakt für zahlreiche Zirkusreisen in den folgenden Jahren. 1995 organisierten wir die ersten Wilhelmsburger Zirkustage mit anderen befreundeten Hamburger Kindergruppen. 1996 kauften wir ein eigenes Ein-Mast-Zirkuszelt, das auf vielen Reisen und bei kleineren Auftritten unser Heim wurde. Das Projekt erhielt seine ersten Auszeichnungen, den Förderpreis „Goldener Floh" für praktisches Lernen und die „Hamburger Tulpe" der Körber-Stiftung für deutsch-türkischen Gemeinsinn. Mit dem Preisgeld konnten wir neue Geräte anschaffen und weitere Aktionen durchführen. Zahlreiche andere größere Auszeichnungen folgten.

Im Mai 1999 wurde ich gemeinsam mit anderen Lehrern aus ganz Deutschland aufgrund meines besonderen Engagements beim Zirkus zu einem Meinungsaustausch beim damaligen Bundespräsidenten Roman Herzog nach Berlin eingeladen. Es wurde hervorgehoben, dass bei unserem Projekt besonders Kinder mit „Migrationshintergrund" gestärkt und ihnen so bessere Zugänge in die deutsche Gesellschaft eröffnet würden. Dieser Ansatz war damals noch eher ungewöhnlich und erzeugte viel öffentliches Interesse. Für uns bedeutete die Anerkennung eine zusätzliche Motivation, in dieser Richtung weiterzumachen. Im Herbst 1999 schrieb ich mein erstes Buch über „Zirkus Willibald". Es wurde bis heute tausendfach verkauft.

Die immer umfangreicher werdenden Aktivitäten - von der Planung und Durchführung der Auftritte über die Öffentlichkeitsarbeit bis hin zur Beschaffung der notwendigen Gelder - waren jedoch kaum noch von meinen beiden helfenden KollegInnen und mir zu bewältigen. Eine von mir erbetene zusätzliche Unterstützung durch die Schule blieb aus. Ich stieß immer häufiger an meine Grenzen. Der Zirkus war zu groß und auch zu eigenständig für die Schule geworden. Es gab zunehmend Konflikte mit der neuen Schulleitung. Sie wollte auf der einen Seite mehr Einfluss, besonders auf die Finanzen, nehmen, andererseits aber nicht mehr an organisatorischer und personeller Hilfe leisten.

Persönliche Spannungen im Hintergrund führten schließlich dazu, dass ich zu diesem Zeitpunkt die Schule nicht mehr als meine Heimat und damit auch nicht als die des Kinderzirkus sah. Es schien für einen Moment so, als sollte nach etwa acht Jahren der letzte Vorhang für Zirkus Willibald in Wilhelmsburg fallen – ganz so, wie es die Kinder am Ende jeder Vorführung singen:

Zirkus Willibald
Good bye, Aufwiederseh'n
Ihr wart ein duftes Publikum
Dann können wir jetzt geh'n
- Tschüss!

Nach vielen intensiven Gesprächen und einigem Hin und Her blieb ich dann doch an der Schule und damit zum Glück auch der Zirkus auf den

Elbinseln. Ich entwickelte ein neues Konzept: Die Schule würde zwar weiterhin die Basis des Kinderzirkus bleiben, das Projekt sollte sich aber nun auch organisatorisch schrittweise in den Stadtteil öffnen. So intensivierte ich die bestehenden Verbindungen und Kooperationen, z. B. mit dem Kulturzentrum Honigfabrik, dem Turn-Club Wilhelmsburg und nahm Kontakt zu den Häusern der Jugend und zu diversen Kitas auf. Dabei lernte ich weitere Kinder- und Bildungseinrichtungen sowie deren Verantwortliche und Mitarbeiter auf den Elbinseln kennen.

Ich fand immer mehr Gefallen am Aufbau eines Zirkus für ganz Wilhelmsburg, um damit noch mehr Kindern die Möglichkeit zum Zirkusmachen zu eröffnen. Nach den Sommerferien im Jahre 2001 wurde der Traum wahr: Das Bürgerhaus Wilhelmsburg wurde Träger und neue „Heimat" des *Stadtteil*-Zirkus Willibald.

Wilhelmsburg „brennt"

Um die Jahrtausendwende „brannte" es im Stadtteil. Der SPIEGEL verlieh Wilhelmsburg die Titel „Bronx" und „Balkan des Nordens". Später wurde die Elbinsel vom selben Magazin auch als das „Ghetto Hamburgs" bezeichnet, als „ein Alptraum von Stadtplanung, ein soziales Verbrechen im Hinterhof Hamburgs".

Was war geschehen, wie konnte es zu solchen Beschreibungen kommen? Im Jahr 2000 hatte Hamburg offiziell einen Anteil von Menschen mit nicht-deutscher Staatsangehörigkeit von etwas über 15%. In Wilhelmsburg betrug er 34%, im alten Bahnhofsviertel und bei uns im Reiherstiegviertel waren es noch deutlich mehr - und das alles vor dem Hintergrund eines vorwiegend sozial schwachen und bildungsfernen Milieus.

Das hatte Auswirkungen auf die Schulen. In vielen Klassen waren kaum noch Kinder mit deutscher Muttersprache. Auf der anderen Seite gab es aber nur vereinzelt türkische Lehrer oder albanische Erzieherinnen. Die Schulen schienen völlig überfordert. Es waren nur wenige erprobte Konzepte vorhanden, um angemessen mit dieser Ausgangssituation umzugehen. Anerkannte Integrations- und Sprachförderkonzepte lagen nicht vor und Dolmetscher, um mit den Eltern besser ins Gespräch zu kommen, gab es nur selten. Meist übersetzten die Kinder mit ihren rudimentären Deutschkenntnissen bei den Gesprächen.

Nach außen hin wirkte das Zusammenleben der unterschiedlichen Kulturen meist friedlich. Doch wenn man genau hinsah, nahm man vielfältige Spannungen wahr, beispielsweise zwischen Kurden und Türken, Türken und Albanern und natürlich auch zwischen Deutschen und Migranten. Man lebte eher nebeneinander als wirklich miteinander.

In den Schulen konnte das durch einen einigermaßen guten organisatorischen und pädagogischen Rahmen sowie das alltägliche Zusammensein deutlich abgeschwächt und hier und da sogar aufgebrochen werden. Außerhalb der Schule jedoch sah man kaum ein echtes Miteinander. Am Nachmittag und selbst in den Ferien besuchten sich die Kinder gegenseitig nicht zuhause. Die besten Freundinnen trafen einander – sobald sie einen unterschiedlichen kulturellen und religiösen Hintergrund hatten – an den Wochenenden und in den Ferien nicht.

Natürlich gab es auch in vielen anderen Stadtteilen Hamburgs soziale Probleme, Kriminalität und Drogendelikte, vielleicht sogar genauso viele wie in Wilhelmsburg, nur wurden diese hier fast immer medial überbewertet. Unabhängig davon lief zu dieser Zeit vieles auf den Elbinseln tatsächlich schief. Besonders auffällig und erschreckend war der sehr laxe Umgang mit Kampfhunden.

Mehr und mehr junge Männer liefen mit nicht angeleinten Kampfhunden ohne Maulkorb durch den Stadtteil und wollten damit wohl ihre Macht demonstrieren. Viele Schüler berichteten immer wieder von den abendlich ausgetragenen „Kampfspielen" der Hunde und ihrer Halter auf den Wiesen und Spielplätzen. Fast jedes Kind hatte einen Kampfhund in der Nachbarschaft oder sogar in der eigenen Familie. Selbst ich als erwachsener Mann wechselte zu dieser Zeit den Bürgersteig, um nicht direkt mit solchen Hunden und ihren Haltern konfrontiert zu werden. Wie musste es erst Müttern mit kleinen Kindern ergehen?

Furchtbarer Höhepunkt dieser Entwicklung war im Sommer 2000 der Tod des kleinen Jungen Volkan, der von dem Pitbull „Zeus" auf einer Wiese neben der Schule Buddestraße im alten Bahnhofsviertel totgebissen wurde. Ich kann mich noch gut an diesen Tag erinnern. Während einer Pause hörte man die ersten Gerüchte und sehr schnell machte dann die Information über die tödliche Kampfhundattacke in der Schule die Runde. Wir waren alle tief betroffen, Lehrer wie Schüler und redeten viel darüber. Es war eigentlich unfassbar, aber vor dem Hintergrund der vielen schrecklichen Ereignisse, die damals immer wieder aus dem Stadtteil zu hören waren, leider doch vorstellbar.

Nach dem Tod Volkans bekam die Schule, an der das Unfassbare geschehen war, einen großen Zaun um das gesamte Gelände. Damit waren die Probleme im Stadtteil aber nicht gelöst. Wilhelmsburg rückte immer mehr in den Blickpunkt der Öffentlichkeit und auch die Proteste von innen wuchsen. Behörden und Senat gerieten unter Druck. Auf allen Ebenen musste sich etwas ändern, sonst würde der Stadtteil verloren gehen.

Ein erstes Signal für eine neue Perspektive wurde mit dem Beschluss der Hamburger Bürgerschaft Mitte Dezember 2000 zur Einrichtung einer „Zukunftskonferenz Wilhelmsburg" ausgesendet. Im neuen Jahr lud die damals zuständige Stadtentwicklungsbehörde alle interessierten BürgerInnen für Anfang Mai 2001 zur Auftaktveranstaltung der „Zukunftskonferenz" ins Bürgerhaus ein. Ich war dabei.

Arbeit im Zeitraster

Der Schulalltag war fast immer anstrengend. Ich brauchte, nach rund fünf Unterrichtsstunden täglich, freie und ruhigere Zeiten danach, um mich wieder gut vorbereiten und erholen zu können. Solange dies möglich war, konnte ich mit Freude und Energie unterrichten. Mir machte das Unterrichten viel Spaß, vor allem in meiner eigenen Klasse, wenn ich nach meinen eigenen Grundsätzen und Methoden arbeiten und nun, nach einigen Jahren, immer häufiger im Matheunterricht gute bis sehr gute Lernerfolge feststellen konnte.

Um die Jahrtausendwende nahm aber die Arbeitsbelastung enorm zu. Die härteren Zeiten wurden 1998 eingeläutet mit der Erhöhung der Pflichtstundenzahl um eine Stunde pro Woche. 2001 folgte dann die Einführung des für Deutschland „zukunftsweisenden Lehrer-Arbeitszeit-

Modells" (LAZM). Hatte ich bis dahin als Gymnasiallehrer, ausgehend von 23 Pflichtunterrichtsstunden pro Woche, effektiv meist ca. zwanzig Stunden in den Klassen gestanden, da ich in der Regel noch um eine Stunde als Klassenlehrer und eine oder zwei für andere Aktivitäten entlastet wurde, so unterrichtete ich nun bis zu 26 Stunden in der Woche.

Die Debatte um das LAZM wurde damals sehr kontrovers geführt. Schnell wurde deutlich, dass dieses LAZM für fast alle LehrerInnen durch die deutliche Erhöhung der Stundenzahl zu einer zusätzlichen Arbeitsbelastung führte und eine der Vorgaben war, die unsere konkrete Arbeit mit den Kindern und Jugendlichen erschwerten.

In Verbindung mit diesem Modell wurden in den folgenden Jahren immer weitere, geschickt als pädagogisch sinnvoll und notwendig angepriesene Maßnahmen eingeführt. Hauptsächlich sollten sie - besonders nach dem PISA-Schock - der Öffentlichkeit suggerieren, dass dadurch die pädagogische Qualität erhöht werden könnte. In der Summe waren es aber vorwiegend Sparmaßnahmen, die für uns zu einer quantitativen Ausweitung und gleichzeitigen Verdichtung der Arbeit führten.

Besonders in Wilhelmsburg spürte man die zunehmende Belastung durch dieses Modell von einem auf das andere Jahr. Viele, auch ich, verstanden ihre Arbeit bis dahin eher als einen „freien Beruf", der zwar große Pflichtanteile beinhaltete, der aber nur mit einem hohen Maße an Selbstständigkeit - auch bei der Umsetzung von eigenen methodischen und didaktischen Vorstellungen - und einem eigenen Zeitmanagement befriedigend und erfolgreich auszuüben war. Jetzt aber musste jeder Lehrer jede Tätigkeit penibel berechnen, um seine Arbeit überhaupt noch einigermaßen bewältigen zu können.

Ich entschied mich zunächst, um diesem Berechnungswahn zu entgehen, mein zusätzliches Engagement in der Schule wie im Stadtteil und besonders meine Zirkusarbeit einfach als „mein Hobby" zu definieren. Die vielen zusätzlichen Stunden für Planung und Mitteleinwerbung, für die Vorbereitung und Durchführung der Auftritte und die Fahrten an Wochenenden und in den Ferien, nahm ich nun einfach auf meine eigene Kappe.

Auch im Unterricht versuchte ich zunächst weiterhin meine eigenen, langjährig erprobten und erfolgreichen Methoden beizubehalten. Doch das wurde immer schwieriger. Denn nicht nur die zeitlichen, auch die inhaltlich-methodischen Aspekte wurden mehr und mehr behördlich vorgegeben und verbindlich gemacht.

„Ich bring´ dich um!"

In dieser Zeit nahm ich auch viel bewusster die Schwierigkeiten wahr, die besonders über die Elternhäuser und das zum Teil sehr schwierige soziale Umfeld der Kinder in die Schule hineingetragen wurden. All das musste ich immer wieder auch persönlich auf mich nehmen und lernen, damit umzugehen.

Das folgende Erlebnis zeigt beispielhaft die Komplexität und die Wechselwirkungen eines pädagogischen Problemfalls, in besonderer Weise auch die Hilflosigkeit, mit der wir als Lehrer und als Institution Schule solchen Situationen damals gegenüberstanden.

Meine Kollegin und ich betreuten gemeinsam als Klassenlehrerteam seit Beginn der 5. Klasse eine sehr nette Gruppe. Wir hatten keine Überflieger, aber auch keine Kinder mit sehr großen Lerndefiziten, außerdem waren alle neugierig und wollten vorankommen und lernen. Nach einiger Zeit gab es einen tollen Zusammenhalt untereinander. Der Unterricht lief in der Regel problemlos, die Kinder lernten ruhig und konzentriert, in bestimmten Phasen auch frei und selbstständig. Wir machten viele interessante Projekte, diverse Ausflüge und eine längere Klassenreise. Von Zeit zu Zeit stieß der eine Schüler oder die andere neue Schülerin aus anderen Schulen hinzu, die sich in der Regel aufgrund der netten Klassengemeinschaft gut integrierten.

Am Anfang der sechsten Klasse bekamen wir wieder eine neue Schülerin hinzu, nennen wir sie N. Sie war ein für ihre elf Jahre sehr kräftiges, robustes Mädchen, ließ aber niemanden an sich herankommen. Sie zeigte in vielfältiger Weise deutliche Verhaltensauffälligkeiten und Lernschwierigkeiten. Wir wussten von der uns zugeordneten Sozialpädagogin, dass das Mädchen schon mehrere andere Schulen besucht hatte und jeweils nach kurzer Zeit meist wegen Gewalttätigkeiten die Klassen und Schulen hatte wechseln müssen.

Das Zusammenleben mit ihrem alleinerziehenden Vater war, soweit wir das nach und nach erfuhren und beurteilen konnten, sehr schwierig und nicht kindgemäß. Wir sprachen sehr bald mit ihm darüber. Er erschien uns von Anfang an unehrlich und sehr undurchsichtig. Immer wieder gab es von N.s Seite massive Störungen, bis hin zu aggressiven Ausfällen gegenüber anderen Kindern, bei denen wir manchmal sogar körperlich dazwischen gehen mussten. Das konnte N. überhaupt nicht ertragen. Häufig setzten wir uns mit dem Vater über die immer schwieriger werdende Situation auseinander. N. wurde nun zusätzlich stundenweise sozialpädagogisch und psychologisch betreut. Die Klasse und wir als Lehrerteam versuchten sie mit all unseren Möglichkeiten einzubinden und, wenn es notwendig war, ihr auch mehr Zeit und Raum zu geben. Das war ein sehr schwieriger und aufwändiger Prozess. Ein großer Teil unserer Aufmerksamkeit wurde im Laufe der Zeit durch sie absorbiert.

Trotz aller Bedenken nahmen wir sie am Ende des Schuljahres mit auf eine Klassenreise. Hier eskalierte die Situation, und es kam schließlich nach intensiven Gesprächen heraus, dass N. die anderen Mädchen seit einiger Zeit massiv unter Druck gesetzt, ihnen Verletzungen angedroht und einem Mädchen sogar zugefügt hatte. Viele Kinder fühlten sich zunehmend unwohl in der Klasse, einzelne bedrängt und sogar bedroht. Nun stand unsere bis dahin gute Klassengemeinschaft auf dem Spiel. Wie konnten wir dieses Spannungsverhältnis zwischen einem einzelnen Mädchen und dem Rest der Klasse auflösen? War es den anderen SchülerInnen gegenüber gerecht, sich fast ausschließlich mit nur einem Kind zu beschäftigen und alle anderen dafür zurückzustellen, obwohl jede und jeder viel mehr Zuspruch gebrauchen konnte? Durften wir die sowieso schon begrenzten Unterrichts- und Lernzeiten in hohem Maße für Klassengespräche zur Klärung der Konflikte nutzen, die fast ausschließlich von N. verursacht wurden? Machte es überhaupt Sinn, N. weiter in die Klasse integrieren zu wollen und war das überhaupt noch möglich?

Solche Fragen musste ich mir im Laufe der Jahre bei ähnlichen Fällen - und später bei einer zunehmenden Häufung von „schwierigen" Schülern in einer Klasse unter dem Aspekt der Inklusion - noch häufiger stellen.

Eine ganz neue Dimension des Konfliktes entstand, als wir - aus unserer Sicht zum Wohle des Kindes - nach der Klassenreise direkt auf den Vater zugingen. Nach längeren Gesprächen offenbarte sich ein regelmäßiger Drogenkonsum des Vaters und wir befürchteten sogar einen früheren Missbrauch des Kindes. Wir mussten sofort handeln und forderten den Vater auf, umgehend Hilfe in Anspruch zu nehmen und an der gemeinsamen Wohn- und Lebenssituation mit dem Mädchen etwas zu ändern. Nach dieser Konfrontation, die zunächst zu keinem Ergebnis führte, bedrohte er mich beim Hinausgehen schließlich völlig unvermittelt mit den Worten: *„Ich bring´ dich um!"* In diesem Augenblick hatte ich zum ersten Mal richtig Angst um mein Leben.

Ich sprach zunächst mit meinem direkten Vorgesetzten über die Situation. Ich musste feststellen, dass er mir keine Unterstützung gewährte sondern, im Gegenteil, mir selbst die Schuld an der Eskalation gab. Das war mir völlig unverständlich und machte mich tief betroffen. Ich fühlte mich hilflos und allein gelassen. Diesen Druck konnte ich zunächst nicht ertragen und musste mich für einige Tage krankmelden. In der darauffolgenden Zeit ging ich eine ganze Weile mit großer Angst zur Schule und durch den Stadtteil. Zum Glück hatte die Drohung wohl doch nur meiner Einschüchterung gedient.

Alle Bemühungen um eine Verbesserung der Situation bzw. Integration des Mädchens in unsere Klassengemeinschaft waren gescheitert. Uns blieb nur noch, dass N. unsere Klasse und am besten die Schule so schnell wie möglich verließ. Wir konnten nur noch uns und unsere Schüler vor N. und ihrem Vater schützen.

Es dauerte schließlich viele Wochen, bis sie zunächst unsere Klasse und nach weiteren Übergriffen im nächsten Schuljahr auch die Schule und den Stadtteil verließ. Erst dann konnten wir uns wieder stärker auf unsere Arbeit mit der Klasse konzentrieren und uns um die vielen bis dahin vernachlässigten anderen Kinder intensiv kümmern. Über N. hörten wir ab und zu, dass es weiter ähnliche Probleme gab. Nach etwa zwei Jahren verlor ich sie aus den Augen.

Der Fall N. verdeutlicht aus meiner Sicht exemplarisch das ganze Dilemma eines völlig unzureichenden Unterstützungssystems. Er zeigt außerdem, wie sehr ein einzelner Fall eine funktionierende Klassengemeinschaft zerstören kann. Man ließ uns damals mit den Problemen allein, wir waren überfordert - und auch das System Schule. Das lag zum Teil daran, dass es keine klare Verantwortung für solche Fälle gab, (fast) alles wurde vom Klassenlehrer angeleitet und koordiniert.

Vor allem aber fehlte es an Unterstützung - nicht nur durch die Schulleitung, sondern auch durch psychologisch ausreichend qualifizierte Kräfte, die uns als KlassenlehrerInnen hätten helfen können. Ein Unterstützungssystem mit einem klaren Konzept, auch in der Zusammenarbeit mit außerschulischen und behördlichen Stellen, gab es nicht - jedenfalls war mir das damals nicht bekannt. Niemand in der Schule war zu dieser Zeit in der Lage, N. nachhaltig zu helfen, sie wurde nur intern oder an das nächste überforderte System weitergereicht. Es lässt sich gut erahnen, welche potenziellen Kräfte eine Häufung derartiger Fälle entfalten kann.

Wie man wohl heute im Rahmen der Inklusion mit einem Mädchen wie N. umgehen würde?

Die Zukunftskonferenz - neue Perspektiven für die Elbinseln

Kurz nach der Jahrtausendwende fand in Wilhelmsburg die „Zukunftskonferenz" statt. Der Senat und die Behörden hatten erkannt, dass Veränderungen - besonders in sozialen Brennpunkten - nicht mehr nur von oben herab verordnet werden konnten, sondern die Menschen vor Ort aktiv mit eingebunden werden mussten.

Man spürte von Anfang an, dass die Menschen sich mit- und ernstgenommen fühlten. So entstand eine Aufbruchsstimmung, und von den Hunderten interessierter und engagierter Menschen, die zur Eröffnung kamen, brachten sich viele in die anschließenden regelmäßigen Arbeitsgruppen, Workshops und anderen Foren ein. Insgesamt arbeitete man in sieben verschiedenen AGs, von „Verkehr" über „Wohnen" bis hin zur AG 6: „Bildung und Schule". Die Ergebnisse dieser Arbeitsgruppen wurden später im „Weissbuch", das zur Abschlusskonferenz im März 2002 erschien, zusammengefasst. Wenn ich heute in meinem persönlichen Exemplar von damals blättere, bin ich immer noch bewegt, denn mit diesem „historischen" Dokument in der Hand verbinde ich zwei wichtige Schwerpunkte meines Berufslebens in Wilhelmsburg: zum einen den Beginn der „Bildungsoffensive für Wilhelmsburg", der hier explizit formuliert wurde, zum anderen den Beginn eines neuen Kapitels meiner bildungs-(politischen) Arbeit auf den Elbinseln als Geschäftsführer des späteren Forums Bildung Wilhelmsburg (FBW).

Mit dem umfangreichen Ziel- und Maßnahmenkatalog wollte man die „Entwicklungsperspektiven der Wilhelmsburger Kinder und Jugendlichen" verbessern. Zentrale Forderungen waren ein Sprachlernzentrum, der Ausbau der Ganztagsschulen und ein verbesserter Übergang von Schule zu Beruf. All das sollte koordiniert werden vom genannten Forum Bildung Wilhelmsburg, das einem Zusammenschluss aller lokalen Bildungseinrichtungen darstellen sollte.

Die Aufgabe des Geschäftsführers sollte es sein, „Best practice"-Beispiele zu sammeln und zu veröffentlichen. Zudem sollten im FBW Problemlagen gemeinsam analysiert und Kooperationsvorhaben verabredet werden. Überdies sollten und wollten wir aufzeigen, welche Bildungspotenziale und -chancen im Stadtteil liegen.

Die allgemeine Euphorie und der Elan, die die Zukunftskonferenz ausgelöst hatte, verblichen allerdings recht schnell, denn es stellte sich heraus, dass kaum einer der vielen Vorschläge, die im „Weissbuch" formuliert worden waren, weiterverfolgt wurde.

Tatsächlich umgesetzt wurde aber zum Glück in den ersten Jahren danach die Idee des Bildungsforums. Der zuständige Oberschulrat der Hamburger Bildungsbehörde beauftragte mich als Geschäftsführer des FBW mit einer halben Lehrerstelle. Ich sollte neue, stadtteilweite Bildungsprojekte umsetzen und die Bildungseinrichtungen auf den Elbinseln vernetzen.

Fragen und Schulalltag

In den Schulen hatte sich zu diesem Zeitpunkt noch nicht viel verändert. Was waren denn nun die eigentlichen Probleme, die wir angehen sollten? War die Vernetzung der verschiedenen Bildungseinrichtungen wirklich der zentrale Schlüssel zur Verbesserung der Bildungssituation? Oder war sie nur ein Teil vielfältiger notwendiger Maßnahmen? Welche anderen Faktoren spielten eine Rolle? Waren es vielleicht auch die neuen Unterrichtsmethoden oder doch die veralteten Inhalte? War es die Praxisferne in den Schulen ... oder ... oder?

In der Schule ging der Alltag weiter. Nur wenige KollegInnen interessierte Anfang des neuen Jahrtausends die Entwicklung im Stadtteil und die Diskussion um Kooperationen. Dafür war normalerweise kaum Zeit. Auch die meisten Schulleitungen sahen, wenn überhaupt, eine engere Zusammenarbeit untereinander oder sogar Vernetzungen mit außerschulischen Einrichtungen nur unter dem Aspekt, wie der Unterricht und der Tag mit dem Nachmittagsbereich insgesamt aufgelockert und ergänzt werden konnte.

Geprägt war der Schulalltag weiterhin durch eine allgemeine Überlastung, die zunehmenden Lernschwächen und Verhaltensauffälligkeiten der Schüler, die weiterhin große Distanz zu den Elternhäusern und, als Folge daraus, die unterdurchschnittlichen Lernergebnisse und Schulabschlüsse.

Von behördlicher Seite entstand in den Jahren nach der Zukunftskonferenz aufgrund der schlechten PISA-Ergebnisse ein stetig wachsender Druck, der sich auf die Schulleitungen und nach und nach auch auf uns LehrerInnen übertrug.

Im Rahmen der Arbeit des Forums beschäftigten wir uns intern in diversen Gremien auch immer wieder mit den Fragen, welche Faktoren Kinder und Jugendliche prägen und wie wir sie in der Schule wahrnehmen. Was ist eigentlich im Stadtteil los, welche Rolle spielt das Umfeld und spielen besonders die Eltern?

Schule – Auflistung von Problemen

Wir führten Konferenzen und Sitzungen in den Schulen und im Stadtteil durch, auf denen wir uns mit diesen Fragen und der schwierigen Situation auf den Elbinseln auseinandersetzten und nach Lösungen suchten. Um 2004/05 machte sich ein Wilhelmsburger Schulleiter mit seinen KollegInnen die Mühe und fasste als internes Papier die wesentlichen Merkmale zusammen, die das Bild der SchülerInnen und Eltern aus seiner Sicht zu dieser Zeit beschrieben. Es sollte als Grundlage für unsere gemeinsame Bildungsarbeit dienen. Im Gegensatz zu der üblichen und sehr sinnvollen Vorgehensweise, positive Ansatzpunkte und Potenziale für eine Weiterentwicklung zu beschreiben, pointierte das Papier eher negativ auffällige Aspekte. Die Erwartung der Verfasser lag darin, mit Hilfe ungeschminkter Wahrheiten eine ehrliche Bestandsaufnahme vorzulegen. Ich möchte einige Beobachtungen aus dem Papier in Bezug auf die Schüler und Schülerinnen vorstellen:

Auflistung von Problemen

Selbstüberschätzung

Den Schülerinnen und Schülern mangelt es oft an realistischer Einschätzung ihrer Person und Situation. (...)

Sie sind es nicht gewohnt ihr Leben langfristig zu planen; Zeugnisse sind zu Beginn des Halbjahres noch weit weg - und Schulabschlüsse sowieso. Bedürfnisbefriedigung wird nicht aufgeschoben. Was sie wollen, wollen sie sofort. Sie leben den Augenblick. Wenn ein Freund anruft, fällt es ihnen schwer, auf die morgen anstehende Klassenarbeit zu verweisen, für die noch gelernt werden müsste.

Wenig Interesse und Anstrengungsbereitschaft

Viele Schüler empfinden die Schule in der Sekundarstufe I als „Zwangsanstalt". Oft sind sie nicht bereit sich anzustrengen, sie interessieren sich nur wenig. Sie wollen zwar alle einen guten Schulabschluss erreichen, aber möglichst nichts dafür tun. Wenn sie scheitern, dann werden oft die Lehrer verantwortlich gemacht, die zu hohe Anforderungen stellen oder sie wegen „Kleinigkeiten" (Unterrichtsstörungen, Verspätungen) bestrafen.

„Mediensucht"

Viele unserer Schüler verbringen fast ihre gesamte Freizeit vor dem Fernseher, dem PC, der Spielkonsole. (...) Auch dies trägt zum Realitätsverlust bei. Eltern unterstützen dieses Verhalten, wenn in den Familien den ganzen Tag der Fernseher im Hintergrund läuft. (...) Um Diskussionen und Konflikten aus dem

Weg zu gehen, erlauben die Eltern Fernseher und PC im Kinderzimmer. (...)

Rollenverhalten

Die Sozialisation von Migranten- und deutschen Kindern unterscheidet sich. Viele Jungen in den türkischen Familien sind zu Hause oft kleine Prinzen, denen wenig abgeschlagen wird, denen keine Grenzen gesetzt werden, die zu Hause keine Pflichten haben und für die Frauen keine Respektspersonen sind. Dies führt schon bei Zehnjährigen zu ausgeprägtem, egoistischem „Macho-Verhalten" - zu Raufereien und Machtkämpfen. (...)

Die Mädchen hingegen ordnen sich vielfach unter, tragen schon in der 5. Klasse „freiwillig" Kopftücher, wollen nicht am Schwimm- und Sportunterricht teilnehmen. (...)

In Bezug auf die Eltern werden in der Problemauflistung insbesondere die mangelnden Sprachkenntnisse, die begrenzte Zeit für ihre Kinder und mit ihren Kindern, fehlende Rituale, die zu geringe Zusammenarbeit mit der Schule sowie die fehlende Vorbildwirkung aufgezählt.

Vieles von dem, was hier um 2005 herum beschrieben wurde, fällt leider heute noch auf. Dennoch ist diese Auflistung aus meiner heutigen Sicht eine verkürzte und einseitige Beschreibung. Es stellt sich doch sehr die Frage, ob die defizitorientierte Auflistung eine sinnvolle Ausgangsbasis für eine neue Entwicklung sein kann!

Sollten wir den bisher gemachten Erfahrungen und diesen Beschreibungen nicht einen neuen Rahmen geben? Sollten wir nicht auf die Stärken und besonderen Fähigkeiten schauen, an den Potenzialen der Kinder und Eltern anknüpfen, um gestaltend wirken zu können und eine Vision zu entwickeln, was Schule eigentlich könnte? Aber welches sind die positiven Merkmale? Wie sind sie festzustellen und zu beschreiben? Wie können wir schließlich daraus die richtigen Schlüsse für eine zukunftsweisende und gerechtere Bildungsentwicklungen ziehen?

Schwierige Klasse - schwieriger Schulalltag

Wie konnte dieses Kind durch die Maschen fallen? ... Wenn einer in einem System versagt, das von vornherein auf sein Versagen angelegt ist, liegt die Schuld nicht bei ihm. Für wen ist das Netz gebaut. Für wen ist es ein Fangnetz, und für wen ist der Abgrund darunter bestimmt.

Deniz Ohde, Streulicht

In den vielen Jahren, in denen ich im Klassenlehrerteam mit einer Kollegin zusammen tätig war, hatte ich sehr unterschiedliche Klassen. Meist über mehrere Jahre hinweg versuchten wir gemeinsam, sehr intensiv und mit unserem pädagogischen Verständnis die Kinder nicht nur zu „begleiten", sondern sie auch im Rahmen unseres Bildungsauftrages zu erziehen. Und so anstrengend für uns und so schwierig viele Phasen in den einzelnen Klassen waren, am Ende verließen nach der 10. Klasse fast alle Schülerinnen und Schüler die Schule gestärkt als (ausbildungs-)reife, junge Erwachsene mit einem angemessenen Schulabschlusszeugnis und einer klaren Zukunftsperspektive.

Bei einigen Klassen lief es von Anfang an sehr gut, bei anderen brauchten wir manchmal Jahre mit sehr viel Geduld und Energie, um die Kinder und Jugendlichen voranzubringen. Fast durchgängig war die Arbeit sehr fordernd, häufig so belastend, dass wir an unsere physischen und psychischen Grenzen stießen.

Im Folgenden möchte ich etwas ausführlicher die Arbeit mit einer unserer besonders „schwierigen" Klassen um die Jahrtausendwende herum beschreiben. Ich habe aus den drei gemeinsamen Jahren vor allem Situationen und Aspekte ausgewählt, die aus meiner Sicht die Veränderungen und Schwachstellen des Schulsystems jener Zeit illustrieren. Durch die Arbeit mit dieser Klasse sind mir damals, schon bei den ersten Versuchen mit den sich weiter durchsetzenden neuen Lernformen, die Widersprüche dieser Methoden komprimiert vor Augen geführt worden.

Wir bekamen eine neue 8. Klasse, eine „besonders auffällige", wie uns gleich zu Beginn von den vorherigen Klassenlehrerinnen mitgeteilt wurde. Unbefriedigende Rahmenbedingungen wie langwierige Baumaßnahmen im Schulgebäude und das Fehlen eines unterstützenden Sozialpädagogen erschwerten unsere pädagogischen Bemühungen zusätzlich.

Die Klasse bestand aus insgesamt 28 pubertierenden SchülerInnen, davon nur zehn Mädchen. Es gab lediglich drei Jugendliche mit je zwei deutschsprachigen Elternteilen. Die meisten Schüler waren einzeln nett, konnten sich aber von Anfang an im Klassenverband nicht angemessen und ruhig verhalten. Viele waren nicht in der Lage, sich im Unterricht länger als fünfzehn Minuten zu konzentrieren. Selbstständiges Arbeiten führte sofort zu Unruhe und endete meist im Chaos. Wir bemühten uns um Abwechslung und um kurze, einfache Inputs. Wir mussten sehr konsequent, manchmal auch streng, auf eine angemessene Arbeitsatmosphäre und die Einhaltung von Basisregeln achten - etwa: Nicht durch die Klasse laufen, kein Kaugummi kauen, nicht laut durch die Klasse rufen oder zu jeder Zeit zur Toilette gehen wollen.

Am Anfang machte es - trotz aller Probleme - auch Spaß, mit der Klasse zusammen zu arbeiten. Eine Reihe der Schüler war durchaus lernwillig, und im Sport, besonders im Basketball, waren sie außergewöhnlich gut. Wir probierten vieles aus, machten auffälligen Schülern immer wieder besondere Angebote, förderten individuell und bauten an passenden Stellen des Unterrichts offene, bewegte und auch projektorientierte Arbeitsformen ein. Doch da wir meist die große Lerngruppe allein unterrichten mussten, hatten wir dafür nur sehr wenige Kapazitäten. Unterstützung durch eine zweite Kollegin in Form einer regelmäßigen Doppelbesetzung oder zusätzliche (Förder-)Maßnahmen durch einen Sozialpädagogen (Sonderpädagoginnen gab es zu dieser Zeit an unserer Schule noch keine) waren eher die Ausnahme. So scheiterten zwangsläufig fast alle Versuche, das Lernen und die Atmosphäre dafür zu verbessern, schon aufgrund dieser Rahmenbedingungen.

Es entstanden immer wieder schwierige Situationen, vor allem war ein längeres, konzentriertes Arbeiten auch nach Wochen der Eingewöhnung nicht möglich. Manchmal verzweifelte ich: Es fiel ein Stichwort eines Schülers oder ich drehte mich im falschen Moment zur Tafel um, schon brach Chaos in der Klasse aus. Der inhaltliche Faden war sofort zerrissen und ans Weiterarbeiten nicht zu denken. Es dauerte lange Minuten, bevor die Klasse wieder ruhig wurde und wir den Faden aufnehmen konnten.

Ich erinnere mich zwar durchaus an Tage und sogar Wochen, in denen es gut lief, vor allem dann, wenn die auffälligen Schüler fehlten und ich einfache Inhalte mit klaren Vorgaben vermittelte. In der Mehrzahl der Stunden war jedoch ein geregelter Unterricht kaum möglich. Am Anfang fast jeder Stunde musste ich besonders auf drei bis vier Jungen sehr massiv eingehen, um überhaupt erste Worte an die Klasse richten zu können. Immer wieder wurde danach im Verlauf des Unterrichts dazwischengeredet, zu jedem kleinsten Anlass flammten aus allen Ecken neue Gespräche auf. Es wurde laut gelacht, in die Klasse gerufen und alles gemacht, was man sich nur an Störungen vorstellen konnte. Und all das nicht bewusst, um mich als Lehrer zu ärgern, denn wir hatten eigentlich ein gutes Verhältnis zueinander. Es schien vielmehr so, als ob dieses Verhalten für die meisten einfach normal wäre. Und das machte jede Stunde so anstrengend!

Meiner Kollegin und den meisten Fachlehrern ging es ähnlich. Wie häufig haben wir uns in den Pausen darüber ausgetauscht, immer wieder beim Abteilungsleiter die Probleme angesprochen und auch unser eigenes Verhalten, unsere Lehrmethoden reflektiert und in Frage gestellt. Wie viel Herzblut und Energie hatten wir in die Klasse gesteckt, wie viele unterschiedliche Ansätze hatten wir ausprobiert? Auch die anderen Tutoren unseres Jahrgangs waren erfahren und taten sehr viel, doch alle stöhnten über ähnliche Verhaltensmuster in ihren eigenen Klassen.

Dass es bei all diesem Chaos noch einige eher ruhige Schülerinnen und Schüler gab, die sich vorbildlich verhielten und sogar überdurchschnittliche Leistungen erbrachten, ist für Außenstehende wahrscheinlich kaum vorstellbar. Doch es gab sie! Schade nur, dass wir uns als Lehrer meist nicht so intensiv um sie kümmern konnten, wie sie es gebraucht hätten, und dass so auch ihnen am Ende viele Inhalte bzw. tiefergehendes Wissen fehlten.

Erkenntnis am Elternsprechtag

Am Elternsprechtag Mitte November redeten wir mit den Schülern und ihren Eltern über jeden einzelnen Schüler und über die schwierige Situation in der Klasse. Um 8 Uhr morgens ging es los, ein langer Tag stand meiner Kollegin und mir bevor. Zum Glück machten wir alles zusammen, sonst wäre es kaum zu bewältigen gewesen. Es lagen 28 20-Minuten-Gespräche mit Müttern, Vätern, Schülern, Onkeln und Tanten, Geschwistern und Erzieherinnen vor uns.

Mir wurde bald klar, dass dies der bis dahin wichtigste Tag im Schuljahr mit dieser Klasse sein würde, denn die Probleme, die an diesem Tag auf uns abgeladen wurden, gaben uns erste Erklärungen dafür, warum sich die Kinder so entwickelt hatten und warum sie sich als Jugendliche im Unterricht so verhielten: Die meisten kamen aus sozial schwachen und bildungsfernen Elternhäusern. Sie wohnten sehr beengt. Kaum ein Schüler, eine Schülerin lebte in „geordneten Verhältnissen"; in der Regel waren es zusammengewürfelte Patchworkfamilien oder Alleinerziehende mit vielen Kindern.

Drei Beispiele: Der Schüler V. kam ohne seine Eltern, traurig, weil sich keiner um ihn kümmerte. Wir redeten mit ihm so, als wenn seine Eltern vor uns sitzen würden – und er nahm diese Rolle an, reflektierte seine schwierige Situation und sein Fehlverhalten und brachte mit seinen vierzehn Jahren selbst gute Verbesserungsvorschläge vor.

L. dagegen lebte mit seiner „Mom" und sechs Geschwistern in einer kleinen Wohnung. Er war der älteste, sollte Vorbild sein, musste viel helfen. All das schaffte er nicht, fühlte sich damit völlig überfordert, weil er selbst noch zu kindlich war und viel mehr Unterstützung brauchte.

K.s Vater kam aus Indien und litt unter den Folgen eines Schlaganfalls. Er konnte sich kaum verständlich machen. Seine Frau war vor ein paar Jahren gestorben. Seitdem hatte sich der Junge völlig verändert, lernte nicht mehr, saß täglich bis zu acht Stunden am dem Computer und wirkte völlig lethargisch. Der Vater bekam ständig Weinkrämpfe vor uns. Wir empfahlen ihm schließlich für seinen Sohn und die Familie eine Therapie.

So ging es weiter, traurige und problematische Lebensgeschichten im 20-Minuten-Takt. Am Ende des Tages, gegen 20 Uhr, waren meine Kollegin und ich völlig fertig. Meine Kollegin erzählte mir noch auf dem Weg nach draußen, dass sie seit einiger Zeit Ohrensausen habe, wie viele andere Kolleginnen auch. Ich setzte mich auf mein Fahrrad und tobte mich auf dem etwa zehn Kilometer langen Nachhauseweg richtig aus. Zuhause angekommen war ich trotzdem noch total aufgekratzt, konnte nicht einschlafen und schleppte mich durch die Nacht. Am nächsten Morgen ging es mit dem Unterricht weiter.

„So kann es nicht weitergehen!"

Nicht nur in unserer Klasse und unserem Jahrgang gab es solche Probleme. Insgesamt wurde das Verhalten vieler Schüler im Unterricht und auch in den Pausen immer auffälliger und für uns manchmal unerträglich. Wir wussten nicht mehr, wie wir damit umgehen sollten. Also setzten wir uns zusammen, alle Tutoren und Tutorinnen des Jahrgangs, und formulierten schließlich einen Offenen Brief an die Schulleitung mit der Überschrift: „So kann es nicht weitergehen!" Darin beschrieben wir unsere Situation in etwa wie folgt:

Die Klassen im Jahrgang können pädagogisch verantwortlich nicht mehr unterrichtet werden! Wir haben die Schulleitung schon mehrfach auf die aus pädagogischer Sicht schwierigen Zustände im Jahrgang hingewiesen, in mehreren Gesprächen um Unterstützung gebeten und auf verbesserte Rahmenbedingungen angesprochen. Diese ersten „Hilferufe" von uns haben bisher leider nicht zu gemeinsamen Gesprächen und Lösungsansätzen geführt. Wir Tutoren müssen weiterhin mit diesen Bedingungen allein zurechtkommen.

Deshalb treten wir nun mit diesem Schreiben an die schulinterne Öffentlichkeit, um nicht nur auf die sich in den letzten Wochen verschärfende Situation im Jahrgang hinzuweisen, sondern um umgehend mit allen Verantwortlichen gemeinsam nach Lösungen zu suchen. (...)

Wir wollen gemeinsam diese sehr schwierige Ausgangssituation verbessern. Dazu benötigen wir dringend

- *kleinere Klassen und Lerngruppen*
- *mehr Betreuungspersonal*

- *umfassende sozialpädagogische und psychologische Unterstützung*
- *individuelle Betreuung bzw. das Herausnehmen von einer Reihe besonders auffälliger Schüler.*

Darüber hinaus sollten wir gemeinsam klären, wie es zu einer solchen extremen Situation kommen konnte, um ähnliches zukünftig zu vermeiden. (...)

Am Ende des Briefes baten wir eindringlich um Unterstützung von der Schulleitung. Wochenlang gab es keine Reaktion! Erst viel später gab es ein Treffen - mit für uns unbefriedigenden Absprachen und nur sehr punktuellen Verbesserungen.

Es war einige Zeit später, ein grauer Sonntag. Am frühen Abend rief meine Kollegin völlig aufgeregt an. Ich ahnte schon, dass etwas Schlimmes passiert sein musste.

„M. ist tot!"
„Was?"
Schweigen -.
„Er hat wohl Selbstmord begangen."
Unfassbar -.
„Das kann doch nicht sein!?"
„Doch, L. (sein Freund aus der Klasse) hat es mir eben am Telefon erzählt."
„Aber wir sind doch gerade am Freitag noch alle zusammen mit guter Laune nach dem Kegelausflug auseinander gegangen."

Meine Kollegin hatte schon bei der Familie angerufen, die Eltern waren nicht zu sprechen gewesen, aber eine Tante hatte den Todesfall bestätigt, wollte oder konnte jedoch zu den genauen Umständen nichts sagen.

Erschütterung, Ungläubigkeit - langes Schweigen am Telefon auf beiden Seiten. Ein Schüler aus unserer schwierigen Klasse nahm sich das Leben. Gedanken und Fragen gingen mir durch den Kopf, flüchtig, unstrukturiert: Was war in den letzten Tagen in der Klasse eigentlich los gewesen? Hatten wir uns zu wenig um den ruhigen M. gekümmert, hatten wir etwas falsch gemacht, trugen wir vielleicht eine Mitschuld?

Was trieb einen Jungen mit vierzehn Jahren in den Tod? Oder war es doch ein Unfall gewesen?

Am nächsten Morgen trafen wir uns alle in der Klasse. Meine Kollegin hatte einen Strauß Blumen, ein Klassenfoto mit M. und eine Kerze besorgt und auf seinen Platz gestellt. Viele Klassenkameraden weinten, Mädchen wie Jungen. Auch meine Kollegin und ich konnten kaum sprechen, schluckten, uns standen die Tränen in den Augen.

Wir redeten über M. Jeder, der wollte, erzählte ein Erlebnis mit ihm, eine Erinnerung. Wie war er eigentlich? Eher ruhig und zurückhaltend, wie wir ihn als Lehrer erlebten, oder war er auch durchsetzungsfähig, wie ihn einige Freunde beschrieben? Es trat vieles zu Tage, und es verband uns alle die gemeinsame Erinnerung an ihn und die Trauer um diesen Mitmenschen, der irgendwie immer noch bei uns in der Klasse saß.

Viele SchülerInnen erzählten vom Tod, ihren Gedanken dazu, von Erlebnissen mit den Großeltern und Freunden, die gestorben waren. Wie hatten sie das verkraftet, wie waren sie damit umgegangen? Es half uns allen.

Ein paar Tage lang ging es so ähnlich weiter. Wir trafen uns in der Klasse und redeten einfach. Nun waren wir eine kleine geschlossene, verschworene (Trauer-)Gemeinschaft. Es gab immer wieder neue Vermutungen, wie M. umgekommen sein konnte. Waren es die Würgespiele, die er sich vorher mit seinem jüngeren Bruder im Internet angeschaut haben soll und sie wohl auch schon einmal mit ihm vorher ausprobiert hatte? Oder war das nur vorgeschoben, um die Probleme zu verdrängen, die M. durchaus gehabt hatte?

Er war immer wieder von Mitschülern gehänselt und auch gemobbt worden, wovon wir nun am Rande von den Klassenkameraden erfuhren und wovon uns auch die Eltern vorher nichts erzählt hatten. Ein oder zwei Tage später nahm sich ein bekannter Sportler sein Leben. Alle Medien berichteten, viele redeten darüber, auch wir in der Klasse. Die möglichen Gründe für seinen Tod wurden angesprochen. Waren vielleicht Depressionen Gründe für M.s Tod?

Um uns herum ging in dieser Woche das Leben weiter. Wie aber sollten wir aus dieser besonderen Situation in unseren schulischen Alltag zurückkehren? Unsere Klasse war ja so schon schwierig genug. Wie sollten wir nun zum Unterricht zurückfinden? Wir fühlten uns noch mehr überfordert, wussten nicht mehr, wie es weitergehen konnte. Keiner half uns dabei, auch die Schulleitung nicht. Sie ließ uns mit unseren Sorgen und Fragen allein.

Nach einer Woche war immer noch kein normaler Schulalltag eingekehrt. Die Eltern von M. waren auf unbestimmte Zeit, ohne Kontakt mit uns aufzunehmen, in ihr Heimatland gereist, die Todesursache war weiterhin ungeklärt. Das Foto von M., die Blumen und die Kerze, standen immer noch auf seinem Tisch. Kaum einer von außen verstand, dass uns allen in der Klasse das so nahe ging. Wir baten nochmals die Schulleitung um ein Krisengespräch, trafen dort jedoch weiterhin auf Unverständnis und Ratlosigkeit.

Kurz darauf teilte uns der Vater eines anderen Schülers vertraulich mit, dass sein Sohn Selbstmordgedanken habe und schon einmal versucht hätte, sich mit einem Messer das Leben zu nehmen. Auf der Stelle führten wir Gespräche mit den geschiedenen Eltern des Jungen. Wir konnten sofort einen Therapieplatz für den Jungen vermitteln und ihn erst einmal aus der Klasse herausnehmen. Sein Fehlen erklärten wir in Absprache mit den Eltern mit einer Erkältung. Zum Glück stabilisierte er sich in den nächsten Tagen.

Jetzt hatte es auch die Schulleitung eilig. Sie bemühte sich sogleich um ein erstes Krisengespräch, das zwei Tage später mit einem Interventionsteam der zuständigen Behörde, der Schulleitung, mit Sozialpädagogen und einem lokalen Seelsorger stattfand. Das stärkte und half uns. Wir sprachen einen „Fahrplan" für die nächsten Tage und Wochen ab; Wie wir aus dieser unendlich scheinenden Trauerphase, ohne Beerdigung, ohne Kontakt zu den Eltern und ohne, dass wir genau wussten, wie M. nun eigentlich gestorben war, wieder in einen normalen Alltag übergehen konnten.

Wir legten ein Kondolenzbuch an, in das jeder aus der Klasse seine Erinnerungen hineinschreiben konnte. Wir verfassten einen Brief an die Eltern und organisierten eine interne Trauerfeier. Dort stellten wir Kerzen auf, redeten und erzählten. Schließlich trugen wir gemeinsam das

Bild und die Kerze von M. aus der Klasse und verabredeten, das Kondolenzbuch mit unserem Brief in der folgenden Woche an M.s Eltern zu senden. Das war eine für uns alle schwere, aber auch befreiende Stunde.

Die folgenden Wochen waren nicht einfach. Aber langsam kehrte der Schulalltag zurück. Doch erst nach gut zwei Jahren, in der 10. Klasse, beruhigte sich die Situation wirklich. Ganz langsam bekamen wir das Gefühl, dass gegen Ende der Schulzeit unser durchgängig konsequentes pädagogisches Handeln mit klaren Ansagen, einem lehrergeleiteten Unterricht, mit viel Ausdauer und Energie, nun Wirkung zeigte und zu den gewünschten Ergebnissen führte. Die meisten Schüler wurden vernünftiger und uns gegenüber respektvoller. Die Arbeitsatmosphäre in der Klasse verbesserte sich deutlich, es wurde ruhiger und die meisten konnten nun durch Fleiß und Aufmerksamkeit vieles nachholen. So schafften es am Ende fast alle, die Schule erfolgreich zu beenden.

Die Erinnerungen an M. begleiten uns bis heute. Dieses schlimme Ereignis und die darauffolgenden schweren Tage und Monate hatten uns gebündelt vor Augen geführt, wie viele unterschiedliche Baustellen im Inneren unserer Schüler unbearbeitet waren, die auch wir als Lehrer nicht versorgen konnten – und bis heute nicht können. Uns wurde noch einmal klar, dass Wissensvermittlung - egal mit welchen Methoden - nicht gelingen kann, sofern im Hintergrund Suizidgedanken, Verwahrlosung, Einsamkeit, Krankheit oder andere existenzbedrohende Faktoren das Dasein der SchülerInnen dominieren.

Erste Einordnungs- und Erklärungsversuche

Insgesamt hat in dem beschriebenen Zeitraum die Anzahl von „verhaltensauffälligen" Kindern und Jugendlichen zugenommen. Besonders die Jungen legten Verhaltensmuster an den Tag, aus denen sie nur sehr schwer selbst wieder herauszufinden schienen. Eine spezielle Jungen-Pädagogik oder besondere pädagogische Ansätze für bildungsferne Schüler kannte ich damals noch nicht.

Die deutliche Zunahme von Problemen hatte sich schon sehr früh angedeutet, wie ich aus heutiger Sicht an meinen persönlichen Beobachtungen von Schülern (z. B. das auffällige und zum Teil aggressive

Verhalten oder das mangelnde Durchhaltevermögen) erkennen kann. Auch aus der „Auflistung von Problemen" des Schulleiters kann man bereits Gründe für die spätere Eskalation ableiten.

Die Probleme traten auch dadurch deutlich sichtbarer zutage, dass bereits zu diesem Zeitpunkt an der Schule unterschiedliche, sich zum Teil widersprechende Erziehungskonzepte nebeneinander standen. Einige junge KollegInnen vertraten eher freie pädagogische Ansätze. Sie gingen mit weniger Distanz auf die Schüler zu, sie wollten den Kindern alles (oder zumindest sehr vieles) recht machen, nahmen bestimmte Verhaltensweisen der Jugendlichen eher hin als ich und andere ältere KollegInnen. So wurde es immer schwieriger, für die Schule verbindliche Regeln und einen gemeinsamen, von allen akzeptierten pädagogischen Rahmen festzulegen. Das verunsicherte viele Kinder und Jugendliche. Einige Schüler nutzten die Unklarheiten auch einfach aus, um ihre Launen auszuleben und ihre Interessen durchzusetzen.

Weitere Erklärungsversuche fand man in den Büchern des Kinderpsychiaters Michael Winterhoff „Warum unsere Kinder Tyrannen werden" (2008) und „SOS Kinderseele" (2013). Ähnlich wie ich es auch an unserer Schule wahrnahm, gab es nach seiner Einschätzung Anfang der 90er-Jahre in jeder Klasse noch eher einzelne Kinder mit psychosozialen Problemen, während im neuen Jahrtausend die Anzahl der Betroffenen deutlich anstieg. Auch auf den Elbinseln gab es in vielen Klassen offensichtlich einen immer höheren Anteil an Schülern mit zum Teil starken und mehrfachen „Störungen".

Trotz der eingeschränkten Übertragbarkeit auf unser Umfeld konnte ich einige von Winterhoffs Erkenntnissen durchaus nachvollziehen. Er versuchte aus entwicklungspsychologischer Sicht aufzuzeigen, dass nicht nur die modernen, offenen Erziehungsmethoden der Eltern der psychischen Entwicklung der Kinder nicht angemessen sind, sondern auch die zunehmenden freien Lern-, Unterrichts- und Erziehungsformen in Kitas und Schulen der psychischen Entwicklung schaden können.

Welche Bedeutung dieser letztgenannte Aspekt an unserer Schule damals hatte, kann ich heute nicht eindeutig beurteilen. Ich bin aber überzeugt, dass bei so großen, sehr heterogenen und leistungsschwachen Klassen und bei dem sehr begrenzten Lehrpersonal offene und individualisierte Lernformen zum Scheitern verurteilt sein müssen.

Eine weitere Erklärung für die Zunahme der Probleme und Verhaltensauffälligkeiten können die Erkenntnisse der Hirnforschung bieten. Es gab schon damals zahlreiche Studien, die belegten, dass Lernzuwächse in den Klassenstufen 8 und 9 marginal sind, weil sich das Gehirn pubertätsbedingt neu strukturiert. Müsste man in dieser Zeit den Schülern, besonders den „auffälligen", nicht ganz andere Lebens- und Lernwelten eröffnen? Die über diese Jahre entstandenen Lernrückstände hatten wir zwar im letzten Schuljahr zum Teil noch aufholen können – doch wie hätten sich unsere Schüler wohl in dieser Zeit entwickelt, wenn sie etwa in der Mittelstufe mit ganz anderen Angeboten, jenseits des konventionellen Unterrichtsgeschehens (etwa Schülerfirmen oder Abenteuer- und Entdeckungsreisen), konfrontiert worden wären? Und wie wäre es für uns als Lehrer gewesen? Wäre unsere tagtägliche Arbeit weniger kräftezehrend und aufreibend gewesen? Ich denke schon.

Fazit: Welche Erkenntnisse kann ich für heute aus den frühen Jahren meiner Arbeit ziehen?

Wir müssen allen Kindern gerecht werden! Die Zahl verhaltensauffälliger Kinder war früher deutlich geringer. Heute müssen wir uns neben den Kindern mit psychosozialen Problemen deutlich intensiver auch um die vielen Ruhigen und Lernwilligen kümmern. Dafür brauchen wir von den Schulleitungen und den zuständigen Behörden eine größere Gesprächsbereitschaft, mehr Veränderungswillen und vor allem deutlich mehr konkrete Unterstützung. Wir benötigen ein ganzes Unterstützungssystem. Wir dürfen mit all diesen Problemen als LehrerInnen nicht allein gelassen werden.

Um die Lehrer zu entlasten, sollten die Strukturen so verändert werden, dass es nicht nur um das Abarbeiten anstehender Aufgaben geht, sondern um eine erfüllende Arbeit, die Freude macht und befriedigend ist. Ein - wenn überhaupt notwendiges - Arbeitszeitmodell ist immer wieder zu aktualisieren und den realen Anforderungen anzupassen.

Eine Klasse ist möglichst von zwei LehrerInnen zu betreuen, mit intensiver Hilfe noch anderer pädagogischer Fachkräfte. Um authentisch zu sein, wenden wir als Lehrer unsere eigenen pädagogischen Prinzipien und Methoden an, die natürlich im Rahmen von Supervisionen evaluiert werden. Ein fachkompetentes und kollegiales Umfeld unterstützt uns dabei.

In der Lehrerausbildung braucht es für die jungen Studierenden viel mehr Anreize und Entwicklungsmöglichkeiten, die diesen wichtigen Beruf und die Arbeit in „Problem-Stadtteilen" attraktiv und spannend machen. Zum Beispiel durch mehr pädagogische und didaktische Eigenständigkeit und frei disponible Zeiten, um neben dem Unterricht verstärkt eigene Projekte durchführen zu können, wie ich früher etwa den Zirkus Willibald.

Bildungsbenachteiligte Gruppen und soziale Brennpunkte wie Wilhelmsburg müssen in den Fokus des allgemeinen pädagogischen, universitären und politischen Interesses rücken, und zwar nicht nur, wenn die Bildungsstudien schlecht ausfallen oder die Probleme eskalieren. An den Universitäten, bei der Lehrerausbildung und -fortbildung brauchen wir dazu mehr und spezielle Angebote.

Vor Ort müssen alle Bildungseinrichtungen verstärkt gemeinsam und durchgängig zusammenarbeiten. Kitas und Schulen sind die einzigen Orte, wo alle Kinder und Eltern erreicht werden und an denen systematisch Benachteiligung abgebaut werden kann. Dazu sollte es regelmäßige „Zukunftskonferenzen" und Foren wie damals das Forum Bildung Wilhelmsburg geben.

Zweites Kapitel
Pädagogische Veränderungen nach dem PISA-Schock

In diesem Kapitel greife ich die pädagogische Entwicklung nach der Jahrtausendwende bis heute auf. Die Pädagogik allgemein sowie Wilhelmsburg und die Veddel traten immer stärker in den Fokus.

Seit dem „PISA-Schock" überrollt eine enorme Welle grundlegender bildungspolitischer und pädagogischer Neuerungen die Schulen. Im Bildungssystem sieht man den Ort, an dem man den Kreislauf von Ungleichheit und Ungerechtigkeit durchbrechen könnte. So wurden bundesweit eine Vielzahl von Gremien gebildet, etwa in Hamburg 2007 eine breit angelegte Enquête-Kommission, die konkrete Handlungsvorschläge entwickeln sollte, wie der Bildungserfolg von der sozialen Herkunft zu entkoppeln sei, bis hin zu einer „Qualitätskommission" im Jahr 2020 in Berlin.

Diese bestand neben den wissenschaftlichen ExpertInnen aus relevanten Akteuren und Praktikern im Bildungsbereich. Das Ziel dieser Kommission war die Erarbeitung wissenschaftlich fundierter Empfehlungen, wie die Lehr- und Lernprozesse auf den unterschiedlichen Bildungsetappen so gestaltet werden können, dass erfolgreiches fachliches und soziales Lernen stattfindet und gleichzeitig Disparitäten im Bildungssystem reduziert werden können.

Man hofft, mit all diesen unterschiedlichen Versuchen die Kompetenzen der SchülerInnen systematisch entwickeln zu können und damit sozialer Benachteiligung entgegenzuwirken oder diese zumindest abzuschwächen. Man will, daran gibt es keinen Zweifel, bis heute die Schulen verbessern, auch auf den Elbinseln. Es stellt sich allerdings die Frage, in wieweit das gelingt.

Aus der Vielzahl der Veränderungen möchte ich einige auswählen und sie in Verbindung mit meinen persönlichen Erfahrungen bringen. Ich werde sie jeweils unter der Fragestellung betrachten, ob dadurch tatsächlich bildungsbenachteiligte Kinder und Jugendliche besser gefördert werden und dadurch mehr Bildungsgerechtigkeit entsteht.

Lehrer am Limit?

Habe nun, ach! Philosophie,
Juristerei und Medizin,
Und leider auch Theologie
Durchaus studiert, mit heißem Bemühn.
Da steh'ich nun ich armer Tor!
Und bin so klug als wie zuvor

Goethe, Faust I, Prolog

Zu Beginn der 2000er-Jahre hing den Lehrkräften noch immer das Image der „faulen Säcke" (Gerhard Schröder 1995) an. Das änderte sich in den folgenden Jahren. Eine Umfrage von 2013 ergab, dass das Ansehen von LehrerInnen deutlich gestiegen war. Über 40 Prozent der Bevölkerung bewerteten die Arbeit der Lehrer sehr positiv. Das lag unter anderem daran, dass in dieser Zeit in den Medien viel häufiger und kritischer über den Schulalltag berichtet wurde, etwa in dem Dokumentarfilm „Lehrer am Limit". Dieser wurde 2013 zunächst im NDR und danach im Magazin Panorama in der ARD mit anschließender Diskussion bei „Beckmann" ausgestrahlt. Das Hamburger Abendblatt und bundesweite Printmedien begleiteten den Bericht ausführlich. Die Dokumentation zeigte Ausschnitte aus dem Schul- und Unterrichtsalltag einer Wilhelmsburger Schule und beschrieb ungeschminkt die Schwierigkeiten der Lehrer, nicht nur guten, sondern überhaupt Unterricht machen zu können. Er dokumentierte eigentlich die Eingeschränktheit und Absurdität der pädagogischen Bemühungen. Im Grunde genommen zeigte er auf, dass Schule in dieser Form und unter diesen Bedingungen zum Scheitern verurteilt sein musste.

Bei aller Kritik war es aus meiner Sicht richtig, diesen Film ausgestrahlt zu haben, denn er hatte, wie selten zuvor, die Black Box „Schule in einem schwierigen sozialen Umfeld" für ein breites Publikum geöffnet. Der Film förderte für mich, wie auch vielerlei Bücher - von der absurd-komischen Realsatire „Chill mal, Frau Freitag" (2011) bis zur nüchternen Beschreibung einer „Schule vor dem Kollaps" durch Ingrid König (2019) - die vielen Widersprüche bei den Entwicklungen an den Schulen zutage.

Dynamik mit gesundem Menschenverstand?

Im Jahr 2000 fand die erste PISA-Studie statt, die von der Organisation für wirtschaftliche Zusammenarbeit und Entwicklung (OECD) gestartet wurde, um die Bildungssysteme der teilnehmenden Länder zu vergleichen. PISA steht für „Programme for International Student Assessment" (Programm zur internationalen Schülerbewertung). Die seitdem alle drei Jahre stattfindenden Studien gehen dabei besonders der Frage nach, wie es den teilnehmenden Ländern gelingt, Jugendlichen - unabhängig von ihrer sozialen Herkunft - die Entwicklung ihrer Kompetenzen zu ermöglichen.

An der ersten PISA-Studie nahmen 32 Länder teil. Deutschland landete im internationalen Vergleich auf Platz 21, also nur im unteren Mittelfeld. Die deutschen Schüler schnitten in allen getesteten Kompetenzen (Schreiben und Lesen, Naturwissenschaften sowie Mathematik) schlechter ab als der Durchschnitt. Lehrer, Eltern und Politiker waren gleichermaßen erschreckt und das deutsche Bildungssystem rückte nun sehr schnell in das öffentliche Interesse. Wegen der zum Teil miserablen Ergebnisse sprach man vom „PISA-Schock". Er wurde zum Auslöser einer umfangreichen Debatte, in der man gründlich über die Schule und das Bildungssystem der Zukunft sowie über umfangreiche Maßnahmen zur Verbesserung nachdachte.

Die Schule ist der zentrale, wenn nicht sogar der einzige Ort für arme Kinder, ihre Perspektiven zu erweitern und Bildungsgerechtigkeit zu erlangen. Vor allem Gesamtschulen haben bis heute eine besondere Bedeutung für Kinder aus sozial benachteiligten Verhältnissen. Diese Kinder leben meist in einem anregungsarmen Umfeld. Das bestimmt entscheidend ihren Bildungserfolg und -misserfolg. Meine Erfahrungen in Afrika haben mir gezeigt, dass Schule dem etwas entgegensetzen kann – und muss!

Die meisten Schulleitungen und Kollegen, fast jede gesellschaftlich relevante Gruppe, auch die Parteien, unabhängig ihrer politischen Couleur, formulieren seit PISA ähnliche Ansprüche. Und es wurde viel getan, angeschoben, ausprobiert. Nach vielen Jahren der Lethargie kam endlich neuer Schwung in die Schulen und in die Bildungsdiskussion, auch auf den Hamburger Elbinseln.

Diese schul- und bildungspolitischen Diskussionen und daraus folgenden Veränderungen bekamen nach und nach jedoch eine Dynamik, die irgendwann kaum noch jemand nachvollziehen konnte. Es entwickelte sich eine immer größer werdende unkontrollierte „Welle", die fast alles mit sich zog und vieles, was erprobt war, einfach überrollte. Die Richtung, in die sich das Ganze bewegte, war häufig nicht mehr mit dem „gesunden Menschenverstand", geschweige denn mit dem kritischen Sachverstand eines in der Schule engagiert arbeitenden, erfahrenen Pädagogen zu verstehen. Die theoretischen Ansprüche und die erlebte Wirklichkeit klafften immer weiter auseinander. Hatten die Entwicklungen überhaupt noch etwas mit dem Ziel Bildungsgerechtigkeit zu tun?

An einzelnen Neuerungen hatte ich anfangs gar nichts auszusetzen und ich unterstützte sie, soweit es mir möglich war. Vieles entsprach durchaus meinen pädagogischen Grundvorstellungen; die häufig dogmatische Umsetzung sowie die Arbeitsbelastung und der Druck, der immer mehr auf allen Seiten zunahm, allerdings nicht.

Neuer Arbeitsalltag an den Schulen

Konkret sahen die Veränderungen wie folgt aus: Man tauschte die bisherigen Lehrpläne mit ihren definierten Lernzielen gegen Bildungsstandards und Bildungspläne aus. Grundlegendes Prinzip wurde die Kompetenzorientierung mit individualisiertem, offenem und freiem Lernen. Dazu gehörten eine Reihe von praktischen und methodischen Umsetzungen, wie das Arbeiten mit Kompetenzrastern, das Lernbüro, in dessen Rahmen die Schüler selbst ihre Lernziele festsetzen mussten, oder das Aushandeln von Zielvereinbarungen zwischen Lehrern und Schülern.

Immer mehr Projektzeiten und -wochen, an unserer Schule auch Profilklassen und Schülerfirmen, sollten, an den Interessen der Jugendlichen orientiert, mehr außerschulische Bezüge sowie eine Schärfung und Fokussierung für eine klare Berufsperspektive schaffen. Auch die Übergänge von den Stadtteilschulen in den Beruf regelte man neu. Immer mehr Schülerinnen und Schüler sollten direkt in die duale Ausbildung gehen. Für die leistungsschwachen Schulabgänger wurde das duale Ausbildungsvorbereitungsjahr (AV-Dual) mit einer Ausbildungsgarantie entwickelt. Unterstützt wurde dies durch die Jugend-Berufs-Agentur (JBA), die sehr eng mit den Schulen zusammenarbeitete.

Es wurde ein binnendifferenzierter Unterricht in sehr heterogenen Gruppen eingeführt. Parallel dazu digitalisierten sich die Unterrichtsvorbereitung und auch der Unterricht selbst. Die „neuen Medien" hielten Einzug in viele Klassenräume. Die Tafel wurde weitgehend abgeschafft. Die SchülerInnen sollten möglichst mit Hilfe von Laptops und Smartboards lernen.

Ganztägige Betreuung, ergänzt mit sinnvollen Freizeitangeboten in Kooperation mit außerschulischen Einrichtungen, sollte den zeitlichen Einfluss der Schule auf die Kinder vergrößern.

Die LehrerInnen wurden bei ihrer Arbeit zunehmend begleitet von Erzieherinnen, Sozialpädagogen und Sonderschullehrerinnen sowie von Quereinsteigern, Studenten, Künstlerinnen und Aushilfskräften.

Es wurde mit großer Kraftanstrengung der Versuch unternommen, eine längere Grundschulzeit als Primarschule mit einem Zwei-Säulen-Modell einzuführen. Das scheiterte an einem Volksentscheid bildungsorientierter Elterngruppen, die Angst vor einem Niveauverlust für ihre Kinder hatten. Stattdessen entwickelten sich einige übergroße Stadtteilschulen. Hinzu kam der Versuch, alle Kinder - auch verhaltensauffällige, lern- und körperbehinderte - in diesen Schulen zusammen, also inklusiv, zu unterrichten. Inklusion wurde zum Leit-, aber auch Streitbegriff der Nation.

Alle Veränderungen waren verbunden mit einer Vielzahl von Fortbildungen für die Lehrkräfte.

Das FBW beteiligte sich in Form von Modellprojekten ebenfalls an dem Versuch, die Pädagogik neu auszurichten. Im Rahmen meiner Arbeit als Geschäftsführer des FBW initiierte ich mit vielen KollegInnen stadtteilweite Projekte, angefangen beim Kinderzirkus Willibald bis hin zu den Lese-, Forscher- und Kochwochen.

Auch die Stadtplaner erkannten, dass gut vernetzte Bildungseinrichtungen in einem Stadtteil der zentrale Schlüssel für die Verbesserung von Lebens- und Wohnqualität waren und eine gesteigerte Qualität für ganze Quartiere darstellten. So wurden im Rahmen der IBA innovative Orte der Bildung mit einer neuen baulichen Qualität geplant und teilweise verwirklicht. Ebenso betrieb man aktiv die regelmäßige und systematische Vernetzung von möglichst vielen Bildungseinrichtungen im Stadtteil.

Auf den Elbinseln sollte eine „Bildungslandschaft" mit neuen Bildungshäusern entstehen, die alle Einrichtungen wie Kitas, Jugendhilfe und freie Träger mit den Schulen zusammenbrachte, um die Kinder und Jugendlichen durchgängig betreuen, beraten und fördern zu können.

Erst einmal war ich beeindruckt. Es hörte sich alles sehr innovativ an. Musste ich als engagierter Lehrer nicht auf die Welle aufspringen und mitreiten? Bei erfolgreichen, modernen Schulen in Deutschland oder in Finnland schienen viele dieser Innovationen gut zu greifen. Dem konnte ich mich nicht entgegenstellen!

So hatte ich bei den Veränderungen, die in meinen Arbeitsbereichen an der Gesamt- und später an der Stadtteilschule lagen, anfangs engagiert mitgewirkt. Lange habe ich diese Entwicklungen und neuen Trends unterstützt. Zwar immer auch mit einem müder werdenden, kritischen Blick, doch der Elan und die Euphorie besonders der jungen KollegInnen, der Schulleitungen und auch der meisten wissenschaftlichen und behördlichen Vertreter, ließen meine kritischen Gedanken zunächst verstummen.

Erste Kritik

An Schulen als Institutionen kondensiert der kalte Hauch der modernen Stadtgesellschaft und tropft als Schweiß und Tränen ab.

Norbert Maritzen, Leiter des Instituts für Bildungsmonitoring und Qualitätsentwicklung (ifbq) in einem Vortrag

Bei einem Herbstempfang der Stadtteilschulen im November 2012 ging es um die Frage der „Gerechtigkeit" in der Bildung. In seinem Referat führte Norbert Maritzen, der damalige Leiter des Instituts für Bildungsmonitoring und Qualitätsentwicklung (ifbq), sehr kritisch aus, dass es an vielen Schulen in Hamburg riskante, kaum hinreichend bearbeitbare Häufungen von Problemlagen gebe. Das lag seiner Ansicht nach an der unausgewogenen Verteilung der Bevölkerung auf die Wohnquartiere und am Steuerungsrückzug der Politik sowie der daraus resultierenden Konzentration benachteiligter Schülerschaften und somit dem Fehlen des oberen Leistungssegments. So blieben nicht wenige Stadtteilschulen „Restschulen", getreue Abbilder einer Großstadt, in der es auch „Restquartiere" (wie Wilhelmsburg) gebe. Der große Anspruch der Stadtteilschulen, besonders in solchen Quartieren, mehr Gleichheit und Gerechtigkeit zu schaffen, könne so nicht erfüllt werden.

Doch wer wollte damals in einer Aufbruchstimmung etwas zu den besonderen Problemlagen und den damit möglicherweise verbundenen Schwierigkeiten neuer pädagogischer Entwicklungen hören? Sichtbare Konsequenzen hatten Maritzens kritische Thesen in der Hamburger Schulpolitik und bei den pädagogischen Veränderungsprozessen in den Schulen leider keine.

Im Gegenteil! Im Laufe der Jahre wurden die „pädagogischen Wellen" immer größer und irgendwann war ihr Sog so enorm, dass nicht nur ich meine eigene klare Sicht auf die Dinge in der Schule und der Pädagogik zu verlieren drohte. Ich wurde immer müder, der Schulalltag zehrte an meinen Kräften. Wir KollegInnen fanden kaum noch Zeit zur Reflexion und hatten auch keine Energie mehr.

Ich brauchte mehr Ruhe und versuchte erst einmal, aus ein wenig Distanz auf die Entwicklungen zu schauen, die immer intensiver über uns hinweg rollten. Es brauchte einige Zeit, bis ich anfing, wieder scharf zu sehen. Ich erkannte an unserer Schule immer mehr Widersprüche, die ich bald in kritischen pädagogischen Artikeln, Büchern und wissenschaftlichen Untersuchungen bestätigt sah. Ich kehrte zurück zu meinem Ausgangspunkt und begann zu überprüfen, ob die vielschichtigen Veränderungen im Bildungsbereich die Situation unserer Schüler tatsächlich verbesserten – oder ob sie vielleicht sogar das Gegenteil bewirkten.

Fragen

Natürlich soll die Schule ein sozialer Ort sein, an dem es um mehr als reine und konventionelle Wissensvermittlung geht. Musste man aber unter den gegebenen schwierigen Bedingungen die zunehmende Dominanz von offenen und individualisierten Lernformen, die damit verstärkte Rolle des Lehrers als „Lernbegleiter", die vorherrschende „Kompetenzorientierung" sowie die Ausschließlichkeit eines gemeinsamen (binnendifferenzierten) Unterrichts als neue Grundprinzipien nicht in Frage stellen? Und war die Umsetzung einer zwar notwendigen und politisch korrekten, aber bis dahin unausgegorenen Inklusionsidee nicht völlig unzureichend?

Konnten uns vielleicht die im eingangs genannten Film dargestellten preisgekrönten deutschen Schulen als Vorbilder weiterhelfen, z. B. die Integrierte Gesamtschule Göttingen? Aber taugte sie - mit ihrem ausgewählten Schülerklientel und deutlich besseren Rahmenbedingungen - als Orientierung für uns? Boten vielleicht die weltweiten PISA-Spitzenreiter mögliche Lösungsansätze zur Bewältigung unserer Bildungskrise an? Doch auch hier schienen mir die jeweiligen Voraussetzungen nicht mit den deutschen vergleichbar. Möglicherweise könnten wir trotzdem einiges von Singapur lernen?

Mehr Fragen und erste Einordnungen

Nach fast zwanzig Jahren als Lehrer auf den Elbinseln las ich in einer GEW-Zeitschrift die schon 2003 getroffene Aussage des Göttinger Erziehungswissenschaftlers Hermann Giesecke:

Nahezu alles, was die moderne Schulpädagogik für fortschrittlich hält, benachteiligt die Kinder aus bildungsfernem Milieu.

Dieser kurze Satz fasste das zusammen, was ich, noch unsortiert und in einzelnen Aspekten, bei meiner konkreten pädagogischen Arbeit bereits erahnt hatte. Ich fragte mich natürlich, ob diese zugespitzte Behauptung, diese scharfe Kritik, die durch weitere Einschätzungen aus dem linksliberalen Lager begleitet wurde, wirklich so stimmte und wenn ja, wie es eigentlich so weit hatte kommen können. Waren das Entwicklungen, die keiner hatte vorhersehen können? War die Ursache vielleicht eine mangelhafte Umsetzung der neuen Ideen aufgrund der Finanzkrise und der damit verbundenen Reduzierung der Mittel für den Bildungsbereich? Sodass die im Grunde sinnvollen, positiven pädagogischen Strategien nur nicht so angewendet werden konnten, wie sie gedacht waren und sich somit vieles eher ins Gegenteil verkehrte?

Oder steckten eben doch bestimmte ökonomische und politische Interessen dahinter? Im Grunde wussten wir doch alle, dass die Gesellschaft die bestehenden Ungleichheiten ständig reproduzierte. War uns bis dahin nicht aufgefallen, dass die Schulen soziale Ungleichheit weiterhin verstärkten, ja sogar erst legitimierten? Logen wir uns als Beteiligte nicht in die (Lehrer-)Tasche, verschlossen die Augen vor den deutlich erkennbaren Widersprüchen des Systems und der weiter voranschreitenden (Bildungs-)Verarmung sowie der größer werdenden „Schere" in unserer Gesellschaft? Hatten die Bildungs-Entwickler und Entscheider einfach keinen richtigen Einblick mehr in den Schulalltag?

Ich wollte zusammen mit anderen vor Ort den Dingen genauer auf den Grund gehen. Dabei merkte ich, wie schwer es war, Mitstreiter zu finden, denn kaum jemand fand noch Zeit oder hatte Interesse für tiefer gehende Diskussionen. Viele wollten auch nicht gegen den Strom schwimmen und sich nicht auf eine mögliche Konfrontation mit KollegInnen und vor allem Vorgesetzten einlassen. Verstärkt wurde diese Zurückhaltung dadurch, dass man bei Kritik an diesen neuen Ideen und Konzepten schnell als altmodisch oder „Auslaufmodell", als konservativ oder reaktionär und sogar als „Nestbeschmutzer" bezeichnet wurde. Man wurde zu jemandem, der den „Schulfrieden störte" und daher durchaus mit „Konsequenzen" zu rechnen hatte. Viele wollten oder konnten sich einfach nicht mehr so intensiv wie eigentlich nötig an der Diskussion über die Veränderungen beteiligen. Sie akzeptierten letztlich immer mehr die Vorgaben von oben - von der Schulleitung und aus der Behörde.

In der Schule trafen wir uns zum Glück mit einigen, meist älteren Fach-KollegInnen täglich in der Frühstücks- und Mittagspause beim Tee in einer der wenigen, übrig gebliebenen „roten" Sofaecken. An die Tür hängten wir einen Zettel mit der durchaus doppeldeutig gemeinten

Aufschrift „Klassenlose Gesellschaft" und sprachen in der geselligen Runde über alle möglichen Fragen des Lebens, der Schule und der Pädagogik. So hatten wir zumindest einen informellen, regelmäßigen und anregenden Austausch, der deutlich über die direkten Unterrichtsprobleme hinausging.

Darüber hinaus wurden im Stadtteil für mich besonders die Runde der Stadtteilbeauftragten sowie später das Offene Bildungsforum ein ähnlicher Ort des freien und klärenden Austauschs zu pädagogischen Fragen. So gelang es mir, langsam einen Überblick und mehr Klarheit zu finden sowie hier und da undurchsichtige Strukturen und Strategien der höheren Ebenen des Schul- und Behördendschungels klarer einzuschätzen. Aus diesen Runden sind viele der folgenden Erkenntnisse hervorgegangen.

Neue Konzepte verändern die Schule

Ich möchte nun einige Aspekte der pädagogischen Entwicklungen unter meiner zentralen Fragestellung betrachten.

Kompetenzorientierung

Kompetenzen waren nach dem schlechten Abschneiden Deutschlands bei der PISA-Studie 2001 in aller Munde und gewannen in den Schulen zunehmend an Bedeutung. Die Begriffsdefinition orientierte sich an den Erklärungen des Psychologen F. E. Weinert von 2001:

Unter Kompetenzen versteht man die bei Individuen verfügbaren oder durch sie erlernbaren kognitiven Fähigkeiten und Fertigkeiten, um bestimmte Probleme zu lösen sowie die damit verbundenen motivationalen und sozialen Bereitschaften und Fähigkeiten, um die Problemlösungen in unterschiedlichen Situationen erfolgreich und verantwortungsvoll nutzen zu können.

Allerdings wurde der Begriff sehr vielfältig verwandt - siehe dazu Wikipedia -,was immer wieder zu großen Unklarheiten führte. Mit der Kompetenzorientierung waren zum Teil absurde didaktisch problematische Aspekte verbunden. An ihr entzündeten sich heftige Probleme und grundlegende Kritik.

Von nun an wurde nicht mehr abrufbares Sach- oder Methodenwissen der Schüler abgeprüft, sondern Lese- oder mathematische Kompetenzen. Dies bedeutete einen Paradigmenwechsel: von einer „Input-Orientierung" auf Lehrpläne hin zu einer „Output-Orientierung" auf sogenannte Bildungsstandards. Obwohl es schon widersprüchliche Erkenntnisse aus der Theorie und Praxis gab, wurde diese neue Ausrichtung von der Schulbehörde, der Schulleitung und vielen jüngeren KollegInnen ab etwa 2007 auch an unserer Schule immer weiter, leider ohne kritische Diskussionen und begleitende Auswertungen, vorangetrieben. Nur wenige, meist erfahrene KollegInnen betrachteten diese Entwicklung mit einer gewissen Skepsis.

Zunächst spricht auch aus meiner Sicht nichts gegen eine Orientierung an Kompetenzen, vor allem dann nicht, wenn es um Basiskompetenzen etwa im Lesen und in der Mathematik geht. Ich möchte dies kurz an zwei Beispielen erläutern:

1. Beispiel: Lesen/Lesenlernen. Selbstverständlich ist es beim Lesenlernen wichtig, sich als unterrichtende Lehrkraft bewusst zu werden, welche Einzelkompetenzen *Voraussetzung* für das Ausbilden der Lesefähigkeit sind. In diesem Fall wäre das z. B. die Kompetenz, visuell kleine Details und räumliche Platzierungen unterscheiden zu können. Wenn die Kinder diese Voraussetzung nicht haben, sind sie nicht in der Lage, etwa die Buchstaben „d" und „p" voneinander zu unterscheiden. Die Folge wäre, dass sie nicht oder nur fehlerhaft lesen lernen können. Es ist also für LehrerInnen sehr hilfreich, überprüfen zu können, ob diese Basiskompetenz als Voraussetzung für das Lesenlernen erreicht ist.

In der Praxis zeigte sich leider immer wieder, dass sich das Überprüfen der Basiskompetenzen verselbstständigte und man das eigentliche Lernziel, Lesen, leicht aus den Augen verlor. Als Werkzeug zur Analyse von Lernschwierigkeiten kann das Fokussieren auf die Basiskompetenzen hilfreich sein. Wenn die Kompetenzorientierung aber dort stehenbleibt, und die Grundvoraussetzungen bereits zu Lese- und Lernerfolgen deklariert, wird es problematisch.

2. Beispiel: Mein Hauptfach, die Mathematik. Was sollte dagegen sprechen, dass die SchülerInnen am Ende des Unterrichts eine Vielzahl

feststellbarer, auf unterschiedlichen Niveaustufen liegender Kompetenzen - z. B. schildern, skizzieren, darlegen, definieren, einordnen, formulieren, kritisieren - erwarben? Genau diese würden sie später brauchen, um ihre erworbenen Rechenfähigkeiten zum Lösen und zur Bewältigung von (Alltags-)Problemen zu nutzen.

Doch auch in meinem Kernfach erlebte ich die eben am Beispiel des Lesens angerissene Verselbstständigung von Basiskompetenzen. Damit einher ging der Verlust meiner eigenen Orientierung an für mich eigentlich wichtigen Lernzielen. Denn bei genauerer Beschäftigung mit den kompetenzorientierten „Anforderungen" in Mathematik wurde mir immer unklarer, was die SchülerInnen eigentlich lernen sollten. Nach den Ausführungen in den Bildungsplänen für das Fach Mathematik an den Stadtteilschulen in Hamburg - und ich fasse das Folgende wörtlich zusammen - bildeten nun die

> (...) Kompetenzen den Kern der Mathematik-Standards. Hiermit sollen zentrale Aspekte des mathematischen Arbeitens in hinreichender Breite erfasst werden. Wer Mathematik betreibt, der modelliert, argumentiert, verwendet Darstellungen und rechnet. (...)

> Die Kompetenzen sollen in der Auseinandersetzung mit mathematischen Inhalten erworben werden. So sollen die Schülerinnen und Schüler u. a. Sachsituationen erfassen und ihnen relevante Informationen entnehmen, Situationen übersetzen in mathematische Begriffe sowie die Bearbeitungsschritte und Ergebnisse der Modellierung mit Bezug auf die Realsituation beschreiben und beurteilen und sie gegebenenfalls modifizieren.

All das ist nicht falsch - und ich möchte auch nicht dagegen sprechen, dass der Mathematikunterricht grundsätzlich nicht auch die Fähigkeit zum „Argumentieren" und „Modellieren" vermitteln sollte. In meinem Unterrichtsalltag zeigte sich aber immer deutlicher, dass die Ausbildung solcher Kompetenzen nahezu irrelevant war, weil besonders die bildungsbenachteiligten Schüler kaum die einfachsten Grundrechenarten beherrschten. Doch für diese eigentlichen mathematischen Kompetenzen blieb uns im Unterricht immer weniger Zeit. So lernten die SchülerInnen vielleicht sogar, zu modellieren oder etwas darzustellen und ganz ansehnlich zu präsentieren – doch was half ihnen das, wenn sie schlussendlich wegen mangelhafter Rechenfertigkeiten in der Addition und Multiplikation die Schule ohne Abschluss verlassen mussten?!

Als Folge der verfehlten Kompetenzorientierung gab es für mich als verantwortlichen Lehrer und vor allem für die SchülerInnen große Probleme bei den Vorbereitungen und der Durchführung der Abschlussarbeiten für den Ersten und Mittleren Schulabschluss, heute kurz ESA und MSA genannt. Denn in der Ausbildungs- und Prüfungsordnung für integrierte Gesamtschulen waren nun natürlich komplexe mathematische Aufgabenstellungen, etwa zu der Leitidee „Raum und Form", festgeschrieben.

Für mich bedeutete diese neue Orientierung Unsicherheit und zunehmende Verwirrung und damit den Verlust meines bis dahin klaren Fach-, Lehrer- und Unterrichtsverständnisses. Auch den Schulbüchern mangelte es nun an einer erkennbaren inhaltlichen Systematik: Statt eines schrittweisen, logischen Aufbaus fand man eher ein buntes Nebeneinander unterschiedlichster Themenfelder, bei denen versucht wurde, sie in anspruchsvoll formulierte, komplexe Zusammenhänge miteinander zu stellen. Welche Rolle spielten überhaupt noch die Inhalte und fachlichen Lernziele? Was musste das alles für Folgen bei unseren bildungsfernen SchülerInnen haben?

Später wurde mir darüber hinaus auch die gesellschaftspolitische Dimension dieser Neuorientierung, die von einigen Kritikern als „Neoliberales Teufelswerk" heftig kritisiert wurde, bewusst. Hierauf werde ich später noch genauer eingehen.

Kompetenzraster

Im Rahmen der Entwicklungen setzte sich ab 2007 im Unterricht an unserer Schule auch immer mehr die Arbeit mit Kompetenzrastern durch. Das ist eine spezielle Form des selbstständigen Lernens, bei der die Schüler und Schülerinnen umfangreiche (meist in Raster unterteilte) Arbeitsblätter erhalten. Die Aufgaben können sie, über einen bestimmten Zeitraum, in ihrem eigenen Tempo, auf drei Niveaustufen und an Kompetenzen orientiert, selbstständig bearbeiten. Im Idealfall kontrollieren sie auch die Ergebnisse selbst.

Grundsätzlich stand ich dieser Idee - als Teilaspekt eines modernen Unterrichts - durchaus offen gegenüber. Ich konnte mir zwar kaum vorstellen, in meinen Fächern Kompetenzraster zu entwickeln, mit denen meine Lerngruppe mit über 25 Halbwüchsigen selbstständig und sinnvoll arbeiten und auch noch bessere Ergebnisse erzielen würde. Doch gerade deshalb probierte ich es aus. Die wichtigsten Fragen waren dabei für mich: Ist der Aufwand (Erstellung des Kompetenzrasters) angemessen? Können meine Schüler damit gut arbeiten und verändert sich die Arbeitsatmosphäre zum Positiven hin? Und zu guter Letzt: Welche Ergebnisse erzielen sie am Ende einer solchen Phase?

In den Frühjahrsferien erarbeitete ich zum ersten Mal ein Kompetenzraster nach der Vorlage einer Kollegin. Es ging um das Thema „Entdeckung und Eroberung Amerikas durch die Spanier" im Fach Gesellschaft. Ich erklärte den SchülerInnen das neue Verfahren. Selbstständig und eigenverantwortlich sollten sie die Themen auf den Arbeitsbögen bearbeiten. Dann ging es los.

Ich war sehr erstaunt: Das selbstständige Arbeiten mit dem Raster verlief am Anfang ruhig und geordnet. Es schien auf den ersten Blick so, als ob die Schüler tatsächlich konzentriert und jeder in seinem Tempo die Aufgaben bearbeiten würden. In fast jeder Stunde herrschte zu Beginn der Einheit eine recht vernünftige Arbeitsatmosphäre. So ging es mehrere Doppelstunden lang.

Allerdings merkte ich schnell, dass das Tempo und die Qualität der Arbeit sehr unterschiedlich waren. Die engagierten Schüler nutzten tatsächlich die Zeit zum intensiven Arbeiten, sodass sie die von mir gestellten Fragen am Ende der Stunden in der Regel ausführlich beantworten konnten. Die eher leistungsschwächeren Schüler „wurschtelten" vor sich hin. Zwar beschäftigten sie sich ruhig, meist ließen sie es aber langsam angehen, und ich musste immer wieder nachschauen und motivieren. Der Teil der auch sonst unkonzentrierten und lustlosen Schüler machte überhaupt nichts. Nur nach Aufforderung taten sie etwas, in der Regel schrieben sie, meist zum Schluss, schnell noch von einem anderen

Schüler die geforderten Aufgaben ab. Ich ließ die Gruppe im Großen und Ganzen aber gewähren und machte nur deutlich, dass ich am Ende der Einheit die schriftlichen Arbeiten einsammeln und einen Test zum Thema schreiben lassen würde, was ich auch tat.

So erhielt ich Antworten auf meine anfänglichen Fragen.

Zum Arbeitsaufwand: Wenn ich immer eine so gute Vorlage wie die meiner Kollegin haben würde, wäre mein Arbeitsaufwand für die Erstellung angemessen. Das Durchschauen der abgegebenen Arbeiten nahm jedoch sehr viel Zeit in Anspruch und das, obwohl ich nicht jedes Heft im Detail korrigierte.

Zur Arbeitsatmosphäre: Es herrschte in den ersten Stunden der Einheit eine recht vernünftige, halbwegs ruhige Arbeitsatmosphäre. Die eher leistungsschwachen und verhaltensauffälligen Schülerinnen und Schüler konnten sie aber nicht nutzen, um neues Wissen oder neue Erkenntnisse zu erlangen.

Zu den Lernergebnissen: Fielen die Zwischenergebnisse zumindest bei den leistungsstärkeren SchülerInnen noch passabel aus, so waren die Ergebnisse des Abschlusstests katastrophal. Ein großer Teil der Schüler-Innen wusste so gut wie nichts zum Thema zu schreiben, die anderen brachten, gelinde gesagt, seltsame Resultate zustande. Besonders Fakten waren überhaupt nicht gelernt worden. Hier eine kleine Auswahl:

Für M. blieb zwar grob hängen, dass Columbus eigentlich Indien entdecken wollte, „dann hat er sich aber verfahren". B. ließ den spanischen Eroberer Cortés und den aztekischen König Moctezuma zu „Corteszuma" verschmelzen, während E. Malinche, die indianische Frau von Cortés, zur „Prinzessin von Moskau" kürte.

Ich wagte trotzdem eine zweite Runde mit einem vorbereiteten Kompetenzraster zu einem bestimmten Thema. Doch zu viele Schüler hatten bereits jetzt überhaupt keine Lust mehr, selbstständig zu arbeiten. Ich musste nach wenigen Stunden abbrechen und unterrichtete wieder wie früher: mit wechselnden Methoden, mal frontal, mal aufgelockert mit selbstständigen Phasen und kleinen Projekten, wobei in den konzentrierten frontalen Phasen die meisten Schüler aufpassten und auch die Lernergebnisse beim abschließenden Test am besten ausfielen.

Macht Kompetenzorientierung unmündig?

Konnte es sein, dass meine konkreten (negativen) Erfahrungen mit dem Konzept der Kompetenzorientierung verallgemeinerbar waren? Dass dieses Konzept generell problematisch war, besonders für bildungsbenachteiligte Kinder und Jugendliche? Eine ausführliche Antwort fand ich bei Prof. Jochen Krautz in seinem 2015 erschienenen Beitrag „Kompetenzen machen unmündig" in den von der GEW Berlin herausgegebenen „Streitschriften zur Bildung".

Im Vorwort der GEW werden aus gewerkschaftspolitischer Sicht zunächst die mit „heißer Nadel gestrickten" Reformen allgemein kritisiert. Anstatt sich als Leitkriterium für jegliche Reform an einer sozial gerechteren Bildungspraxis zu orientieren, die aus den Beobachtungen im Alltag und den Erfahrungen vor Ort abzuleiten wäre, würden an den Schulen die neoliberalen Modelle externer Institutionen durchgesetzt. Damit einhergehend sei eine „Vergleichgültigung" von Inhalten, eine Zerlegung von komplexen Prozessen in Einzeltätigkeiten und der „Zerfall von Sinn" wahrnehmbar. Der inflationär verwendete Kompetenzbegriff und die Orientierung daran sei in vielfältiger Weise fragwürdig und stelle keine Lösung dar.

Jochen Krautz konkretisiert die Kritik an der Kompetenzorientierung. Bei dem Kompetenzkonzept handle es sich mehr um eine Testtechnik als um ein pädagogisches Konzept, das auf Sachverstand, Urteilsfähigkeit und Mündigkeit ziele. Die von Kompetenz abgeleiteten Teil-Kompetenzen würden meist willkürlich gesetzt. Sie blieben rein funktional und bauten sich nicht an der Logik der Sache, nicht am Fach auf. So könne bei den SchülerInnen keine geordnete Vorstellung vom Fachgebiet entstehen. Fachliches Wissen und Können würden geradezu verhindert. Das Unterrichtsprinzip kehre sich um. Unterricht werde nicht mehr auf der Grundlage der Inhalte, sondern von erwünschten Fähigkeiten und Verhalten geplant. Damit würden die Inhalte zweitrangig und verlören an Wert. Sie dienten nur noch als Mittel zur Zielerreichung und seien letztlich austauschbar. Ein tiefer gehendes Verständnis und Urteilskraft würden so nicht gebildet. Informationsmanagement und Methodenkompetenz ersetzten fachliches Wissen und Können und führten nachweislich zum Sinken des Bildungsniveaus.

Obwohl Kompetenzorientierung per se nicht mit Konzepten der Selbststeuerung des Lernens verbunden sei, würde es meist praktisch damit verknüpft, etwa beim selbstständigen und individualisierten Lernen oder bei der Arbeit mit Kompetenzrastern. Der Lehrer unterrichte nicht mehr, er sei nur noch Lernbegleiter. Man gehe von einem eher technischen Menschenbild aus. Kompetent sei, wer von außen gesetzte Vorgaben selbstständig erarbeiten oder erfüllen könne.

Das eigentliche Ziel von Bildung ist nach Krautz jedoch ein entgegengesetztes, nämlich eine „Selbststeuerung", die aus gemeinsamen Prozessen des Lernens hervorgeht. Dazu bedürfe es eines zunächst steuernden Lehrers und einer Klasse, mit der man diskutiert, gemeinsam und durch zwischenmenschliche Beziehungen Vernunft und Moral entwickelt habe. Kompetenzorientierung ziele jedoch nicht auf diese Selbstständigkeit, sondern auf unhinterfragte Anpassung und Steuerbarkeit. Krautz geht sogar noch weiter: Er bezeichnet das Kompetenzkonzept als inhuman, den christlichen, humanistischen und aufklärerischen Zielen widersprechend. Es verfolge neoliberale Wirtschaftsziele und untergrabe letztlich die Demokratie und Kultur.

Krautz schlägt ein einfaches Mittel zur Überwindung des Kompetenz-Konzepts vor:

> *Wenn ein Schüler mit einer „kompetenzorientierten Diagnose von Leistungsdefiziten" nach Hause kommt, derzufolge er trainieren soll, mit Zahlen zu „operieren" oder im Rahmen von „Modellen" zu „mathematisieren", kann damit niemand etwas anfangen. Warum soll es veraltet sein, ihm schlicht aufzutragen, das Addieren und Subtrahieren von Brüchen ... zu üben?*

Auch wenn man den Positionen von Krautz in ihrer Schärfe nicht immer folgen mag, so zeigen sie doch die ganze Problematik und Widersprüchlichkeit der Kompetenzorientierung - besonders für unsere SchülerInnen in Wilhelmsburg.

Die Kritik am Kompetenz-Konzept aus Teilen der Wissenschaft und aus den Schulen scheint nun ganz langsam bei den verantwortlichen Hamburger Politikern Gehör zu finden. Im August 2019 unterzeichneten die Vertreter der Parteien der Bürgerschaft die „Vereinbarungen zur

Sicherung des Schulfriedens". Sie sollen die Stadtteilschulen in den kommenden zehn Jahren weiterentwickeln und neben den Gymnasien sichern und stabilisieren. Es wurde u. a. vereinbart, dass die bisherigen kompetenzorientierten Bildungspläne schrittweise durch Kerncurricula und verpflichtende Inhalte konkretisiert werden. Ein gemeinsames Grundwissen in fast allen Fächern soll wieder festgeschrieben werden.

Eng verbunden mit der Kompetenzorientierung sind die Konzepte des freien Lernens, mit denen ich in meinem Unterrichtsalltag immer stärker konfrontiert wurde und die ich im Folgenden noch genauer anschauen möchte.

Offene, individualisierte und selbstgesteuerte Formen des Lernens

Schon lange vor meiner Zeit als Lehrer und natürlich auch während meiner ersten Jahre in Wilhelmsburg gab es vielerlei Versuche, verschiedene Formen des offenen, individualisierten und selbstgesteuerten Lernens und Arbeitens im Schulalltag umzusetzen, sei es im normalen Unterricht, in Projektformen oder auch im Ganztagsbereich. Ich selbst hatte das ab den 70er-Jahren u. a. an der IGS Göttingen und der Bielefelder Laborschule mit großem Interesse verfolgt. Ich fand schon damals diese Formen als Baustein modernen Lernens sehr wichtig und stehe ihnen auch heute - wenn sie in ein Gesamtkonzept eingebunden sind - weiterhin sehr positiv gegenüber. Das praktiziere ich auch so.

Doch zu Beginn der 2000er-Jahre entstanden in der unterrichtlichen Praxis, besonders in meinem Fach Mathematik, immer größere Widersprüche: Einerseits sollten die SchülerInnen bei der Behandlung von Themen ihre eigenen Schwerpunkte setzen, nach ihren Interessen und der eigenen Zeiteinteilung lernen. Andererseits standen am Ende dann doch Leistungsüberprüfungen wie vergleichbare Tests und Arbeiten sowie, zum Schulabschluss, landesweit festgelegte schriftliche ESA- oder MSA-Prüfungen. Wie sollte das zusammenpassen?

Natürlich konnte und kann man in den Projektwochen, im Profilunterricht und bei den Nachmittagsangeboten deutlich offener und an den Interessen der Schüler orientiert arbeiten. Und das ist richtig so! Hier können sie sich individuell einbringen und mehr nach ihrem eigenen

Tempo lernen. Zwar steht auch hierbei häufig ein Produkt am Ende, doch liegt der Schwerpunkt auf dem Prozess. Die Kunst besteht darin - am Anfang der Phase vorwiegend durch den Leiter - die verschiedenen Aspekte, Interessen und Qualitäten der Arbeiten der SchülerInnen zu einem guten Ganzen zusammenzufügen, zu dem jede und jeder einen entsprechenden, erkennbaren und möglichst positiven Beitrag leistet.

Für mich war und ist dieser Aspekt der zentrale Unterschied zwischen dem Alltags-Unterricht (z. B. in Mathematik) und den Projekten, Profilen sowie freien Angeboten am Nachmittag.

Deshalb bestand für mich das Hauptproblem darin, dass schrittweise die neuen Lernformen immer größeren Raum bei uns im Schulalltag einnahmen und sogar als durchgängiges Unterrichtsprinzip – auch in den Hauptfächern - eingeführt werden sollten. Zeitweise war ich in tiefer Sorge, dass dadurch die Lernmöglichkeiten unserer meist bildungsfernen SchülerInnen noch schlechter werden könnten und somit ihre Zukunftschancen auf dem Altar der neuen Lernformen geopfert würden.

Aus diesem Grund möchte ich an dieser Stelle ein paar problematische Aspekte und Beispiele beschreiben.

Lernbüro

Ein erster Schritt zur Umsetzung von offenen, individualisierten und selbstgesteuerten Formen des Lernens waren in den 90er-Jahren die so genannten Lernbüros. Hier bekamen die SchülerInnen aufwändig aufbereitete Arbeitsmaterialien zu bestimmten Themen, die sie selbstständig zu bearbeiten und auch auszuwerten hatten. Nach den Vorstellungen der Schulleitung sollte nicht nur eine einzelne Stunde im Plan für dieses Format zur Verfügung stehen, sondern jedes Fach mit immer weiter wachsenden Anteilen. Nach vielen Sitzungen und entsprechender Überzeugungsarbeit ließen wir uns als Fachlehrer auf einen Versuch ein: Viele engagierte KollegInnen wurden für die Erstellung der Materialien mit einigen Stunden freigestellt und arbeiteten zuerst neben dem Unterricht, dann an den Wochenenden und auch in den Ferien die entsprechenden umfangreichen Vorlagen aus. Diese wurden von einem weiteren extra dafür freigestellten Kollegen tagelang auf Tausende von Seiten kopiert und den einzelnen Schülern für ihre selbstständige Bearbeitung zur Verfügung gestellt. Ein wahnsinniger Aufwand!

Neben den Inhalten wurden auch die Vorgehensweise und die eigene Auswertung durch die SchülerInnen genau vorgegeben. In den ersten Tagen wirkte diese neue Form des Lernens für die Schüler recht interessant. Je länger sie jedoch so lernen sollten, desto gleichgültiger gingen sie mit den Unterlagen um, und schließlich arbeiteten nur noch wenige wirklich selbstständig damit. Wenn man ernsthaft nach den gelernten Inhalten fragte bzw. diese testete, kamen meist erschreckend schlechte Ergebnisse zum Vorschein.

Zunächst stillschweigend, dann immer offener, wurde diese Form des Lernens von vielen KollegInnen nicht mehr weiter betrieben, sondern durch einen klassischen Unterricht ersetzt - und das Lernbüro nur noch punktuell (etwa bei Vertretungsstunden) oder mit sehr starker Unterstützung durch den Fachlehrer genutzt. An eine ernsthafte Evaluation kann ich mich nicht erinnern. Irgendwann wurde einfach nicht mehr darüber gesprochen und das Lernbüro in dieser Form schlief wieder ein. Massen von noch vorhandenen kopierten Unterlagen verstaubten in irgendwelchen Regalen und wurden schließlich entsorgt.

„PAUL"

Ein weiteres Beispiel für individualisierte und selbstgesteuerte Formen des Lernens war „PAUL", was für „Persönliches Arbeits- und Lernbuch" stand. Früher nannte man die einfache (in der Regel verbotene) Variante davon „Spickzettel". In ihr PAUL sollten die SchülerInnen sich nun vor Klassenarbeiten ihre Notizen machen und diese während des Schreibens auch verwenden. Selbst eine Bastelanleitung für das PAUL wurde mitgeliefert.

Was ich zunächst für einen Scherz hielt, wurde in einer Fachkonferenz von den Teilnehmern positiv bewertet. Auch ich sah schließlich durchaus eine gewisse Chance darin. Denn die Schüler, so die Idee, würden sich vorher mit dem Thema beschäftigen, die wichtigsten Aspekte herausschreiben und sich damit auf die Arbeit vorbereiten.

Ich probierte diese Methode bei einer Mathearbeit im Jahrgang 9 aus. Wir besprachen zunächst die Handhabung. Zwei Tage vorher erlaubte ich

80

den Schülern die Nutzung. Als wir schließlich die Arbeit schrieben und ich mir die Zettel nochmals kurz zeigen lassen wollte, stellte ich fest, dass nur sechs von 22 Jugendlichen sich überhaupt die Mühe gemacht hatten, PAUL vorzubereiten, bei fünf von ihnen stand so gut wie nichts darauf, und nur einer hatte halbwegs sinnvolle Informationen zusammengefasst. Das konnte eigentlich nur heißen, dass kaum jemand sich ernsthaft selbstständig auf die Klassenarbeit vorbereitet hatte.

Diese einzelne Erfahrung spricht nun noch nicht per se gegen die Methode. Sie zeigte mir aber, dass der Sinn und die konkrete Umsetzung einer vernünftigen Vorbereitung noch nicht bei unseren Schülern angekommen war. Das Beispiel macht darüber hinaus deutlich, dass die Schüler die Möglichkeiten und zusätzlichen Angebote sich zu verbessern häufig nicht nutzten. Fehlte ihnen dazu die Bereitschaft, der Leistungswille oder das Verständnis? Auch in diesem Sinne mussten wir ihnen vieles verdeutlichen und sie weiter anregen, damit sie die Mauern der Bildungsbenachteiligung aufbrechen konnten.

Lernwerkstätten

Ein paar Jahre später, nun mit vielen neuen, jungen KollegInnen, kam erneut die Idee von Lernbüros, nun Lernwerkstätten genannt, auf. Diesmal sah man dies auch als einen möglichen Lösungsansatz, um der nun sehr ausgeprägten Heterogenität der Schülerschaft besser zu begegnen. Zudem schienen aktuelle Forschungsergebnisse zu belegen, dass Schüler aus bildungsfernen Elternhäusern besonders vom jahrgangsübergreifenden Lernen, von Projektarbeit und eben von selbstgesteuertem Lernen in Lernwerkstätten profitieren würden.

Wieder gab es lange Debatten, es wurde Überzeugungsarbeit geleistet und schließlich wurde ein neuer Versuch gestartet, durch diese Form das Lernen für unsere SchülerInnen abwechslungsreicher und vor allem erfolgreicher zu gestalten. Wieder wurden besonders engagierte KollegInnen gefunden, die Entlastungsstunden erhielten, um das Material neu zu erstellen – oder, wenn doch noch vorhanden, zu aktualisieren. Erneut wurden Tausende von Blättern kopiert, diesmal mussten es die Lehrer selbst für ihre Lerngruppen machen. Und - was kam dabei heraus? Genau dasselbe, wie ein paar Jahre zuvor! Je länger die Schüler daran arbeiteten, desto gleichgültiger gingen sie mit den Unterlagen um. Bei Tests kamen erschreckend schlechte Ergebnisse heraus usw. So wurden auch die Lernwerkstätten recht schnell wieder eingestampft.

Neben den Befürwortern gab es von wissenschaftlicher Seite immer wieder unterschiedlich ausgeprägte Nuancen der Kritik an diesen Formen des Lernens. Matthias Burchardt, Bildungsphilosoph an der Uni Köln, äußerte seine Meinung dazu in einer Sendung von SWF3 im März 2016. Hier eine kurze Zusammenfassung:

Der selbstgesteuerte Lerner ist nach Burchardt kein Modell, das beschreibt, wie Kinder lernen, sondern es ist eine Art zu lernen, zu der die Kinder erzogen werden sollen. Das Modell ist anti-humanistisch, im Wortsinne un-menschlich, weil es vom Kind verlangt, sich wie eine kybernetische Maschine zu verhalten. Dabei werden wesentliche Momente des Mensch-Seins, die traditionell als Kernbestände von Bildung gelten, verkürzt oder gar verstümmelt.

Burchardt führte aus, die neue Lernkultur halse Schülern und Schülerinnen neben dem Lernen selbst auch noch die Lernorganisation auf. Dies stelle für viele Kinder eine Überforderung dar, nicht weil sie dümmer wären als andere, sondern weil ihnen Unterstützungsressourcen und die anerzogene Selbstständigkeit seitens des Elternhauses fehlen. Mit Bourdieu gesprochen entscheide das „kulturelle Kapital" der Herkunft auch hier wieder über den Erfolg im bestehenden System. Soziale Ungleichheit werde also nicht aufgehoben, sondern zementiert, wenn der Autodidakt zum Idealbild des Schülers erhoben wird.

Prof. Aladin El-Mafaalani bezieht sich in seinem bereits genannten Buch „Mythos Bildung" ebenfalls auf das Konzept des französischen Soziologen Pierre Bourdieu:

Nach ihm (Bourdieu) gibt es Kinder, die in einem total anregungs-reichen Umfeld leben, andere aber nicht. Und das mache den Unterschied. Dieses Umfeld bestimme den „Habitus", also die Art und Weise, wie man die Welt erlebt, ein Muster, das das Denken und Handeln prägt. Dieser Habitus ist aus seiner Sicht etwas Hartnäckiges. Kinder aus armen Verhältnissen verhalten sich zwar klug, denken aber eher kurzfristig und funktional, gehen auf

Nummer sicher, können kein Risiko eingehen. Sie seien nur dann motiviert, wenn sie genau wissen, wofür es gut ist. Bildung sei aber etwas, bei dem man nicht weiß, was am Ende herauskommt.

Zeigen diese beiden Positionen nicht, wie fragwürdig, zumindest wie schwierig die Umsetzung offener, selbstgesteuerter und individualisierter Lernformen im Unterricht für Kinder und Jugendliche aus bildungsfernen Schichten ist?

„SEGELN"

Trotz dieser Widersprüche und der kritischen Stimmen setzte sich von der Grundschule bis zur Oberstufe immer weiter diese Art des „modernen" Lernens durch. Um 2018 herum hatten wir nicht nur von der Schulbehörde den Auftrag, offene Unterrichtsformen einzuführen, sondern auch eine didaktische Leitung und eine Schulleitung, die an unserer Schule eine offene Pädagogik umfänglich durchsetzen wollte. Durch den verlängerten Unterrichtstag von 8 - 16 Uhr entstanden neue Freiräume, in denen die SchülerInnen nun nur noch eigenverantwortlich und selbstgesteuert lernen sollten. Zunächst nannte man das neue pädagogische Projekt „EivA" (Eigenverantwortliches Arbeiten). Auf einer ersten Gesamtkonferenz benannten wir es spontan wegen des Bezugs zum „Maritimen Zentrum" der Schule in „SEGELN" (Selbst gesteuertes Lernen) um.

Ein paar KollegInnen entwickelten dazu über die Sommerferien erste konzeptionelle Ideen und im neuen Schuljahr ging es sofort für viele SchülerInnen mit dem SEGELN los. Letztlich wurde daraus in den meisten Lerngruppen nicht mehr als eine halbwegs organisierte Form, Aufgaben aus dem Unterricht abzuschließen, Themen nochmals wiederholen und vertiefen zu können oder sich auf die jeweils anstehenden Klassenarbeiten vorzubereiten. Im engeren Sinne wirklich eigenverantwortliches oder selbstgesteuertes Lernen fand beim größten Teil unserer Schülerschaft kaum statt. Und das konnte es auch schwerlich, wie die folgende Zusammenfassung eines Artikels von Dr. Rainer von Kuegelgen eindrücklich beschreibt. Der Hamburger Dozent und Lehrer für Deutsch, Mathematik und Philosophie äußerte sich Anfang 2020 in der Hamburger Lehrerzeitung zum Individualisierten Lernen (IL):

Für die Schüler bedeutet IL den Absturz ins Haifischbecken des Bildungsdarwinismus. Die mit den Startvorteilen werden auch diese Katastrophe überleben, eine Negativauswahl wird sogar von der zum Prinzip gemachten Rücksichtslosigkeit profitieren und die mit den Handicaps schließlich haben nun – „wissenschaftlich" nachgewiesen – noch viel mehr als immer schon „selber Schuld", dass sie in der Versenkung des eigenen Versagens verschwinden. IL lässt die Schwachen allein.

Exkurs: Erkenntnisse aus der Hirnforschung

Bei der Einführung neuer Konzepte, wie z. B. der Kompetenzorientierung oder den offenen Lernformen, in Verbindung mit selbstständigem Lernen, wird gern auf die Hirnforschung verwiesen. Ich möchte an dieser Stelle zunächst ein paar grundlegende Aspekte des bekannten deutschen Neurobiologen Gerald Hüther zusammenfassen.

Das Gehirn lernt immer, so die wichtige Botschaft Hüthers. In seinem 2013 erschienenen Buch „Kommunale Intelligenz" beschreibt er nicht nur den Aufbau und die Entwicklung des Gehirns und die sich daraus ableitende Art und Weise des Lernens - sondern er erklärt darüber hinausgehend, welche besondere Rolle offene Projekte und kommunale Erfahrungsräume sowie alle Formen von Gemeinschaften - er nennt sie „lebende Systeme" - also auch Schulen und Gemeinden oder Stadtteile, bei der Potenzialentfaltung des Menschen spielen. Auf diese beiden letztgenannten Aspekte werde ich später noch genauer eingehen.

Hüther schreibt:

Alles, was dem Menschen wichtig ist, wird im Gehirn verankert, positive und negative Erfahrungen - und diese sind subjektiv und sehr individuell. Sie hängen vor allem davon ab, was der jeweilige Mensch für sich für wichtig hält, was ihm aus seiner Perspektive und aus seinen gemachten Erfahrungen bedeutsam erscheint. Um ihre Potenziale entfalten und ihr Leben eigenverantwortlich gestalten zu können, müssen Kinder und Jugendliche nicht nur ihre eigenen Körpersignale und Gefühle wahrnehmen und entsprechend reagieren, sondern auch lernen, vorausschauend zu denken und zu planen. Zudem gehört dazu, sich auf Mitmenschen einzustellen und die Folgen des Handelns einschätzen zu können. Als Heranwachsende müssen sie noch viel mehr lernen, um die vielfältigen Herausforderungen eines immer komplexeren Lebens erfolgreich meistern zu können. Diese so genannten Metakompetenzen kann aber kein Kind und Jugendlicher wirklich erlernen. Sie lassen sich nicht unterrichten. Sie können nur durch eigene Erfahrungen erworben werden!

Deshalb brauchen Kinder und Jugendliche eine Vielzahl von Gelegenheiten, von Erfahrungs-, Erlebnis- und auch Freiräumen, wo sie in „eigener Regie", selbst gewollt und möglichst selbst organisiert, all diese Erfahrungen machen können. Und das ist die größte Herausforderung der Erwachsenenwelt, zur richtigen Zeit und in angemessenem Umfang, solche Räume für Kinder und Jugendliche zur Verfügung zu stellen.

Im Laufe der Zeit sammeln Kinder immer mehr Erfahrungen, in der Familie, in der Kita, der Schule, in der Freizeit mit der Peergroup und allgemein im Zusammenleben mit anderen Menschen. Daraus entstehen nach und nach Haltungen und Überzeugungen, die günstig oder ungünstig für die weitere Entwicklung sind. Je häufiger also ein Kind eine spezielle Erfahrung macht, desto stärker verfestigt sie sich. Sie sind bestimmend für das, was man wahrnimmt, wofür man sich interessiert, was man lernt und auch für was man sich entscheidet.

Der Neurobiologe unterscheidet zwischen günstigen und ungünstigen Erfahrungen bzw. Einstellungen. Ungünstige Erfahrungen machen Kinder und Jugendliche immer dann, wenn sie nicht gemocht werden, nicht dazugehören, nicht mit ihren Fähigkeiten wahrgenommen oder wertgeschätzt werden, wenn sie sich als „Objekte" fühlen. Das verletzt ihr Grundbedürfnis nach Verbundenheit - und schmerzt, es führt zu Selbstzweifeln. Das Kind hält sich für einen Versager. Der Schmerz wird durch Ersatzbefriedigungen unterdrückt. Die innere Einstellung, die die Kinder dann entwickeln ist in mehrfacher Hinsicht ungünstig: Sie kann sich zu inneren und äußeren Beziehungsstörungen ausdrücken

*(bis hin zu so genannten „Problemkindern" und „Störenfrieden")
und das wiederum führt häufig zu Auffälligkeiten, wie etwa zu
Verweigerungs- und ungünstigem Lernverhalten.*

*Wenn einmal ungünstige Haltungen bei Kindern gegenüber dem
eigenen Lernen entstanden sind, ist es schwer, diese innere
Einstellung (z. B. „ich kann kein Mathe") wieder zu ändern. Aber
es geht! Jedoch nicht über „gute Ratschläge", auch nicht über
Belohnung und Bestrafung, sondern nur durch eigene, neue
Erfahrungen bzw. „Erfahrungsräume" - sowie eine gute
Beziehung bzw. Begleitung, die die Schüler zum Lernen einlädt,
ermutigt und inspiriert.*

Hüther betont, dass Kinder zur Veränderung von ungünstigen Einstellungen Orientierungshilfen, äußere Vorbilder und innere Leitbilder brauchen. Nur unter dem einfühlsamen Schutz und der kompetenten
Anleitung durch erwachsene Vorbilder können Kinder vielfältige Gestaltungsangebote kreativ nutzen und dabei ihre Fähigkeiten und Möglichkeiten erweitern:

*Günstige Erfahrungen sind dann gegeben bzw. man lernt vor
allem, wenn etwas einem „unter die Haut geht", emotional
berührt, subjektiv bedeutsam erscheint und wichtig ist. Deshalb
sollte jeder Lerninhalt „emotional aufgeladen" werden, damit das
Gelernte im Gehirn verankert werden kann. Bei kleinen Kindern
geschieht das zunächst über die eigenen Eltern, später durch
andere wichtige Bezugspersonen, Vorbilder, z. B. auch Lehrer, bis
man seine eigenen Vorstellungen entwickelt hat und selbst weiß,
worauf es im Leben ankommt.*

*Negative Erfahrungen, etwa von Lernen als Last und unange-
nehme Pflicht, bleiben lebenslang im Gehirn verankert. Wurde die
Schule jedoch als erkenntnisreicher und gewinnbringender Ort
wahrgenommen, wird jeder Mensch ein Leben lang Lernender.*

*Lernen ist zudem ganz eng verbunden mit individuell gemachten
Beziehungserfahrungen. Primäre Aufgabe muss es sein, Heranwachsenden hinreichend offene und komplexe (Frei-)Räume anzubieten und sie zu ermutigen, sich immer wieder neuen*

Herausforderungen zu stellen, sich neues Wissen anzueignen sowie neue Beziehungen einzugehen. Nur so können Kinder und Jugendliche neue Erfahrungen sammeln und diese auch in ihrem Gehirn verankern. Vor allem aber brauchen sie Menschen, die bereits über ein breites Spektrum an Erfahrungen verfügen, die selbst noch Lust am Entdecken und Gestalten, an der eigenen Weiterentwicklung haben, mit denen sie sich emotional verbunden fühlen, die sie wertschätzen und die Vorbilder für sie sind.

Vor diesem Hintergrund gehe ich nun auf einige aktuelle, zentrale Erkenntnisse der Neurowissenschaften ein, die Frédéric Castaignède 2020 in seinem Dokumentarfilm „Die Schule von morgen - Schule und Hirn" in sehr eindrucksvoller Weise vorstellt. Der Film sollte Pflichtprogramm für Lehramtsstudierende, Referendare und Lehrerinnen sein. Meines Erachtens sind dies die wichtigsten Aussagen:

Die Neuro-Wissenschaften werden in Zukunft die Schule verändern und vielleicht sogar das Lernen revolutionieren. Davon gehen die Vertreter der auf diesen Erkenntnissen basierenden Neuro-Didaktik aus, die schon vielfältige Versuchsreihen hierzu in Frankreich und den USA in Schulen durchgeführt haben.

Als die vier zentralen Säulen für ein erfolgreiches und nachhaltiges Lernen werden hier genannt:

- Aufmerksamkeit
- aktive Beteiligung
- Fehlerkorrektur
- Konsolidierung.

Diese Aspekte müssen - besonders bei bildungsfernen und sozial benachteiligten Kindern - in jeder Art von Lernprozess berücksichtigt und möglichst verbessert werden. Die Neuro-WissenschaftlerInnen hoffen, dass ihre Erkenntnisse die zum Teil heute noch angewandten ideologischen und intuitiven pädagogischen Ansätze bald ablösen werden.

Innere und äußere Differenzierung

Folgende Frage stellte ich in einer Matheklasse Jg. 9: „Wie groß ist die Wahrscheinlichkeit eine 2 oder eine 4 zu würfeln?"

Antworten der Schüler:

„2."

„2 und 4."

„2 von 4."

„2 von 6."

„2 : 6."

„0,333."

33 Prozent."

„Die Wahrscheinlichkeit ist groß, denn er kann alles mögliche würfeln."

„Ich hasse Wahrscheinlichkeit, also nicht wundern, wenn ich alles falsch habe."

So lange ich mich schon mit pädagogischen Fragen beschäftige, wird engagiert um die Möglichkeiten und Grenzen gemeinsamen Lernens gestritten. Im Großen war das in den letzten Jahrzehnten die sogenannte Schulstrukturdebatte, bei der es um die Drei- und Zweigliedrigkeit des Schulsystems, in Hamburg speziell um das „Zwei-Säulen-Modell" mit Gymnasien und Gesamtschulen bis hin zu „Einer Schule für alle" ging. An dieser Stelle möchte ich dieses große pädagogische Fass nicht aufmachen. Ich will hier nur andeuten, dass mir integrative und durchlässige Modelle immer näher standen. Ich glaube aber auch, dass der mögliche Erfolg eines Systems bzw. die Frage nach mehr oder weniger Bildungsgerechtigkeit sehr eng von dem jeweiligen Umfeld der Schule und den Rahmenbedingungen abhängt. Ich selbst unterrichtete in Wilhelmsburg die ganze Zeit an einer Gesamt-, später Stadtteilschule, bei der es in diesem Zusammenhang immer um die Frage der äußeren und inneren Differenzierung im Unterricht ging.

Gemeinsames Lernen macht aus meiner Sicht dann Sinn, wenn SchülerInnen mit unterschiedlichen Talenten und Fähigkeiten sich gegenseitig befruchten und unterstützen können. Gut für den Lernerfolg ist, nach allgemeiner Erkenntnis, wenn die Gruppe aus etwa je einem Drittel leistungsstarken, mittleren und leistungsschwächeren Schülern besteht. Zusätzlich unterstützend wirkt es, wenn die leistungsstarken Schüler die dominante Gruppe bilden und die anderen Schüler mitziehen. Unter diesen Bedingungen macht binnendifferenzierter Unterricht Sinn und kann erfolgreich sein. Das ist auch meine Position - bis heute!

Die obigen Antworten der SchülerInnen des Jahrgangs 9 zeigen sehr deutlich, wie groß die Heterogenität in einer Gruppe bereits vor der Einführung der Inklusion war und wie schwierig es sein musste, alle gemeinsam und erfolgreich bis zu den Abschlussprüfungen zu führen.

An den früheren Gesamtschulen hatte sich im Laufe der Jahre ein praktikables, flexibles Modell einer Kombination beider Möglichkeiten entwickelt, das fast allen Schülern und der Zusammensetzung der Klassen gerecht wurde: An unserer Schule wurde bis Anfang 2000 in der Grundschule und den Jahrgängen 5, 6 und 7 in der Regel undifferenziert unterrichtet, also alle Schüler einer Klasse gemeinsam. Sie konnten sich so besser zusammenfinden und eine Klassengemeinschaft bilden. Dann, ab Jahrgang 7 oder 8, teilten wir die SchülerInnen in den Hauptfächern schrittweise in zwei bis drei Leistungsniveaus. Zu jedem Halbjahreswechsel konnten die Schüler, je nach Leistung, in ein höheres oder niedrigeres Niveau auf- oder absteigen. Natürlich hatte auch dieses Verfahren seine Vor- und Nachteile. Im Grundsatz waren aber die meisten damit zufrieden.

Ab 2005 wurden alle Strukturen in Frage gestellt. An unserer Schule kam es zu einer Umstrukturierung ab Jahrgang 8. In den „Profilklassen" wurde das so genannte 20er-Klassen-Modell, bei dem in jeder Klasse maximal 20 Jugendliche mit nur noch einem Klassenlehrer betreut werden sollten, eingeführt. Wir unterrichteten nun alle Fächer im gesamten Klassenverband, also binnendifferenziert. Das war kostensparend, deutlich einfacher zu organisieren und entsprach auch den neuen Unterrichtsprinzipien.

Dieses Modell hatte die Lehrerkonferenz nach langen Diskussionen mit großer Mehrheit verabschiedet, allerdings mit der Maßgabe, nach dem ersten Durchgang die Erfahrungen auszuwerten.

Das geschah in dieser Form nicht. Es gab in den darauffolgenden Jahren zwar immer wieder auch Diskussionen, vor allem aber Präsentationen der erfolgreichen Arbeit der Profilklassen. Denn - auch aus meiner Sicht – waren die Zusammenarbeit und die Ergebnisse zumindest in den Profilstunden fast durchgängig sehr positiv. Dieses Modell schien sich von selbst durchgesetzt zu haben.

Erst nach und nach zeigten sich die vielfältigen, in der neuen Struktur steckenden Probleme. Offen angesprochen wurden sie zunächst kaum. Zum einen waren mittlerweile die Klassen wieder größer geworden - mit bis zu 25 Schülern - und damit das Unterrichten aufwändiger und schwieriger. Darüber hinaus stieß das Modell der durchgängigen Binnendifferenzierung, besonders bei den Fachlehrern in Mathematik, Deutsch und Englisch, auf immer größeren Widerspruch, vor allem in den Jahrgängen 9 und 10.

Auch bei mir als Mathelehrer. Wie sollten wir in den Abschlussklassen die gewaltigen Niveau- und Leistungsunterschiede unter einen Hut bekommen - vom völlig demotivierten, schwachen Förder- und Hauptschüler bis hin zum leistungsstarken, lerneifrigen, aber häufig noch Hilfe benötigenden Jugendlichen, der sich auf die gymnasiale Oberstufe vorbereiten wollte? Bei all den Defiziten, die sich in den Jahren davor schon angesammelt hatten? Eine offene Diskussion darüber wurde bis zum Jahr 2013 von der Schulleitung vehement verweigert.

Ich unterrichtete fast nur noch die oberen Klassenstufen. Häufig war ich positiv überrascht, wenn ich bei einer anderen Kollegin zur Unterstützung oder zu einer Vertretungsstunde in den unteren Klassen eingesetzt wurde, dass viele Lerngruppen sehr ruhig und selbstständig an vorliegenden Materialien arbeiteten. Das Lernen im binnendifferenzierten Unterricht schien mit den Jüngeren ganz gut zu funktionieren, so meist mein erster Eindruck. Die Schüler bekamen ihre Unterlagen und arbeiteten damit in ihrem Tempo und „selbst gesteuert". Auch für die Kolleginnen war es offensichtlich angenehmer, die Kinder so arbeiten zu lassen, sie zu beobachten und ihnen bei Bedarf individuell zu helfen. Wenn ich jedoch nach einiger Zeit zum Thema entweder Einzelnen oder in die Klasse hinein Fragen stellte und um Erklärungen bat, stellte ich meistens fest, dass fast gar nichts zurückkam – und zwar durchgängig! Die SchülerInnen sahen sich nicht in der Lage, einfachste Antworten zum gerade bearbeiteten Thema zu geben, sie wussten häufig überhaupt nicht, was sie dort eigentlich machten. Als Antwort auf meine Frage, mit was sie sich gerade beschäftigen würden, bekam ich dann zu hören: „Wir machen Lernbüro!" oder „Wir machen Mathe!" Und auf die Frage, was denn ihr Thema sei: „Gesellschaft", vielleicht noch „Die Römer".

Um die eher lebendigen Schüler der Lerngruppe gegen Ende der Stunde im binnendifferenzierten Unterricht noch ruhig zu halten, ließ man sie sehr häufig Mandalas farbig ausgestalten u. ä. Eine weitere, sehr gängige und scheinbar „erfolgreiche" Methode, die späten Randstunden mit heterogenen Gruppen überhaupt bewältigen zu können, bestand darin, einen von den Schülern gewünschten Film auf dem Smartboard abzuspielen.

Frage aus einer ESA-Mathe-Vorbereitungsarbeit: „Die Schüler erhalten Taschengeld in Höhe von 2,50 € bis 30 €. Klaus bekommt 8 €. Er will mehr. Wie könnte er argumentieren? Einige Antworten der SchülerInnen:

„Er könnte bessere Noten schreiben"
„Da kann er doch froh sein. Außerdem kann er ja arbeiten, also Post verteilen oder der Oma helfen"
„Er könnte den Mittelwert berechnen oder den Zentralwert, dazu müsste man aber alle Schüler wissen"
„Hab ich nicht verstanden, es wurde mir nicht richtig erklärt."

Unter den gegebenen Rahmenbedingungen nahm das Leistungsniveau durch den durchgängig binnendifferenzierten Unterricht zwangsläufig ab. Viele Schüler hatten in der Grundschulzeit schon nicht mehr richtig Subtrahieren und Dividieren gelernt. Und wir hatten eben kein Lehrerteam, das dauerhaft in Doppelbesetzung unterrichten und somit anspruchsvolle Themen und gleichzeitig die bestehenden Defizite bearbeiten konnte.

Ich beobachtete in den oberen Klassen bei den Themen Bruchrechnung und Zinsrechnung, dass dabei große Lücken vorhanden waren, die man nicht mehr schließen konnte. Beide Themen stellten für einen großen Teil der SchülerInnen eine kaum zu bewältigende Herausforderung dar. Und dabei ging es nicht um anspruchsvolle, höhere Mathematik, sondern um grundlegende Aufgaben und Fragestellungen mit durchaus aus der Lebenswirklichkeit der Schüler gegriffenen Problemen. Etwa bei der Bruchrechnung eine Pizza in vier gleiche und danach in acht gleiche Teile zu schneiden. Auch bei der Prozentrechnung stellte ich - nach der Wiederholung des grundlegenden Dreisatzes - lebensnahe Fragen und einfache Aufgaben, die wir gemeinsam besprachen und lösten. Darüber hinaus gehende Fragestellungen konnte ich bei fast allen Schülern völlig vergessen. Brachte ich das Thema nach einer Woche zur Erinnerung bzw. versuchte, daran anknüpfend, weiterzugehen, musste ich meist wieder von vorn anfangen. Auch bei umfangreichen und etwas schwierigeren Textaufgaben scheiterte die große Mehrheit.

Das war doppelt problematisch, weil gerade Bruchrechnung und Dreisatz, wie auch Subtraktion und Division, Themen waren, die die Jugendlichen für ihre Abschlussprüfungen und auch für ihr weiteres Leben brauchten.

Mein Beispiel mit der aufzuteilenden Pizza zeigt auch, welche Bedeutung die sprachliche Kompetenz in vielen Bereichen der Mathematik hat, denn schon Aufgaben auf einem mittelschweren Niveau sind ohne Versprachlichung kaum lösbar. Doch wie sollten wir im Rahmen eines binnendifferenzierten Unterrichts mit unseren sehr beschränkten personellen Möglichkeiten - bei der eben dargestellten Heterogenität der Schülerschaft - auch noch diesen Aspekt sinnvoll angehen?

Nicht nur mir erging es so. Fast alle Mathelehrer der oberen Klassen und auch viele LehrerInnen der anderen Hauptfächer bestätigten, dass die Wissensdefizite durch einen durchgängig binnendifferenzierten Unterricht immer größer wurden.

Von vielen anderen KollegInnen, meist den KlassenlehrerInnen, gab es aber oft Zustimmung zur Binnendifferenzierung, weil es in der Regel in den eigenen Klassen aufgrund der stabileren Sozialstruktur angenehmer war zu unterrichten als in den „Zweier-" oder späteren ESA-Kursen. In den oberen Klassen würden, so die Argumentation, bei einer äußeren Differenzierung viele Schüler mit Potenzial in die schwächeren Kurse abgestuft, und zwar nicht, weil mangelnde Intelligenz ihr Problem sei, sondern ihr Sozialverhalten (das sie am Lernen hindere). Und so würden die „Zweierkurse" häufig zu einer Ansammlung von Problemschülern aus diversen Klassen, wo auch das Unterrichten schwieriger wäre.

Auch ich sprach mich zwar grundsätzlich für ein gemeinsames Lernen unter möglichst guten Bedingungen aus. Zusammen mit anderen Fachlehrern war ich aber dafür, Sinn und Nutzen binnendifferenzierten Unterrichts genauer zu evaluieren und bei Bedarf im Interesse der SchülerInnen durch Formen der äußeren Differenzierung zu ergänzen.

Besonders in den oberen Jahrgängen 8 bis 10 sahen wir diese Notwendigkeit, weil das Hauptaugenmerk hier auf der Vorbereitung und Durchführung der (vorgegebenen, zentralen) Abschlussprüfungen liegt. Da müssen plötzlich unter enormem Zeitdruck die bestehenden Defizite abgebaut ("Fördern") und gleichzeitig die starken SchülerInnen auf den mittleren und gymnasialen Abschluss vorbereitet werden ("Fordern").

Sehr häufig gab es kritische Kommentare und zum Teil reißerische Überschriften in den Medien, nicht nur zu den katastrophalen Ergebnissen bei Deutschtests und Mathematikvergleichen in allen Altersstufen in Hamburg und bundesweit, sondern auch zum binnendifferenzierten Unterricht - mit entsprechenden Reaktionen der Befürworter, die darin einen "Kreuzzug gegen (die) moderne Lernkultur" sahen. An solchen Reaktionen wird die im Laufe der Jahre zunehmende Ideologisierung der Debatte deutlich. Leider gelang es nur selten, die Diskussion zu versachlichen und die zentrale Frage, nämlich was den bildungsbenachteiligten Schülern eigentlich nützen würde, in den Mittelpunkt zu stellen,.

Die Schulbehörde musste reagieren. Sie wollte nun den vielen lern- und leistungsschwachen Schülerinnen und Schülern durch eine aufwändige und kostspielige, zusätzliche verpflichtende Lernförderung (*nach* dem regulären Unterricht!) auf die Sprünge helfen. Ende 2015 startete sie zudem ein neues Aktionsprogramm zur Begabtenförderung, damit die (wenigen) "Hochbegabten" sowie besonders leistungsstarken Schülerinnen und Schüler scheinbar nicht vom normalen Unterricht frustriert wurden.

Was hieß das eigentlich? Auf der einen Seite kamen die leistungsschwachen Schüler beim gemeinsamen Unterricht immer weniger mit, andererseits schienen die besonders eifrigen und starken sich zu langweilen. Was war mit der großen, mittleren Gruppe? Konnte man mit deren Leistungen eigentlich zufrieden sein? Brauchten sie keine zusätzliche Unterstützung oder andere Modelle?

Die Behörde und die Schulleitungen kamen zu diesem Zeitpunkt nicht auf die naheliegende Idee, den Rat erfahrener KollegInnen aus der Praxis einzuholen und flexible Modelle auszuprobieren oder den binnendifferenzierten Unterricht an Schulen wie unseren zunächst einmal vernünftig zu evaluieren – und das, obwohl es schon eine Vielzahl kritischer wissenschaftlicher Studien zu diesen Themen gab. Die bekannteste stammt von John Hattie. In seiner Meta-Studie aus dem Jahr 2013 kam er zu dem Ergebnis,

> (...) *dass stark strukturierte, klare und das Lernen führende Formen des Lehrerhandelns einen ungleich höheren Effekt auf den fachlichen Lernfortschritt von Schülern haben, als offene Lernsituationen und selbstständiges Arbeiten – wie sie im binnendifferenzierten Unterricht stattfinden.*

Zudem lassen die Erkenntnisse der Neurowissenschaften Skepsis am durchgängigen binnendifferenzierten Unterricht aufkommen. Auch wenn bei dieser Art des Unterrichts aktive Beteiligungselemente eine wichtige Rolle spielen, so können die drei anderen von der Hirnforschung beschriebenen zentralen Säulen für ein erfolgreiches und nachhaltiges Lernen, nämlich Aufmerksamkeit, Fehlerkorrektur und Konsolidierung, nicht im ausreichenden Maße umgesetzt werden.

Trotz aller Erkenntnis wurde erst in den Vereinbarungen des bereits erwähnten „Schulfriedens" von 2019 neben vielen anderen Aspekten zum ersten Mal seit zehn Jahren nun wieder die Gleichwertigkeit von binnendifferenziertem Unterricht und äußerer Differenzierung für die Jahrgänge 8 bis 10 beschlossen. Die Schulkonferenzen sollen jeweils darüber entscheiden.

Zwischenfazit

Ich habe bisher in diesem Kapitel die Entwicklungen in der Schule unter einigen Aspekten der „neuen Lernkultur" dargestellt und von verschiedenen Seiten beleuchtet. An dieser Stelle stellt sich einmal mehr die Frage, welche Pädagogik unsere SchülerInnen brauchen, vielleicht im Unterschied zu den Kindern eines „gutbürgerlichen" Stadtteils?

Haben die Kinder auf den Elbinseln und vergleichbarer Milieus in ihren Eltern Vorbilder, die im Lernen etwas Schönes und Wichtiges sehen? Gehen sie mit ihren Familien in die Bücherhallen, in den Zoo oder ins Museum, machen sie zusammen eine Hafenrundfahrt?

Weitere Fragen sind: Brauchen wir nicht eine vernünftige Evaluation, eine Versachlichung der Diskussion, ein flexibles Denken und Handeln bei der Organisation von Schule sowie, als Grundvoraussetzung, eine größere Wertschätzung von Bildung allgemein in unserer Gesellschaft?

Zur Beantwortung dieser Fragen können uns vielleicht die Ergebnisse der PISA-Studien der OECD ein wenig weiterhelfen. Hier wird deutlich, warum gerade andere Nationen im internationalen Vergleich deutlich vor uns an der Spitze stehen - auch wenn diese Länder nicht immer direkt mit Deutschland und besonders der Situation auf den Elbinseln vergleichbar sind. Der Erfolg Singapurs etwa beruht auf verschiedenen Aspekten, so der Leiter der OECD-Studie Andreas Schleicher (vgl. Fréderic Castaignède, 2020):

> *Grundlage ist dort zunächst die besondere gesellschaftliche Bedeutung und Anerkennung von Bildung. In diesem Land werden 20 % des Staatshaushalts in die Ausbildung der Lehrer und des Schulsystems gesteckt (in Deutschland liegt der Anteil der Ausgaben der öffentlichen Haushalte für Bildung am Bruttoinlandsprodukt seit Jahren unter 5%). Moderne Technologien werden zwar vielfältig und sinnvoll zur Vernetzung der Lehrer und für das Unterrichtsmaterial, im Unterricht jedoch eher moderat eingesetzt. Erfolgreich und nachhaltig ist das Lernen aufgrund der traditionellen asiatischen Werte wie Anstrengung, Fleiß und Disziplin. Darüber hinaus herrscht in Singapur ein großer Pragmatismus in der konkreten Pädagogik. Man orientiert sich an diversen, weltweit anerkannten Methoden und erfolgreichen Modellen wie etwa Learning by Doing sowie Trial and Error, Lernen durch Gespräche (in Gruppen) und in kleinen Häppchen, das alles im sinnvollen Wechsel mit Tests und Überprüfungen. In Mathematik z. B. geht man immer vom Konkreten zum Abstrakten, der mathematische Lernprozess läuft über das eigene Nachdenken der Schüler, es geht vor allem um das Verstehen und die Problemlösung.*

Zusammenfassend möchte ich betonen: Trotz aller Bedenken und der zum Teil scharfen Kritik an der Umsetzung der oben betrachteten Methoden und der neuen Lernkultur bedeutet das für mich nicht, dass ich diese grundsätzlich ablehne. Ich denke vielmehr, dass die meisten Methoden ihren passenden Platz, ihre angemessene Zeit und Anwendung finden und regelmäßig auf ihre Erfolge und Sinnhaftigkeit überprüft werden müssen!

Dabei spielt die Lehrperson eine zentrale Rolle. Sie muss (mit-) entscheiden und steuern, sie sollte nach meinem Verständnis in der Wahl der Methoden im Wesentlichen frei sein. Denn sie kann nur Vorbild sein und Wissen vermitteln, wenn sie authentisch handelt. Sie muss vor allem das Interesse am Lernstoff wecken, muss motivieren, aber auch deutlich machen, dass erleichternde und zusätzliche Angebote vonseiten der Schüler auch richtig genutzt werden müssen. Denn zum Lernerfolg braucht es auch das Engagement der Kinder und Jugendlichen.

Inklusion

Wir wollen Inklusion leben, aber wir verzweifeln!

Eine Kollegin beim Besuch des Bildungssenators 2018 an unserer Schule

2010 wurde unter der grünen Bildungssenatorin in Hamburg im Eiltempo damit begonnen, die UN-Konvention von 2009 umzusetzen, die jedem behinderten Kind per Rechtsanspruch den Besuch einer Regelschule ermöglichen sollte. Im Schuljahr 2009/10 gab es in Hamburg etwa 8.500 Kinder mit sonderpädagogischem Förderbedarf, die bis dahin vorwiegend in speziellen Sonder- oder Sprachheilschulen sowie in Integrationsklassen (I-Klassen) und Integrativen Regelklassen (IR-Klassen) unterrichtet worden waren. Sie sollten nun in großer Anzahl und so schnell wie möglich in die Regelschulen und den normalen Unterricht eingebunden werden. Dazu gehörten selbstverständlich auch die Kinder mit speziellen Förderbedarfen in den Bereichen Lernen, Sprache sowie emotionaler und sozialer Entwicklung (LSE).

Durch eine grundlegende Umstrukturierung und Neuverteilung der Erzieherinnen, Sonder- und Sozialpädagogen sollte diese Mammutaufgabe bewältigt werden. Dabei wurde immer wieder betont, dass das Ganze möglichst kostenneutral ablaufen müsse. So wurden z. B. zusätzlich benötigte PädagogInnen mit Hilfe des fast parallel aufgelegten

„Bildungs- und Teilhabepakets zur Förderung des Ganztagsunterrichts" (BuT) der Bundesregierung finanziert. Obwohl das BuT eigentlich die Schulsozialarbeit für arme Kinder verbessern sollte.

Ich war und bin bis heute grundsätzlich für ein gemeinsames Unterrichten aller Kinder, ob behindert, mit speziellen Förderbedarfen, „normal" oder hochbegabt. Doch dafür müssen die nötigen Mittel und Strukturen vorhanden sein. Erfolgreiche Inklusion ist eine aufwändige und große Aufgabe.

Damals war jedoch völlig unklar, wie diese Umgestaltung im Schul- und Unterrichtsalltag, vor allem schon nach kürzester Zeit, organisiert werden sollte. Viele offene Fragen standen bei uns LehrerInnen im Raum: Welche Rahmenbedingungen benötigt man für einen erfolgreichen inklusiven Unterricht? Welche Fortbildungen sind notwendig? Welches neue Unterrichtsverständnis brauchen wir? Wie ist die Arbeit mit den Sonderschul- und SozialpädagogInnen zu organisieren? Wie viel Arbeit in der Vorbereitung, im Unterricht und bei der Auswertung kommt auf uns zu? Und schließlich: Welche zusätzliche personelle Unterstützung bekommen wir? Ich möchte hervorheben, dass diese Fragen auch und gerade deshalb gestellt wurden, weil fast alle KollegInnen der Idee der Inklusion offen gegenüberstanden. Wir machten uns einfach Gedanken darüber, wie die Inklusion zum Nutzen aller Kinder umgesetzt werden sollte und konnte.

An unserer Schule erarbeiteten engagierte KollegInnen sehr schnell ein Inklusionskonzept. Auf der sehr bald einberufenen Lehrerkonferenz warben die „ExpertInnen" vorwiegend auf der moralischen Ebene für eine schnelle Einführung der Inklusion: Natürlich sei das alles eine besondere Herausforderung, aber es gehe schließlich um jedes einzelne Kind, das individuell gefördert werden müsse, es gehe um den persönlichen Lernfortschritt jedes Einzelnen. Man müsse nicht mehr unbedingt den festgelegten Leistungsanforderungen genügen, und Noten in der bisherigen Form gebe es auch nicht mehr. Zudem arbeite man verstärkt im Team zusammen, meist doppelt besetzt, helfe und unterstütze sich gegenseitig.
Unsere vielen fachlichen und organisatorischen Fragen wurden mit diesen Ausführungen letztlich gar nicht beantwortet.

Gleich im nächsten Schuljahr ging es an die konkrete, schrittweise Umsetzung. Neue, vorwiegend junge Kolleginnen wurden mit der Aufgabe betraut, die ersten Inklusionsklassen zu leiten. Diese Kolleginnen stießen - trotz ihres überdurchschnittlichen Engagements - sehr schnell an ihre Grenzen, denn die zeitliche und personelle Ausstattung blieb weit hinter den Bedarfen zurück.

Schon nach wenigen Wochen mussten die Lehrerinnen nun doch häufig allein mit einer heterogenen und „verhaltenskreativen" Schülerschar zurechtkommen. Die Sonderpädagogin hatte viel zu wenig Zeit für ihre Arbeit und kam dadurch viel zu selten in die Klassen. Nur in einzelnen Stunden betreute sie die LSE-Kinder, die deutlich mehr Aufmerksamkeit benötigt hätten. Auch für die wöchentlichen Teamsitzungen, die vielen notwendigen Fortbildungen, den zusätzlichen Arbeitsaufwand für die Erstellung der neuen, individualisierten Unterrichtspläne, die aufwändigen Berichtszeugnisse usw. gab es von Anfang an nur eine unzureichende Unterstützung.

Von der Behörde wurde generell eine achtprozentige, zusätzliche Zeit- und Personalressource für die Inklusion an den Stadtteilschulen zur Verfügung gestellt. Die Behörde nahm einfach an, dass dies der durchschnittliche Anteil von LSE-Schülern an jeder Schule sein würde. Zu den „schwierigen" und "verhaltensauffälligen" SchülerInnen, die wir ja schon vorher in den Klassen hatten, kamen nun noch jeweils drei bis vier LSE-Kinder hinzu. Bei etwa 20 Schülern pro Klasse bedeutete das, wir mussten uns um sechs bis acht SchülerInnen besonders kümmern – rund ein Drittel. Und diese Zahl stieg auch noch von Jahr zu Jahr, während die zur Verfügung gestellten Ressourcen lange gleich blieben.

Aufgrund der immer schwieriger werdenden Situation gab es langsam mehr kritische Stimmen in den Schulen, auch aus den Reihen der Schulleitungen. Schon Ende 2012 hatten alle Schulleiter der Elbinseln in einem „Brandbrief" auf die schwierigen Rahmenbedingungen für Schule und Unterricht hingewiesen. Anfang 2013 legten dann noch die PädagogInnen einer anderen Stadtteilschule nach und wiesen auf die verschärften Probleme (nicht nur) an ihrer Schule hin. Sie erklärten, die Art und Weise der Einführung der Inklusion lasse diese bildungspolitisch wichtige Reform „gegen die Wand fahren". Als Kernproblem wurden die zusätzlichen, neuen Aufgaben benannt, die die KollegInnen ohne angemessene Ressourcen bewältigen mussten. Sie legten dar, es fehle an zusätzlichen Sonderpädagogikstunden, an Doppelbesetzungen und an Zeit für die notwendige Koordination.

Im Laufe des Jahres 2014 gründete sich außerdem ein hamburgweites „Bündnis für schulische Inklusion", das sehr kritisch die Umsetzung der Inklusion an den Hamburger Schulen verfolgte.

Zu diesem Zeitpunkt hatte sich herausgestellt, dass die Zahl der SchülerInnen mit sonderpädagogischem Förderbedarf im Bereich Lernen, Sprache, emotionale und soziale Entwicklung (LSE) um zwei Drittel höher war als angenommen. Damit war die festgelegte Zuweisung an Lehrerstunden um zwei Drittel zu niedrig - wie sollten die Lehrkräfte das bewältigen?

Kurz nach der Bürgerschaftswahl in Hamburg kam der neue und alte Bildungssenator zu einem routinemäßigen Besuch an unsere Schule. Er wollte sich vor Ort über die Umsetzung der Inklusion informieren. Der Personalrat und einige Kollegen überreichten - als einen der wenigen kritischen Beiträge - als Geschenk an unseren obersten Dienstherrn einen Zollstock als Symbol für die vielen Baustellen an unserer Schule. An erster Stelle stand die Baustelle „Inklusion" darauf geschrieben. Zuvor hatte der Senator sich kurz drei ausgewählte, gut vorbereitete Lerngruppen angeschaut, von denen er in den wenigen Unterrichtsminuten einen sehr positiven Eindruck gewann. So wünschte man sich als Bildungssenator seine Schulen! Unterricht von engagierten, jungen KollegInnen, die trotz „schwieriger sozialer Lage" und trotz der unzureichenden Rahmenbedingungen und der sehr hohen Anzahl an LSE-Schülern einen abwechslungsreichen, lernintensiven und alle Schüler fördernden Unterricht hinbekamen! Mit der täglichen Unterrichtsrealität hatte die „Vorführung" natürlich nur sehr wenig zu tun.

Jedenfalls konnte der Senator so nicht überzeugt werden, mehr Ressourcen zur Verfügung zu stellen. Vielmehr wurde uns schon in der folgenden Woche bei der Lehrerkonferenz von unserer Schulleitung mitgeteilt, dass von der Behörde eine Kürzung unserer Stundenzuweisungen zu erwarten sei. Außerdem hatte sich nach der Anmelderunde für die kommenden 5. Klassen herausgestellt, dass sich unter den 120 neuen Kindern 36 Inklusionskinder befanden. Das bedeutete sechs Inklusionsschüler (30 Prozent) in einer Klasse mit 20 SchülerInnen, von denen weitere 30 Prozent auch so schon „schwierig" waren. Mehr als die Hälfte der Klasse bestand also aus Kindern, die einen sonderpädagogischen oder sonstigen gesteigerten Förderbedarf hatten. Mehr SonderpädagogInnen oder Erzieher standen dafür aber nicht zur Verfügung.

Im Sommer 2015 mehrten sich bundesweit die Berichte zum Thema Inklusionsbilanz in Deutschland nach sechs Jahren UN-Behindertenrechtskonvention. In der GEW-Zeitschrift „Erziehung und Wissenschaft" erschien unter dem Titel „Mut zur Inklusion!" eine Art letzter Hilferuf der engagierten Befürworter, bevor nun jeder erkennen musste, dass die Umsetzung des Inklusionskonzepts vor dem Hintergrund der sich immer weiter verschlechternden Bedingungen scheitern musste. Auch „erfahrene KollegInnen an Vorzeigeschulen", die über Jahre hinweg mit enormem Aufwand notwendige Standards für eine gelingende Inklusion meinten geschaffen zu haben, waren enttäuscht und sahen ihre Bemühungen gefährdet. Überall hatte sich die Ausstattung verschlechtert, Sonderschullehrkräfte drohten wegzufallen, Doppelbesetzungen fehlten – und das alles bei steigenden Klassengrößen und einem immer weiter wachsenden Anteil von Kindern mit Förderbedarf. Das Schlimmste aber war: die Betreuung der Kinder litt zunehmend.

Professor Hans Wocken, Mitglied des Expertenkreises der deutschen UNESCO-Kommission, der vor einiger Zeit unsere Schule besucht hatte, zeigte sich 2015 in einem Beitrag in „Erziehung und Wissenschaft" aus anderen Gründen absolut enttäuscht und sprach von einer „verkehrten Inklusion". Kinder mit Behinderungen im klassischen Sinne seien die eigentlichen Verlierer der Inklusion, sie würden zu wenig in die Regelschulen integriert. Stattdessen würden „Problemkinder", die gar keine Behinderung im eigentlichen Sinne hätten, zu „Inklusionskindern" mit sonderpädagogischem Förderbedarf erklärt.

Auch die GEW benutzte diesen weit gefassten Inklusions-Begriff in dem Sinne, dass alle Menschen an allen Lebensbereichen teilhaben sollten. Niemand dürfe aufgrund einer Beeinträchtigung oder aus anderen Gründen aus dem allgemeinen Bildungssystem ausgeschlossen werden.

Würde man von diesem erweiterten Inklusionsbegriff ausgehen, müssten aber auch die Instrumente der Umsetzung erweitert werden! Es müsste erheblich mehr Mittel für jede Art von benachteiligten Kindern geben.

Diese Debatte um die Inklusions-Definition zeigt, wie widersprüchlich, verworren und unausgereift das gesamte Vorhaben und besonders der Umsetzungsprozess nach vielen Jahren noch immer waren.

Politisch ging in Hamburg der so genannte „Stellen-Streit" immer weiter. Das Inklusionsbündnis forderte 350 neue Lehrerstellen für die Inklusion. Der Schulsenator sagte bis 2019 120 Lehrerstellen zu. Das Verteilungsverfahren für diese neuen Stellen wurde verändert. Die einzelnen Stadtteilschulen sollten eine Zuweisung entsprechend der Anmeldungen von LSE-Kindern in den jeweiligen 5. Klassen erhalten. Das alte Verfahren, die Stellen nach sozialer Lage zu verteilen, hatte sich angeblich nicht bewährt. Für die Schulen auf den Elbinseln bedeutete das neue Verfahren eine Verschlechterung.

Zeitgleich gab es massive Kritik einer Reihe von KollegInnen an der Umsetzung der Inklusion an unserer Schule. Sie entlud sich bei einer Personalversammlung: Die Inklusion funktioniere mit der derzeitigen Personalausstattung und der - nicht zuletzt durch das Lehrerarbeitszeitmodell verursachten - hohen Arbeitsbelastung der KollegInnen nicht! Statt inkludiert würden die betroffenen Kinder oft stigmatisiert und könnten kaum noch angemessen betreut werden. Die aktuelle Situation sehe so aus: Der Klassen- bzw. Fachlehrer stehe meist allein vor einer Klasse mit rund 25 SchülerInnen, von denen acht oder neun einen Inklusionsstatus hätten.

Zum Vergleich: Die früheren „Integrationsklassen" hatten einen Schlüssel von 16 + vier SchülerInnen mit Förderbedarf und wurden oft mit drei (!) Lehrkräften betreut. Die heutige Unterrichtssituation beschrieben die KollegInnen als nicht mehr vertretbar - und, so eine Kollegin wörtlich: „Sie gefährdet das Kindeswohl". Die an unserer Schule umgesetzte Inklusion, so die Lehrkräfte weiter, spiegele beispielhaft die Mangelverwaltung wider, wie sie sich in ganz Hamburg an Brennpunktschulen (und nicht nur dort) wiederfinde. Inklusion sei ein Sparmodell. Diskussion sei von oben nicht erwünscht.

Ein Konflikt entsteht

Die Schulleitung hatte mit dem Landesinstitut für Lehrerbildung (LI) eine groß angelegte, dreiteilige schulinterne Fortbildung für das gesamte Kollegium zum Thema „Lehrerhandeln in schwierigen Situationen" organisiert. Wir alle begrüßten die Idee und erwarteten uns vor dem Hintergrund der zunehmenden Probleme bei der Umsetzung der Inklusion viel von dieser Veranstaltung. Ich persönlich erhoffte mir z. B. einige Anregungen von den Expertinnen des LI, um mit meiner „schwierigen" 7. Mathe-Klasse besser umgehen zu können.

Leider verlief gleich die Auftaktveranstaltung aus meiner Sicht sehr unbefriedigend. Ich hatte bis dahin schon einige Fortbildungen zu ähnlichen Themen mitgemacht, so etwas bis dahin jedoch noch nicht erlebt. Am Abend nach dem ersten Block war ich so aufgewühlt, dass ich mich hinsetzte und Anmerkungen dazu und zur Pädagogik allgemein an unserer Schule zusammenschrieb. Ein paar Tage später schickte ich sie per Mail an die Schulleitung und das ganze Kollegium.

Ich möchte aus dieser Mail einige längere Passagen zitieren und habe sie an dieser Stelle platziert, weil sie nicht nur den Alltag und die Schwierigkeiten mit der Inklusion, sondern auch die Vielfalt der Probleme mit den neuen Lernformen an unserer Schule zusammenfassen:

> *Liebe Kolleginnen und Kollegen an der Schule, am LI und in der Schulbehörde!*
>
> *Ich finde es wichtig, dass wir im gesamten Kollegium über solche Themen offen diskutieren! Deshalb möchte ich euch allen, liebe KollegInnen an unserer Schule, am LI und den Verantwortlichen der Schulbehörde, ein paar meiner Gedanken, Fragen sowie einige Anregungen für den zweiten Teil der Fortbildung - und darüber hinaus - auf diesem Wege zukommen lassen.*
>
> *(...)*
>
> *Zu Beginn der Fortbildung wurde der Schüler „Leon" (schon der Name machte mich stutzig) als Fallbeispiel und Auslöser einer „schwierigen Situation" auf mehreren Arbeitsblättern gewählt.*

Leon bearbeitete auf meiner Arbeitsvorlage seine Matheaufgaben in einer Vertretungsstunde zwar selbstständig und auf einem höheren Niveau, jedoch ohne dabei das geforderte Geodreieck zu benutzen. Eine Sozialpädagogin und ein Vertretungslehrer kümmerten sich um die Klasse, „knien" sich neben die Schüler, um ihnen zu helfen. Nach einer Zurechtweisung des Lehrers arbeitet Leon dann nicht weiter, stört aber auch nicht den Unterricht.

Hatte dieser Einstieg etwas mit der alltäglichen Realität an unserer Schule zu tun (Doppelbesetzung im Vertretungsunterricht)? Zudem hatte ich sofort den Gedanken, dass ich mir viele solcher „Leons" in meinem Matheunterricht eigentlich wünschen würde. Waren die Namenswahl und die beschriebene Situation vielleicht nur etwas unglücklich gewählt oder zeigte das eher, dass das LI und unsere Kollegin aus Blankenese unsere Schwierigkeiten an der Schule überhaupt nicht kannten?

Ich sah bei diesem Beispiel jedenfalls wenige Parallelen zu unseren wirklich schwierigen Situationen, besonders zu meinem allein zu führenden Mathe-Fachunterricht in der 7. Klasse - und zwar nicht nur mit einem Leon, sondern einer Anhäufung und Überlagerung von Problemen und Konflikten mit sechs bis zehn Schülern. Aber es ging ja zunächst nur um die Erarbeitung einer Methode, die, vereinfacht beschrieben, aus den Elementen Beobachtung, Hypothese und Handlungsmöglichkeiten bestand.

Wir haben dann einzelne, eigene Fallbeispiele nach dieser Methode vorgestellt, besprochen und dazu Handlungsmöglichkeiten diskutiert. In diesem Zusammenhang fiel ein für mich erstaunlicher Satz der Leiterin: „Wir können Schüler nicht verändern!" Ich war bisher immer davon ausgegangen, dass unsere Schule, besonders vor dem meist bildungsfernen und sozial schwierigen Hintergrund der Familien unserer Schüler, eine Bildungs- und Erziehungseinrichtung sei, die die Schüler mitnehmen, erziehen und verändern soll, damit sie über eine positive Verhaltens-Änderung überhaupt die Chance zum notwendigen Kompetenzerwerb, zum Lernen und somit auch zum sozialen Aufstieg erhalten!

Signalisiert ein solches Grundverständnis der „Nichtveränderbar-keit" von Kindern nicht, dass wir uns in unserem Verhalten als Lehrer immer mehr den"schwierigen" Schülern anpassen - und zwar nicht nur einem, sondern gleich fünf bis zehn Kindern in jeder Klasse? Wo sind hier zum einen die Grenzen einer solchen Anpassung des Lehrers und der Institution Schule - und zum anderen stellt sich die Frage, wie weit vernachlässigen wir damit nicht auch die vielen netten, bildungshungrigen Mädchen? Ich schreibe hier bewusst Mädchen, weil ich festgestellt habe, dass das Problem der „schwierigen Situationen" bei uns vor allem ein Jungenproblem ist. Fehlt uns nicht erst einmal eine vernünftige Jungenpädagogik?

(...)

Als Handlungsmöglichkeiten wurden am Ende der Fortbildung von den KollegInnen Aspekte wie „früher Kurzkontakt", „Beziehungsangebote schaffen", „Brücken bauen", „Bindungen aufbauen" (...) genannt. Sind das nicht pädagogische Standards (...) seit Jahrzehnten gängig in der pädagogischen und schulischen Praxis?

Vielmehr stellen sich für mich in diesem Zusammenhang einige konkrete Fragen: Wie weit kann oder muss ich in bestimmten schwierigen Situationen Schülern entgegengehen? Welche Provokationen und Handlungen kann ich zulassen, welche gehen überhaupt nicht? Wo sind hier klare Grenzen zu ziehen? Lasse ich immer wieder zu, dass ein paar Schüler die gesamte Aufmerksamkeit auf sich ziehen, sodass ich kaum Zeit für andere, ruhigere SchülerInnen finde und dadurch insgesamt auch wichtige Arbeits- und Lernzeiten verloren gehen?

Wir hatten vor Jahren schon sehr interessante Fortbildungen zu ähnlichen Themen. Ich erinnere mich u. a. an Prof. Hans Biegert im Jahr 2012, der als Sonderpädagoge hierzu eine Reihe eindeutiger und konkreter Maßgaben und Verhaltensregeln für Lehrer vorschlug. (...) Diese stehen auch im krassen Wider-spruch zu den in dieser Fortbildung und häufig an unserer Schule praktizierten Methoden und Maßnahmen. Darüber müssen wir reden!

Im Zusammenhang mit dem Thema „Inklusion" hatten wir vor ein paar Jahren den bundesweit anerkannten Experten Prof. Wocken an unserer Schule. Er setzte sich vehement für die Umsetzung der Inklusion ein. Ich erinnere mich aber auch an seine abschließende Einschätzung zur Inklusion an unserer Schule im engeren Kreis, nachdem er sich die Situation bei uns genauer angeschaut hatte: „Vergessen Sie es!" Ich möchte hier nochmals betonen: Ich bin grundsätzlich für einen inklusiven Unterricht, also die gleichberechtigte und selbstbestimmte Teilhabe aller an der Gesellschaft! Ich bezweifle jedoch, dass das, was wir z. Zt. an unserer Schule machen (können), diesem Anspruch genügt!

Herr Wocken definierte Inklusion in der Schule damals sinngemäß so, dass in einer „normalen Lerngruppe" mit Kindern ohne Behinderung einzelne Kinder mit Behinderung - und diese mit einer umfassenden Betreuung! - gemeinsam unterrichtet werden, zum Wohle und zur Weiterentwicklung aller. Und das bei angemessenen Ressourcen und ausreichender personeller Ausstattung! All das ist doch bei uns überhaupt nicht gegeben. Jeder von uns kennt die konkreten Zusammensetzungen in unseren Klassen: Zu fast durchgängig bildungs- und sozial benachteiligten Kindern kommen jetzt noch fünf bis acht Kinder mit unterschiedlichen sonderpädagogischen Förderbedarfen.

(...)

Wie können wir unter all diesen Bedingungen allen Kindern überhaupt gerecht werden? Wie können wir die am Ende im Jg. 9 und 10 geforderten - von außen vorgegebenen - Leistungsanforderungen beim Ersten und beim Mittleren Schulabschluss erreichen?

(...)

Verschlechtern wir - verstärkt durch den durchgängigen binnendifferenzierten Unterricht bis einschließlich Jahrgang 9 - bei einem großen Teil der Kinder und Jugendlichen nicht ihre Zukunftschancen? Geben wir uns über Jahre hinweg nicht der

Illusion hin, wir könnten mit den zurzeit angewandten didakti-
schen und methodischen Maßnahmen und einem von allen
Kollegen erwarteten Über-Engagement (manchmal bis zur
Selbstaufgabe) die Vielzahl von „schwierigen Situationen" an
unserer Schule wirklich meistern?

(...)

Die Schulleitung ist bestrebt, nach außen hin ein positives Bild
des Unterrichts im Sinne von „Wir kriegen das hin!" bei den
Besuchen der Dienstaufsicht zu hinterlassen, indem meist Vorzei-
gestunden mit Doppelbesetzung „zur Schau gestellt" werden. Die
hohen Beamten aus der Behörde hätten gerne in meinen Unter-
richt kommen können, um zu sehen, wie ein erfahrener Lehrer mal
so richtig an seine Grenzen stößt, sich eine Gruppe von Jungen
gegen ihn verbündet, ihn beleidigt, den gesamten Mathe-Unter-
richt auseinandernimmt. Ist das nicht ein Teil des schulischen
Alltags, besonders im Fachunterricht, bei den meisten von uns?

(...)

Das Fallbeispiel mit Leon zeigt aus meiner Sicht auch den Hinter-
grund der Initiatoren dieser Fortbildungskampagne in der Schul-
behörde und am LI auf: Man hat scheinbar immer noch ein eher
deutsch-muttersprachliches, bildungsnahes und sozial halbwegs
abgesichertes Milieu vor Augen! Deshalb passt dieses Beispiel
eben nicht nach Wilhelmsburg und hilft uns bei der Lösung
unserer Probleme nicht wirklich weiter! Darüber hinaus bezweifle
ich, dass wir in dieser Weise einem großen Teil unserer Schüler
auch die Chance geben können, aus ihrem sozialen Umfeld aufzu-
brechen.

Brauchen wir zur Bildung und Erziehung unserer Schüler dann
nicht eine andere Pädagogik, die auch deutlich über die Schule
hinausgeht? Ansätze dazu gab es in der Bildungsoffensive Elbin-
seln bis 2013 und gibt es noch immer beim Forum Bildung
Wilhelmsburg. Diese andere Pädagogik muss sich zunächst unsere
Kinder, die Klassen und das soziale Umfeld genau anschauen!
Brauchen unsere schwierigen Jungen neben besonderer Zuwen-

dung und viel Verständnis nicht auch besonders klare Regeln, eindeutige Vorgaben und gute Vorbilder?

Die oben genannten didaktischen Aspekte sind wichtig, aber auch nur ein Teil der gesamten Problematik. Es muss sich an der Schule viel mehr - für uns alle! - so schnell wie möglich ändern! Dafür müssen wir uns einsetzen, dafür müssen wir uns solidarisieren, das müssen wir gemeinsam diskutieren, das müssen wir in die Behörde und an anderen Stellen einbringen! Aus meiner Sicht brauchen wir dringend eine durchgängige Doppelbesetzung, besonders auch für Fachlehrer, einen Trainingsraum oder ein ähnliches neues Modell, mehr psychologische Betreuung für die Schüler, auch für Lehrer, mehr entlastete Zeiten für intensivere Koordinations- und Elternarbeit, klare Absprachen und Rollen- aufteilung unter den verschiedenen pädagogischen Professionen, eine deutlich stärkere Entlastung für Tutoren, rechtzeitige äußere Differenzierung, mehr und sinnvolle Freizeitangebote, eine deut- liche Verbesserung der Pausensituation.

Ich möchte diesen Beitrag im Sinne der Eröffnung eines neuen, lebendigen und vor allem offenen und ehrlichen Diskussionspro- zesses mit allen KollegInnen zur Verbesserung der (schwierigen) Situation an unserer Schule sehen und würde mich sehr freuen, wenn viele von euch sich an diesem Prozess beteiligen.

(...)

Ich bitte die Schulleitung, diese Mail und ggf. alle anderen an das LI und die Schulbehörde weiterzuleiten.

Mit besten und solidarischen Grüßen
Wilhelm Kelber-Bretz

In einer heutigen, selbstkritischen Rückschau würde ich diesen Brief an der einen oder anderen Stelle etwas weniger scharf formulieren und auch bei einigen Punkten differenzierter argumentieren. Die damalige Reaktion meiner Vorgesetzten überraschte mich trotzdem. In den Wochen danach entwickelte sich zwischen ihnen und mir ein zum Teil emotional aufgeladener Austausch. In einer Mail wurde ich aufgrund dieses Briefes sogar als „Bombenleger" bezeichnet.

Die von mir eigentlich gewünschte schulinterne *inhaltliche* Debatte zu den aufgeworfenen Fragen wurde jedoch durch solche scharfen Äußerungen zu diesem Zeitpunkt verhindert.

Leider wiederholten sich ähnliche Muster immer wieder bei Konflikten mit verschiedenen Schulleitungen und auch einigen Vertretern der Schulbehörde: Kritische Äußerungen und sogar *positive inhaltliche* Anregungen wurden häufig als Angriff auf ihre Autorität und die Machtstrukturen gesehen und deshalb entweder totgeschwiegen und ausgesessen oder man wurde eingeschüchtert und es wurde sogar „scharf" gegen einen „geschossen". Die eigentlich notwendigen inhaltlichen Diskussionen, besonders auch über die offensichtlich zunehmenden emotionalen und sozialen Probleme der Kinder, die Ursachen hierfür und der Umgang damit, traten in den Hintergrund und wurden so schließlich meist verhindert.

Wie ermöglichen wir eine inhaltliche Auseinandersetzung?

Und dabei gab es doch eine Vielzahl sehr interessanter, unterschiedlicher, zum Teil sich widersprechender Ansätze im Umgang mit schwierigen Situationen in der Schule, aus der Praxis und der Theorie. Die Besuche von Professor Biegert und Professor Wocken waren damals sehr anregend für die meisten von uns, doch warum wurden die daraus entstandenen Diskussionen nicht weitergeführt? Zudem war für viele KollegInnen weiterhin unklar, welche Gründe hinter den beschriebenen Entwicklungen steckten und ob man - auch aus kinderpsychologischer Sicht - in der Schule nicht anders als bisher damit umgehen müsse.

Schon vor einigen Jahren hatte ich das Buch „Warum unsere Kinder Tyrannen werden" des bereits genannten Kinderarztes und -psychiaters Michael Winterhoff mit einiger Skepsis gelesen. 2013 veröffentlichte Winterhoff ein neues Buch mit dem Titel „SOS Kinderseele". Es beschäftigt sich mit der Gefährdung der emotionalen und sozialen Entwicklung der Kinder und gibt Ratschläge, was wir - auch als Schule - dagegen tun können. Ich weiß, dass Winterhoffs viel gelesene Bücher im pädagogischen Umfeld und in Fachkreisen umstritten sind und seine kürzlich aufgedeckten Praktiken als Kinderpsychiater sogar zu großer Bestürzung führten. Ich fand jedoch - bei aller Distanz und Kritik -

einige seiner Beschreibungen durchaus für meinen Arbeitsbereich und seine Folgerungen auch für die Schulen auf den Elbinseln zumindest überdenkenswert.

So geht er zum Beispiel davon aus, dass das, was als „normal" angesehen wird, einem ständigen Beurteilungswandel unterliegt. Das Fatale daran sei, dass die Maßstäbe immer weiter „nach unten" angepasst würden. Je mehr Kinder ein bisher als Fehlentwicklung oder Störung definiertes Verhalten zeigten, desto mehr würde dieses Verhalten im Laufe der Zeit als weniger gravierend und irgendwann als „normal" angesehen.

Tatsächlich war es so, dass die Zahl von „verhaltensauffälligen" Kindern und Jugendlichen im Schulbetrieb enorm zugenommen hatte. In den meisten Klassen handelte es sich 2013 nicht mehr nur um Einzelphänomene. Gleichzeitig spiegelte sich an unseren Schulen genau das eben beschriebene Phänomen wider: Es war „normal" geworden, im Unterricht einfach aufzustehen, Kaugummi zu kauen oder laut durch die Klasse zu rufen.

Aus Winterhoffs Erfahrung seien vor zwanzig Jahren „nicht-schulfähige" Kinder in der ersten Klasse die absolute Ausnahme gewesen. Um 2013 herum sei nun ein erheblicher Teil der Erstklässler nicht mehr lern- und leistungsbereit, könne dem Unterricht nicht folgen und setze sich über Regeln und Anweisungen der Lehrer hinweg. Aufgrund fehlender psychischer Reifung lebten sie (auch in der Schule) in der Wahrnehmung, dass sie alles und jeden steuern und bestimmen könnten. Wenn er diese Beschreibungen auch nur aus seinen Praxiserfahrungen ableitet, so kommen sie doch sehr nah an die schulische Realität in Wilhelmsburg heran.

Ich möchte und kann an dieser Stelle die psychologischen Hintergründe und die vielfältige Kritik an seinem Ansatz hier nicht tiefergehend verfolgen. Doch ohne Zweifel fühlen sich heute immer mehr Eltern durch Zeitstress belastet. Die Erwachsenen bewegen sich in einem „Hamsterrad", in dem sie nicht mehr genügend Zeit und Ruhe für sich selbst finden. Sie laufen ständig auf Hochtouren und leben nur noch im Moment. All das konnte ich auch in meinem beruflichen Umfeld und bei vielen Eltern unserer Schüler wahrnehmen. Und auch, dass Eltern immer häufiger ihre Kinder wie kleine Erwachsene behandelten und Konflikte mit ihnen nicht mehr in Ruhe austrugen sondern nur noch - möglichst schnell - befriedeten, meist durch Nachgeben.

Die klare und intuitive Rolle der Erwachsenen als Eltern, die Orientierung geben, sei immer weniger vorhanden, so Winterhoff. Die Kinder seien überfordert und könnten sich nicht mehr altersgemäß entwickeln. So verblieben immer mehr von ihnen auf dem sozialen und emotionalen Entwicklungsstand eines Kleinkindes, das vollkommen auf sich bezogen lebe und dem die Fähigkeit fehle, sich in andere einfühlen zu können und somit auch die Fähigkeit, Beziehungen einzugehen. Auch wenn ich diese psychologischen Ableitungen nicht eindeutig beurteilen kann, so erlebte ich genau diese Phänomene täglich bei vielen Schülern in der Schule und mit ihren Eltern, etwa bei den regelmäßigen Elterngesprächen. All das ist aus meiner persönlichen Wahrnehmung durchaus auf mein schulisches Umfeld übertragbar. Ich zitiere hier noch einmal aus der „Auflistung von Problemen" der Wilhelmsburger Schulleiter:

„Bedürfnisbefriedigung wird nicht aufgeschoben. Was die Kinder wollen, wollen sie sofort. Sie leben den Augenblick. (...) Viele Jungen in den türkischen Familien sind zu Hause oft kleine Prinzen, denen wenig abgeschlagen wird, denen keine Grenzen gesetzt werden, die zu Hause keine Pflichten haben."

Wie können nun diese (Fehl-)Entwicklungen korrigiert werden? Da anscheinend immer mehr Kinder im Rahmen der Familie keine normale emotionale und soziale Entwicklung durchlaufen, müssen wohl die Bildungseinrichtungen dies nachholen. Aber wie ist das zu bewerkstelligen? Zunächst sei es notwendig, so Winterhoff, als ErzieherIn und LehrerIn zu erkennen, dass es sich trotz aller Auffälligkeiten nicht um freche, kranke und verweigernde Schüler handele, sondern um Kinder, die ihre soziale und emotionale Psyche nicht entwickeln konnten. Es sei möglich, mit geeigneten Maßnahmen diese Defizite auch in den Schulen „nachzuentwickeln". Dies sei jedoch zurzeit sehr schwer umzusetzen, denn das Kind würde auch hier mehr als „Partner" gesehen. Es gehe bei Erziehungs- und Bildungsprozessen verstärkt um „Partizipation", um Teilhabe, um Mitbestimmung des Kindes. Zudem lasse offener Unterricht Schüler und Lehrer viel zu häufig allein. Auch, wenn Lehrer nur noch Lernbegleiter seien, laufe das dem Bedürfnis der Kinder nach Orientierung und Bindung zuwider. Damit die eben genannten Probleme erst gar nicht entstehen bzw. Eltern und PädagogInnen zu einer „Nachreifung" beitragen können, schlägt er klare Regeln, stetige Anleitung sowie Ruhe, Überschaubarkeit und Orientierung vor. Zudem sollten die LehrerInnen viel stärker die Eltern in den Prozess der „Nachreifung" einbinden, z. B., indem Vereinbarungen zu bestimmten Abläufen auch zuhause getroffen werden.

Ich weiß, dass diese hier kurz skizzierten Vorstellungen sehr umstritten sind und dass es andere kinderpsychologische bzw. -psychiatrische Ansätze gibt. Auch ich stehe dem eben Dargestellten und der Person Winterhoffs durchaus kritisch gegenüber. Doch ich sehe auch, dass „Narzissmus ein Problem unserer Zeit" ist und dass es immer weniger „wirklich erwachsen gewordene Erwachsene" gibt. Außerdem ist es heute nach meinem Kenntnisstand in der Kinder- und Entwicklungspsychologie unstrittig, dass zur gesunden Entwicklung eines Kindes besonders eine Kombination aus viel Zuwendung und klaren Regeln notwendig ist.

Und genau deshalb sollten wir über all das an den Schulen mit und über unterschiedlichen Experten und Praktikern ausführlich diskutieren, denn das führt zu intensiven, inhaltlichen Auseinandersetzungen, am Ende zu einer Schärfung des eigenen Standpunktes und zu einer klaren und gemeinsamen pädagogischen Vorgehensweise an der Schule.

„Inklusion - Ende einer Dienstfahrt"?

Zu finden war diese Überschrift auf der Titelseite der Hamburger Lehrerzeitung der GEW vom Dezember 2019. Illustriert war das Ganze mit einer Sanitäterszene vor einem Krankenhaus; ein Krankenwagen, der vor einer Notaufnahme steht, und Sanitäter, die eine Trage ins Krankenhaus schieben. Die Überschrift und die Illustration sind meines Erachtens zutreffend.

Bis heute, gegen Ende meiner eigenen „Dienstfahrt", haben sich die Grundlagen für die Inklusion weiter verschlechtert. Die „schwierigen"

Situationen in unseren Klassen nehmen weiter zu. Wenige Jahre nach meinem Offenen Brief war die Anmeldezahl der Kinder mit Förderstatus für den Jahrgang 5 auf über acht pro Klasse gestiegen. Hingegen sank die Zahl der Sozialpädagogen und Sonderpädagoginnen noch einmal. Im Jahrgang 8 konnte ich von meinen damals 22 Stunden ganze zwei noch doppelt besetzt unterrichten. Im darauffolgenden Schuljahr gab es überhaupt keine Doppelbesetzung mehr!

Wir bekamen zeitweise eine Sonderschulpädagogin für alle Förderschüler des ganzen Jahrgangs zugewiesen, die dafür kaum mehr als eine halbe Stelle zur Verfügung hatte. Uns LehrerInnen wurden noch mehr Aufgaben aufgebürdet. Wir konnten uns kaum mehr um die Kinder und Jugendlichen kümmern. Wie sollen sie denn unter solchen Bedingungen erfolgreich und nachhaltig lernen?

Zur Bewältigung der wachsenden Probleme an den Schulen scheint weiterhin kein öffentlicher Diskurs von Seiten der Schulen und der Behörde, geschweige denn eine grundlegende Verbesserung, angedacht zu sein.

Einige konkrete positive Erfahrungen zu den Themen „Anders sein", „Diversität", „Behinderung" und damit auch „Inklusion" habe ich in den letzten Jahren im Rahmen meiner Profilklasse ZEBRA noch sammeln können. Das bewegte sich allerdings auf einer ganz anderen Ebene als der übliche Inklusionsunterricht: Zufällig war ich auf das inklusive „Klabauter-Theater" in Hamburg gestoßen. Ich war sofort von der Art der Arbeit, dem Engagement und auch der Professionalität aller Beteiligten dort begeistert, sodass ich diese Aspekte in die Klasse hineintrug.

Wir sprachen darüber und entwickelten daraus ein Projekt mit dem Ziel, einen Auftritt dieser Theatergruppe für unsere Grundschule zu organisieren. Im Laufe eines Jahres besuchten wir das „Klabauter-Theater" mehrfach bei seinen Proben, sahen uns eine Aufführung an und setzten uns inhaltlich damit auseinander. Schließlich luden wir das Ensemble zu zwei Aufführungen ihres Kinderstücks an unsere Schule ein. Zur Vorbereitung der Grundschüler organisierte ich Bücher, Lesestoff für die Jüngsten, der sich sehr konstruktiv mit dem Thema „Behinderung" auseinandersetzt.

Ich habe gelernt, dass Menschen trotz einer Einschränkung so toll Theater spielen können.

Ilayda aus der Zebra-Klasse nach dem Auftritt

In dieser Zeit haben sich die SchülerInnen der Profilklasse nicht nur theoretisch mit dem Thema Vielfalt und Behinderungen auseinandergesetzt, sie haben vor allem durch den konkreten Umgang mit zum Teil Schwerst-Behinderten immens viel über Inklusion gelernt - vor allem das Wichtigste: Wie man sie im alltäglichen Miteinander lebt.

Weitere schulische Aspekte und Einflussfaktoren

Natürlich gab es seit dem PISA-Schock auch eine Reihe positiver Entwicklungen an den Schulen. Es gäbe außerdem noch eine Vielzahl von Aspekten, die genauer auf meine Fragestellung hin zu untersuchen wären, etwa die Digitalisierung, der kontinuierliche Ausbau und Aufbau von Schulen und Bildungszentren und ihre Profilierung, eine spezielle Jungenpädagogik oder die Elternarbeit. Es gab neue Entwicklungen - und viele verbesserten in der einen oder anderen Weise auch die Bildungssituation auf den Elbinseln!

Ich möchte zum Abschluss dieses Kapitels die drei eng zusammenhängenden Aspekte Digitalisierung und Mediensüchte, Jungen und Gewalt sowie Ganztagsschulen und Rhythmisierung des Schulalltags anhand einiger Beispiele aus meinem beruflichen Alltag betrachten.

Digitalisierung und Medien - Fluch oder Chance?

Wir wissen zu wenig, wir denken zu einseitig.

Fridtjof Küchemann, Journalist

Salman Khan war vor ein paar Jahren der Guru und Revolutionär des Klassenzimmers. 2009 schmiss er seinen Job als Investmentbanker hin und gründete die gemeinnützige Organisation „Khan Academy". Mit kurzen Videos auf YouTube, bei denen man zu handschriftlichen Skizzen nur eine erklärende Stimme hörte, löste er bis 2015 einen globalen Lernboom im Netz aus, mit zehn Millionen Nutzern jeden Monat. Denn auch komplizierte Sachverhalte erklärte er mit einfachen Worten.

113

Zunächst nicht ganz so spektakulär brachte Arndt Kwiatkowski 2008 in Berlin das Online-Mathematiklernsystem „Bettermarks" an den Start, um Kindern, deren Eltern sie aus unterschiedlichen Gründen nicht privat fördern können, die Chance auf Erfolg zu geben. Ein persönlicher Lerncoach in Form einer Lernsoftware holt den Schüler da ab, wo er gerade steht und führt ihn dann nach seinem Können und seinem eigenen Lerntempo auf einem ganz persönlichen Lernpfad durch eine Vielzahl von möglichen Aufgaben. Dabei passt sich das Lernprogramm individuell dem Schüler an. Ein Modell für die Zukunft?

In den USA, dort gerne in sozialen Brennpunkten, wo normale Bildungsvermittlung meist scheitert, aber auch in Schwellen- und Entwicklungsländern werden häufig digitale Lernsysteme angewandt, um den massenhaften Bildungshunger zu stillen. So arbeiten in Uruguay eine halbe Million Schüler mit der oben genannten deutschen Lernsoftware, in Deutschland dagegen - bis zur Coronazeit - nicht einmal 400 Schulen. Das hat sich nun durch den „Digitalpakt" und vor allem seit der Coronakrise grundlegend geändert.

In deutschen Schulen war die digitale Bildung bis Anfang 2020 immer noch nicht richtig angekommen. Die deutsche Lehrerschaft war im Vergleich zu anderen Industrienationen nicht nur schlecht im Umgang mit digitalen Medien ausgebildet, sie stand Medien eher skeptisch gegenüber. Dabei kann die Digitalisierung zwei bislang scheinbar unvereinbare Ziele versöhnen: Bildung für alle und personalisiertes Lernen für jeden. Immer mehr Menschen - besonders bisher Unterprivilegierte - würden durch die Digitalisierung bessere (gleichwertige) Chancen bekommen, so der ehemalige Hamburger Wissenschaftssenator Jörg Dräger von der Bertelsmann-Stiftung 2015 in einem Interview im Hamburger Abendblatt. Doch er warnte auch, dass die Digitalisierung den Lehrer nicht ersetzen könne und die Technik als Hilfsmittel verstanden werden müsse. Der Lehrer bekomme dann aber eine neue Rolle, er werde vom Wissensvermittler mehr zum Lernbegleiter.

Kein Computer kann eine Lehrkraft und eine Klassengemeinschaft ersetzen.

Ties Rabe, Hamburger Bildungssenator, in einem taz-Interview vom 16.12.2020

Die Coronakrise lässt keinen Zweifel daran, dass die Digitalisierung insgesamt und vor allem an den Schulen sehr schnell vorangetrieben werden muss und sich in den nächsten Monaten und Jahren enorm ausweiten wird. Aber auch die wichtige Rolle des Lehrers und der Lehrerin mehr als LernbegleiterIn, verbunden mit einem regelmäßigen Präsenzunterricht, ist noch deutlicher hervorgetreten. Gerade in einer solchen schwierigen Phase müssen alle Aspekte – besonders für bildungsferne Gruppen – noch viel genauer untersucht werden.

Schon 2009 hatte der ehemalige „Stern"-Chef Michael Jürgs in seinem Buch „Seichtgebiete" die provokative Argumentation „Warum wir hemmungslos verblöden" vorgebracht.

Aus seiner gesellschafts- und medienkritischen Sicht geht er davon aus, dass besonders Kinder durch den immer früher beginnenden und weiter wachsenden sowie beliebigen, ständigen und unreflektierten Konsum von immer „seichteren und verdummenderen" Inhalten in den digitalen Medien, unselbstständiger und unreflektierter sowie gestörter in ihrer Wahrnehmung werden. Selbstkritisches, aktives und eigenverantwortliches Denken und Handeln würden nicht nur nicht gefördert, sondern „verarmten" und seien so kaum noch zu erwarten.

Stecken hierin nicht Gründe für die Schwierigkeiten vieler Kinder und Jugendlicher auf den Elbinseln, sich auf allgemeine schulische und erst recht auf anspruchsvolle und komplexe Sachverhalte und Inhalte einzulassen und sich an vernünftigen und demokratischen Verhaltensformen zu orientieren?

An einem konkreten Beispiel möchte ich die Problematik im Umgang mit den neuen Medien in meinem beruflichen Umfeld kurz erläutern:

Jedes Jahr führten meine Kollegin und ich die alljährlichen Lernentwicklungsgespräche (LEG) mit Eltern und SchülerInnen, in denen immer wieder zum Teil Erschreckendes auf den Tisch kam. Ein zentrales Thema bei einem Großteil der Gespräche schon vor der Pandemie war der Umgang der Kinder und Jugendlichen mit dem Handy und den Computerspielen. Bei den Jungen ging es vorwiegend um das stundenlange, bis an Suchtverhalten grenzende Spielen. Die meisten Eltern wussten nicht mehr damit umzugehen. Die Schüler spielten zum Teil bis tief in die

Nacht oder das ganze Wochenende durch, waren dann müde, uninteressiert, unkonzentriert und letztlich unfähig, dem Unterricht am nächsten Tag zu folgen.

Hier zeigt sich einmal mehr, wie wenig wir als pädagogische Institution bisher den Eltern in dieser Hinsicht helfen, weil wir dazu selbst noch keine klare Position haben. Wir selbst haben die ganze Problematik in dieser sich weiter steigernden Dimension immer noch nicht erkannt und sehen uns als Schule nicht in der Lage, konkrete Strategien und pädagogische Konzepte konsequent umzusetzen.

Kurz vor der Coronakrise fasste der bereits zitierte Journalist Fridtjof Küchemann die zentralen Ergebnisse der „Stavanger-Erklärung zu den Vor- und Nachteilen des digitalen Lesens und Lernens" in der FAZ zusammen: Der schnelle Wechsel in digitale Lernumgebungen werde die Lese- und Lernfähigkeit der Kinder beeinflussen. Der unbedachte Übergang könne zu einer Verzögerung in der Entwicklung des kindlichen Leseverständnisses und des kritischen Denkens führen.

Klar ist nach den zentralen Befunden mehrjähriger Forschungsarbeit: Das vertiefte Lesen (und damit wohl auch ein tiefer gehendes Verständnis von Texten) ist auf Bildschirmen schwerer als auf Papier. Welche Auswirkungen diese Tatsachen besonders auf bildungsferne Schülerinnen und Schüler haben werden, kann man sich gut vorstellen.

In der Coronakrise habe ich den ganzen Tag zuhause nur gezockt.

Ein Schüler meiner Klasse bei einer Befragung
kurz vor den Sommerferien 2020

Die Coronakrise hat auf den Elbinseln viele kritische Aspekte im Umgang mit den digitalen Medien offengelegt. Für mich zentral sind ein meist unreflektierter und übermäßiger Gebrauch des Smartphones und von Computerspielen, das Fehlen passender und nutzbarer Endgeräte (PC, Laptop und auch Drucker) zum Lernen und Arbeiten sowie die mangelnde Fähigkeit und Bereitschaft überhaupt am Laptop oder PC zu arbeiten. Die genauen Auswirkungen und langfristigen Folgen dieser Aspekte auf alle Lebensbereiche, vor allem die Kommunikation und das (Lern-) Verhalten der Kinder und Jugendlichen müssen unbedingt noch genauer analysiert werden. Ich sehe den Ergebnissen sehr skeptisch entgegen.

Aus meiner Sicht brauchen Kinder und Jugendliche eindeutige Vorgaben zur Nutzung digitaler Medien, in der Schule und auch privat. Dazu müssen wir klare Absprachen mit den Eltern treffen.

Der Einsatz digitaler Medien wird in Zukunft eine deutlich wichtigere Rolle spielen. Auch auf den Elbinseln werden verstärkt die Kommunikation und Teile des alltäglichen Wissenserwerbs darüber stattfinden. Dabei muss es darum gehen, digitale Medien als Hilfsmittel zu betrachten und entsprechend zu nutzen. Sie sollten vor allem zu mehr Aufmerksamkeit, aktiver Beteiligung, Fehlerkorrektur und Konsolidierung beitragen, dann machen sie Sinn! Dazu müssen wir notwendige Bereiche des Einsatzes definieren, die das Erklären, Beschreiben und somit das Lernen vereinfachen, es abwechslungsreich und spannend machen sowie zur Nachhaltigkeit beitragen. Die Lehrerin und den Lehrer werden digitale Medien selbstverständlich nicht ersetzen können.

Interessant ist in diesem Zusammenhang, dass im erfolgreichsten Land des PISA-Rankings, Singapur, nicht, wie meist vermutet wird, die moderne Technologie vorwiegend im Klassenzimmer eingesetzt wird, sondern vor allem zur besseren Vernetzung der Lehrkräfte und des Unterrichtsmaterials. Im Unterricht selbst ist der Nutzungsgrad eher moderat.

Jungen und Gewalt

Vor ein paar Jahren arbeitete ich sehr intensiv mit meiner Kollegin in den oberen Klassen zusammen. Geprägt war mein Schulalltag damals durch viele positive Erlebnisse. Es gab aber auch immer wieder schwierige Situationen, die es wert sind, an dieser Stelle genauer betrachtet zu werden. So fielen mir einmal zufällig drei Zettel mit selbst geschriebenen Rapper-Texten meines Schülers A. in die Hände. Und die hatten es in sich:

HALT DIE FRESSE!

Ich habe keine Grenze, weil ich keinen verschonen, keine Gnade, ficke ich erst deine Mutter, zerhacke ich deinen Vater, vergewaltige deine Bitch und anschließend siehst du zu wie ich deiner Schwester Schwanz in den Rachen schiebe, das ist die neuste Ära, die ich mit diesem Sound einschlage.

Wie kann es sein, ein 16 jähriger Junge, aber schon so am schreien, ihr wollt es wissen, ich werds euch sagen. Ich bin ein Junge, stolz auf mein Land, ich bin Egoist, total arrogant, ich habe Luxus Lines.

Dieser Sound ist für die Jugend, ohne Perspektiven, auch meine wurden verbaut, durch den Dreck dieser Strassen, ich war Klein-krimineller, doch ich wollte kein Penner werden, ich hatte diesen Stift, diesen Block, diesen Traum, also fing ich an diese Zeilen zu verfassen.

Das ist Holokoust reloaded, ich werde diese Scene vergasen, das ist 11 September, ich werde die Pfeiler die den Boden unter euch tragen detonieren, ihr fallt in die Tiefe, da wo euch Hunde zerflei-schen. Das ist die Aufwärmphase, ich fange erst an loszulegen, wenn diesen Sound Tausende durch den Schädel pumpen.

Dieser Junge ist wie eine Bombe eingeschlagen, abgeworfen von Gott auf diese Erde, mit dem Ziel diesen Land einen König zu geben, .. nun ist ein neuer König geboren.

Ich bin Psycho (...) ich bin Terrorist, bereit für mein Land jeden zu sprengen, zu zerfetzten, Anal gefistet, ich bin der Strassen Junge, der dich vernichtet, foltert, dir n drittes Auge in den Schädel pustet.

Nenn mich Jack the Ripper, ich werde euch Nutten töten, mein blutverschmiertes Messer sind diese Verse die euch niederstechen.

Wir entsichern unsere Waffen, ich zieh den Stift und fang an zu schreiben.

Ich habe alle Register gebrochen, ich brauch keinen Therapäuten, bevor ihr mir helfen wollt, helft euch selber.

Wie folgt, Übersetzung der Maya Sagen (...) die Welt wird ein Ende finden (...) ich bin Reiter der Apokalypse, werde dieser

Scene die Beine brechen, geht vor mir auf die Knie, so könnt ihr viel besser meinen Magickstick lutchen (...) es ist Essenszeit, also kommt ihr angelaufen, alle Huren stehen Schlange, denn auch deine Frau will meinen Pimmel in der Hand halten.

Hört euch diese Königlichen Zeilen an, und alle Zweifel an meiner Bestimmung sind verschwunden.

HALT DIE FRESSE, der König ist gekommen.

Letztlich glaubte ich nicht, dass er alles selbst geschrieben hatte, vieles musste er aus anderen Texten übernommen haben. In was für eine Szene, die sich in Internetforen traf und sich gegenseitig aufstachelte, war er da hineingeraten? Dienten die Texte dazu, Luft und Frust abzulassen oder bauten sie diese weiter auf? Verschwamm vielleicht irgendwann der Unterschied zwischen seiner, in Worte gefassten, Fantasie und der Realität - und floss dann doch das Blut von den „abgetrennten Köpfen", die „schließlich schweigen"? Wie ernst musste ich diese Äußerungen nehmen, war es ein Fall für einen Psychologen oder sogar die Polizei? Ich gab den Text zunächst unserem Sozialpädagogen.

In dieser Zeit gab es eine Reihe beängstigender Vorfälle im Umfeld der Schule. In den letzten Wochen hörte man im Stadtteil und im Bezirk immer wieder von Raubüberfällen auf Spielhallen, Tankstellen und Drogerien. Ich las in der Zeitung, dass einzelne Jugendliche verhaftet worden seien. Nach Äußerungen eines Schülers in meinem Gesellschaftskurs sollte mindestens ein ehemaliger Schüler und auch einer aus unserem Jahrgang dabei gewesen sein.

Nun bestätigte dies unser Abteilungsleiter. Beide Schüler hätten letzte Woche ein Geschäft überfallen, dabei sei einer Frau eine Pistole an die Schläfe gesetzt und ein Messer an den Hals gehalten worden. Bei der Flucht sei der eine direkt geschnappt worden, den anderen hätte in der Nacht das Mobile Einsatzkommando aus dem Bett geholt. Am nächsten Morgen kam die Kripo in die Schule und verhaftete meinen Schüler, der mir ein paar Tage vorher die Geschichte erzählt hatte.

Zeigt dieser Fall genau das Verschwimmen von Fantasie und Wirklichkeit bei den Jugendlichen? Wie eng hängen Bilder und Texte aus dem Internet, die eigene Naivität und konkrete Kriminalität zusammen? Wie wenig wussten wir von den verschiedenen Welten unserer Schüler? Steckte nicht doch ein größerer Teil der Schüler viel tiefer in kriminellen Strukturen im Stadtteil als wir ahnten? Und was könnten und müssten wir tun?

In den kommenden Tagen berichteten alle Zeitungen über die Vorfälle. Ein 16-Jähriger sei der Chef der Bande gewesen. Mit Pistolen, Eisenstangen und Messern bewaffnet habe die Bande mindestens zehn Raubüberfälle begangen. War das vielleicht nur die Spitze eines Eisberges?

Kurze Zeit später saß ich in der Mittagspause in der Kantine beim Essen mit Blick zum Schulhof. Ein mir unbekannter junger Mann zielte plötzlich mit einer Pistole auf eine Gruppe von Schülern und lief weg. Ich rannte raus, um die Situation einschätzen zu können. Der junge Mann kam mir plötzlich entgegen, immer noch mit seiner Waffe in der Hand. Nun wirkte er aber eher hilflos und überrascht. Wie sich zum Glück sofort herausstellte, handelte es sich um einen Schüler einer 9. Klasse, der in diesem Fall nur mit seinen Freunden und einer Schreckschusspistole „gespielt" hatte. Ich brachte ihn zur Schulleitung, wo er die Waffe abgeben musste. Er wurde am folgenden Tag zur schulinternen Polizeisprechstunde zitiert.

Später bat mich mein Vorgesetzter noch einmal in sein Büro, um mit mir in Ruhe über den Vorfall und dessen mögliche Hintergründe zu sprechen. Er fragte mich zunächst, ob ich noch die letzte Abschlussfeier der 10. Klassen, die wir zusammen besucht hatten, vor Augen hätte. Ich erinnerte mich gut daran.

Hier war es in der Nacht zu diversen Streitigkeiten scheinbar unterschiedlicher Gruppen gekommen. In der lauen Sommernacht hatten diese jedoch plötzlich geendet, nachdem ein Sportwagen ganz langsam die Straße vor dem Festsaal entlang gefahren war. Hinter den verdunkelten Scheiben hatte man nur schemenhaft eine männliche Gestalt sehen können, - die meisten Beobachter schienen sie zu kennen - die ein Handy zeigte und dazu ein paar Handzeichen machte. Dann war der Wagen mit quietschenden Reifen im Höchsttempo davongefahren. Diese kleine Einlage - verbunden mit ein paar Telefonaten - hatte offensichtlich ausgereicht, um die ganze Situation in dieser Nacht zu beruhigen. Denn nun gaben sich die Streithähne die Hände und die Party konnte weitergehen.

Etwa eine Stunde später verließen ich und auch die meisten anderen LehrerInnen die Feier. An der nächsten Straßenecke standen – hier für alle sichtbar – mehrere Mannschaftswagen der Polizei, die wahrscheinlich vorsorglich bereitstanden. Wir gingen davon aus, dass ein Teil der Jungen in bestimmten, hierarchisch geordneten Clans und Familienbanden verwurzelt war. Ein offener Streit und eine Eskalation bei solchen Feiern hätte allen bzw. einer bestimmten Gruppe oder einem Clan bestimmt nicht gepasst, weil sonst die Polizei angerückt wäre und dort sicher diverse Drogen und anderes gefunden hätte.

In der Schule bekam man die genauen Zusammenhänge meistens nicht mit, die Gruppen oder Clans schienen zu versuchen, das alles aus dem schulischen Umfeld herauszuhalten.

Das Heraushalten von Gewalt aus der Schule gelang jedoch nicht immer. Wir sprachen im Büro schließlich noch über etliche ähnliche – offene und verdeckte – Vorfälle in der Schule, über diverse Schlägereien und sogar eine Schießerei auf dem Schulhof. Wenn man genauer hinschaute oder sich in der einen oder anderen Situation mit bestimmten Schülern und damit auch deren Familien oder zugehörigen Gruppen anlegte, konnte es manchmal für einen selbst brenzlig werden. Wir erzählten uns gegenseitig von unseren persönlichen Gewalterfahrungen. Wir beide waren mehrfach von Schülern bedroht und sogar tätlich angegriffen worden, mehrfach sind Autos von Lehrkräften beschädigt, einmal sind auch die Reifen zerstochen worden. Am Schluss des Gesprächs öffnete mein Vorgesetzter eine Schublade seines Schreibtisches und bat mich, einen kurzen Blick hinein zu werfen. Dort lagen diverse Schuss-, Schlag- und Stichwaffen, die in den letzten Jahren von Schülern nach Auseinandersetzungen einbehalten worden waren.

Kommen wir nochmals kurz auf A. und seine Rapper-Texte zurück. Wir hatten ihn wegen der Gewalt verherrlichenden Texte weiter im Auge behalten. Nach einiger Zeit nahm ich ihn zur Seite und sprach ihn direkt auf seine Texte an. Zunächst war er etwas verunsichert, sprach schließlich aber sehr offen und ehrlich über seine Absichten und die Art des

Zustandekommens. Man würde sich mit seinen Gegenübern im Netz immer „nur aufputschen", das wäre halt so, aber es sei nur im Kopf, nie bestünde bei ihm die Gefahr, dass er tatsächlich so etwas machen würde. Die Angelegenheit war ihm sehr unangenehm und er bot mir an, ein paar andere, „harmlosere Sachen" von ihm zu lesen. Anfang der nächsten Woche lagen ein paar Zettel in meinem Fach. Und ich musste zugeben, dass es tatsächlich eher positive Texte waren.

In „Die Engel singen" geht es z. B. um „Liebe, Schmerz und Enttäuschung":

> *(...) Die Engel singen, heute singen sie für uns, kannst du den Gesang nicht hören? Augenblicke die was Magisches haben sollten öfters vorkommen, ich will sie festhalten, ich will wieder was schönes zum nachdenken haben. ... Sie singen nur für uns beide. Heute bist nur du für mich da, du bist mir das wichtigste im Leben und wenn du einmal wegsein solltest würde ich mir nie vergeben. Ich will schöne Augenblicke mit dir erleben, viele schöne Worte austauschen, zärtlich deinen Hals küssen, deine Hände nehmen und mit dir davonfliegen (...)*

A. machte uns trotzdem große Sorgen. An einem Mittwochmorgen kam er mit blutigen, aufgeschlagenen Händen verspätet in die Schule. Er trug an den ganzen Händen Wundpflaster. Er sei von jemandem angegriffen worden, mit dem er sich dann geprügelt hätte, so seine Auskunft. Außerdem würde er, wenn er wütend sei, mit aller Kraft gegen Türen schlagen, bis seine Hände blutig würden. Unser Sozialpädagoge unterhielt sich daraufhin lange mit ihm und begleitete ihn am nächsten Tag zum schon vorher vereinbarten Termin bei der Jugendhilfe, bei dem Vereinbarungen zur psychologischen Beratung und einer betreuten Jugendwohnung für ihn besprochen wurden. Am Ende des Schuljahres verließ A. mit einem schwachen Realschulzeugnis unsere Schule. Danach verlor ich ihn aus den Augen.

Gewaltprobleme Jugendlicher beruhen in der Regel auf eigenen, vorangegangenen Gewalterfahrungen bzw. auf patriarchalischen Strukturen - auch und im Besonderen im bildungsfernen und migrantischen Milieu. Wir hatten damals wie heute meiner Ansicht nach keine genauen Kenntnisse, keinen Überblick über die Gewalt an der Schule und besonders die Zusammenhänge im Stadtteil. Und wir hatten keine gemeinsamen Grundpositionen und auch keine abgestimmte Pädagogik im Umgang mit Jungen und Gewalt.

Ein paar erste Hinweise zu einem besseren Verständnis fand ich damals in dem Buch „Kleine Helden in Not - Jungen auf der Suche nach Männlichkeit" von Dieter Schnack und Rainer Neutzling von 2001.

Nach und nach wurden bei uns zum Glück mehr männliche Sozialpädagogen eingestellt und es gab irgendwann einen „Cop for You", einen verantwortlichen Polizisten vom lokalen Polizeirevier für unsere Schule. Ein für unser pädagogisches Umfeld und den Stadtteil verbindliches Jungen- und Gewaltpräventionskonzept kenne ich aber bis heute nicht.

Ganztagsschule

Schule nimmt eine besondere Bedeutung für Kinder aus sozial benachteiligten Verhältnissen ein. Seit Jahrzehnten ist fast allen PädagogInnen, SoziologInnen und auch den meisten PolitikerInnen klar, dass eine gut ausgestattete und konzeptionell ausgereifte Ganztagsschule zu mehr Bildungsgerechtigkeit beitragen kann. Wenn Schule nicht stattfindet, verschärft sich die Ungleichheit.

Jede Lehrerin und jeder Lehrer macht diese Erfahrung nach den langen Sommerferien oder hat das nach den erzwungen Unterrichtspausen in der Corona-Pandemie gesehen: Lange unterrichtsfreie Zeiten verstärken Kompetenzunterschiede, je nach Schichtzugehörigkeit. In der schulfreien Zeit werden Kinder auf ihre Herkunft zurückgeworfen. Es gibt Kinder, die leben in einem äußerst anregungsreichen Umfeld, andere nicht. Und das macht den Unterschied!

Der bereits genannte Soziologe El-Mafaalani erklärt in seinem Buch „Mythos Bildung", wie diese sozialen Filter funktionieren. Seine zentralen Erkenntnisse sind, dass einerseits die Menschen ihre Herkunft in sich tragen, dass andererseits der hartnäckige lernbehindernde Habitus von bildungsfernen, armen Kindern durchaus aufgebrochen werden kann. Seiner Meinung nach ist besonders eine gute Ganztagsschule in der Lage, diesem Muster etwas entgegenzusetzen. Dafür müsse in den Schulen aber alles erlebbar sein, was die Welt zu bieten habe, also auch

Dinge wie Kunst, Kultur, Handwerk, Ernährung. Die Schule sei die einzige Chance für arme Kinder, ihre Perspektiven zu erweitern, jedoch nur, wenn es dort um viel mehr geht als um Betreuung – nämlich um Bildung im weitesten Sinne, täglich bis in den späten Nachmittag hinein. Unterricht mit LehrerInnen sei dabei nur eine Säule. Es brauche, gleichberechtigt neben dem klassischen Unterricht, Bildungsangebote von multiprofessionellen Teams mit verschiedenen Expertisen und unterschiedliche Organisationsstrukturen. Eine solche Schule würde arme Kinder systematisch auf den Aufstieg vorbereiten.

Die große Bedeutung von Nachmittagsangeboten hatte ich bereits in meinen Jahren als Lehrer in Simbabwe erkannt. Deshalb wollte ich von Anfang an bewusst an einer Ganztagsschule arbeiten. Und von Anfang an spielten die diversen Zirkusangebote an unserer Schule in Wilhelmsburg eine wichtige Rolle für mich.

Als Freizeit- und Ganztagskoordinator versuchte ich, einige Jahre lang nicht nur vielfältige Angebot zu etablieren und am Nachmittag quantitativ auszuweiten, sondern sie auch konzeptionell mit dem Unterricht zu verzahnen und nach außen bessere Verbindungen herzustellen. Mein erstes Highlight war in diesem Rahmen die Organisation eines großen „Freizeitfestes" an der Schule, zu dem der ganze Stadtteil eingeladen wurde. Hier konnten sich die Freizeitkurse und Nachmittagsangebote der Schule den Eltern und der lokalen Öffentlichkeit präsentieren. Und es wurde gefeiert bis spät in den Abend. Diese Idee hatte ich aus Simbabwe mitgebracht.

Leider plätscherte aber insgesamt das Ganztagsgeschehen an unserer Schule lange in kleineren Auf- und Abwärtsbewegungen einfach so dahin. Jahrelang bewegte sich nichts. Dann nahm - trotz der Bildungshoheit der Länder - die Bundesregierung ein paar Milliarden zum Ausbau der Ganztagsschulen in die Hand. Die meisten Bundesländer stürzten sich nun auf die Gelder und forcierten den Auf- bzw. Ausbau, vorneweg die Hansestadt in einem atemberaubenden Tempo. Und das war grundsätzlich gut und ging in die richtige Richtung! Denn natürlich war die ganztägige Betreuung für Eltern von zentraler Bedeutung, weil dadurch erst die Berufstätigkeit beider Elternteile möglich wurde.

Leider konnte jedoch bei einer solch rasanten Entwicklung kein umfassendes pädagogisches Konzept erstellt werden; ja, nicht einmal die notwendigen baulichen Erfordernisse wurden umgesetzt. Daher zeigte sich sehr bald, dass auch dieser neue Ganztag nur wenig zur Förderung der Kinder, besonders bildungsbenachteiligter, beitrug, trotz aller Bemühungen und viel gutem Willen. Wie mit den Kindern an den Nachmittagen umgegangen wurde, erfüllte nur sehr selten die Ansprüche an einen umfassenden Bildungsbegriff.

Die bisherige offene Ganztagsschule wurde eigentlich nur quantitativ ausgeweitet. Es gab wenige wirklich innovative Konzepte. So entstand keine neue Qualität, z. B. durch eine gute Verzahnung mit dem Unterricht und den LehrerInnen, durch langfristige Kooperationen mit Partnern im Stadtteil oder durch ein durchdachtes Gesamtprogramm und eine sinnvolle Rhythmisierung. Leider wurde recht schnell auch wieder weniger Geld in die konkrete Umsetzung, vor allem die personelle, eingespeist. Immer mehr Schulen schienen schon mit der Ausweitung überfordert zu sein, so dass an eine sinnvolle pädagogische Ganztagsgestaltung nicht zu denken war. Mit den unzureichenden räumlichen Voraussetzungen und den eher schlecht bezahlten Honorarkräften verkümmerten die Nachmittagsangebote bald zu Orten der reinen Aufbewahrung. Das hat sich zum Glück nach einigen Jahren etwas geändert.

Zusammenfassend kann man sagen: Seit etwa 2002 ist zumindest der quantitative Umbau des deutschen Halbtagsschulsystems in großen Schritten vorangekommen. Von rund 5.000 ist die Zahl der Ganztagsschulen bis 2018 auf mehr als 18.000 in Deutschland gestiegen. 44 Prozent der SchülerInnen nutzen heute diese Angebote. Bis 2025 wird ein Rechtsanspruch auf einen Platz für Grundschulkinder angestrebt (vgl. „Hamburger Lehrerzeitung", 01/2021 mit dem Themenschwerpunkt Ganztag).

Um aber den von El-Mafaalani angesprochenen „lernbehindernden Habitus" bei bildungsfernen, armen Kindern aufzubrechen, muss sich neben der quantitativen Ausweitung vor allem auch die pädagogische Qualität deutlich verbessern. Dies kann wiederum nur mit ausreichendem und dafür qualifiziertem Personal erreicht werden.

Die Rhythmisierung des Ganztags

Zwingend erforderlich und eng verbunden mit der Ausweitung des Schultags ist eine gute Rhythmisierung. Seit den 1990er-Jahren hatten wir an unserer Schule lange Zeit einen einigermaßen rhythmisierten offenen Ganztag gehabt. Er begann um 8.30 Uhr. Bis 14.30 Uhr wechselten, meist doppelstündige, Unterrichtsblöcke mit angemessenen Pausen inklusive Essensangeboten ab. In den Mittagspausen und in der letzten Doppelstunde bis 16 Uhr gab es für interessierte Schüler noch einige, meist offene, Freizeit- und Sportangebote. Alle Seiten schienen, trotz einiger Verbesserungsmöglichkeiten, hiermit insgesamt zufrieden zu sein.

Der ab Sommer 2018 an unserer Schule - von der Behörde geforderte - verpflichtende Ganztagsunterricht von 8 bis 16 Uhr mit einer neuen „Rhythmisierung" führte dann aber leider eher zu größeren Problemen, als zu einer Verbesserung und zu einem sinnvollen Rahmen für gutes Lernen. Trotz einiger Konferenzen und konkreter Vorschläge aus dem Kollegium blieb am Ende keine ausreichende Zeit für eine breite und tiefergehende Diskussion sowie Abstimmung unter allen Beteiligten. Letztlich wurde alles überhastet umgesetzt. Mit dem Ergebnis: Die Pausen waren nun zu kurz und die enge Taktung führte zu mehr Unruhe. Einige Unterrichtsphasen gerieten deutlich zu lang. Einzelne Klassen hatten bis zu neun Unterrichtsstunden am Tag. Die „SEGEL"-Stunden zum „selbstgesteuerten Lernen" konnten kaum sinnvoll genutzt werden und die letzten Unterrichtsstunden am Nachmittag endeten häufig für SchülerInnen und LehrerInnen im Chaos.

Viele der Kursangebote verliefen auf Grund der räumlich und personell eher schlechten Bedingungen meist unbefriedigend. Die Anzahl der Kurse pro Woche war zunächst enorm. Die gesamte Organisation und die zahlreich anfallenden Vertretungen während der Laufzeiten erforderten einen hohen Aufwand. Die dafür angesetzten Arbeitszeitkontingente für die OrganisatorInnen waren jedoch völlig unzureichend. Auch hier zeigte sich einmal mehr die Mangelverwaltung. Trotz des extrem hohen Einsatzes der verantwortlichen KollegInnen waren Planung und Umsetzung der Ganztagsangebote kaum zu bewältigen. Zum Glück wurde dieses unbefriedigende Rhythmisierungs-Modell schon nach einem Probejahr wieder verworfen und durch ein deutlich besseres ersetzt.

Keine Nebensächlichkeit: Gutes Essen für die SchülerInnen

Bei der Ausweitung des Schultags wünscht man sich natürlich auch eine gute, kostengünstige oder sogar kostenlose Verpflegung für die Schüler. Doch die Essenssituation verschlechterte sich für die Kinder und Jugendlichen durch die formal notwendig gewordene Zusammenarbeit mit einem externen Caterer. Die Kosten für fast alle Essensangebote in den Kantinen erhöhten sich um mehr als 100 Prozent. Das vorher 1,50 € teure Mittagessen kostete nun 3,50 €. Etwa 80 Prozent unserer SchülerInnen, die Unterstützung durch das Bildungs- und Teilhabe-Paket erhielten, sollten eigentlich kostenlos zu Mittag essen können. Allerdings gelang den meisten Eltern am Anfang die Beantragung nicht. Sehr lange gab es keine vernünftige Lösung für dieses Problem.

Die zu erwartenden Folgen der Preiserhöhung blieben nicht aus. Von den vorher bis zu einhundert Jugendlichen der Jahrgänge 8 bis 10, die regelmäßig etwas aßen, kamen nach der Preiserhöhung anfangs kaum noch ein Viertel in die Kantine zum Essen. Viele hatten nun den ganzen Tag über keine vernünftige Mahlzeit. Wie sollte unter solchen Bedingungen ein ruhiges und konzentriertes Lernen bis in den Nachmittag hinein möglich sein? Auch hier verbesserte sich nur sehr langsam die Situation.

Zugespitzt formuliert schaffte der ausgeweitete Ganztag mit dem teilweise unruhigen Rhythmus, dem unbefriedigenden Kurssystem und der über lange Zeit schlechten Verpflegungssituation eher lernbehindernde als lernfördernde Rahmenbedingungen.

Ich will nun zum Abschluss dieses Kapitels noch zwei Bereiche hervorheben, die aus meiner Sicht positive Beispiele dafür sind, wie bildungsferne Kinder und Jugendliche auf den Elbinseln vorangebracht werden können.

Übergang Schule/Beruf - Vorbildliche Berufsorientierung

Anfang 2011 hatten sich alle Parteien in der Hamburger Bürgerschaft auf eine Reform des Übergangs von der Schule in den Beruf geeinigt. Kein abgehender Schüler sollte verloren gehen und jedem, auch den (noch) nicht ausbildungsreifen, sollte perspektivisch ein Ausbildungsplatz garantiert werden - so jedenfalls die damaligen Verantwortlichen der SPD-Regierung. Es wurde besonders für die Gruppe der (noch) nicht ausbildungsreifen Jugendlichen eine so genannte Ausbildungsvorbereitung (AV) eingeführt, die jedem Schüler eine verbesserte Chance auf einen sicheren Ausbildungsplatz durch eine enge Betreuung und Begleitung sowie eine Kombination aus drei Tagen Praktikum im Betrieb und zwei Tagen Berufsschule ermöglichen sollte. Daneben bekamen diejenigen, die, trotz intensiver Bemühungen, keinen Ausbildungsplatz erhielten, im Rahmen des neuen Hamburger Ausbildungsprogramms die Möglichkeit, eine staatliche Ausbildung zu absolvieren. Dafür sollten über 1.000 zusätzliche Ausbildungsplätze geschaffen werden. Für unsere SchülerInnen schien sich durch diese beiden Neuerungen die Chance auf eine Ausbildung erheblich zu verbessern.

Auf den Elbinseln gab es schon eine lange Tradition von Kooperationsansätzen für den Bereich Übergang Schule/Beruf, etwa beim Initiativkreis (Ini-Kreis) Wilhelmsburg, der Entwicklungspartnerschaft Elbinseln (EP) und dem stadtteilbezogenen Zusammenschluss der Wilhelmsburger Jugend- und Sozialeinrichtungen. Dann fing auch die Bildungsoffensive (BOE) im Rahmen der IBA an, sich darum intensiver zu kümmern. Das Themenfeld Übergang Schule/Beruf hatte jetzt eine neue und noch größere Bedeutung gewonnen. Bei fast allen diesen Aktivitäten war ich als Geschäftsführer des FBW und, ab dem Schuljahr 2009/10, als Koordinator für Berufsorientierung (BO) unserer Schule eingebunden.

Wir starteten an unserer Schule gleich mit der Entwicklung eines neuen Gesamtkonzepts Berufsorientierung (BO), das systematisch und langfristig angelegt sein sollte, um konkret alle abgehenden SchülerInnen entweder direkt in eine Ausbildung oder in sinnvolle Folgemaßnahmen zu bringen. Dabei sollten auch die Eltern stärker mit eingebunden werden. Die geplante Einrichtung von Profilklassen, feste Kooperationen mit Unternehmen sowie die kontinuierliche konzeptionelle und praktische Weiterentwicklung der Berufsorientierung an der Schule waren wichtige Schritte in diese Richtung.

Die ersten Kernpunkte eines BO-Konzepts wurden sehr bald konkretisiert und direkt angegangen. Ansetzen wollten wir so früh wie möglich, indem wir vorbereitende Projekte zum Beispiel mit dem benachbarten Seniorenheim schon mit den 5. bis 7. Klassen entwickelten. Mit unterschiedlichen ExpertInnen im Team, über breit angelegte und verstärkte Kooperationen, regelmäßige vierteljährliche Koordinierungstreffen sowie mithilfe spezieller interner und externer Fortbildungen wollten wir unser hochgestecktes Ziel, die Verbesserung der Übergangszahlen von der Schule in den Beruf, erreichen.

Wir bildeten schließlich ein so genanntes BO-Team, das regelmäßig alle Belange rund um die Berufs- und Studienorientierung bearbeitete. Daran beteiligten sich immer eine ganze Reihe von internen und externen KollegInnen, vom zuständigen Abteilungsleiter über die BerufschulkollegInnen bis zu den MitarbeiterInnen der Jugend-Berufs-Agentur.

Ausgehend vom regelmäßigen BO-Unterricht mit den TutorInnen und den schon lange erprobten Firmenbesuchen an den BO-Tagen mit unterschiedlichen Partnern, wurde eine Vielzahl von neuen und meist aufeinander abgestimmten Formaten entwickelt und durchgeführt: eine spezielle Projektwoche „Zooming", Kompetenzfeststellungsverfahren, Messebesuche, Wochen- und Tagespraktika, feste Kooperationen mit Firmen (z. B. der DB und einem Seniorenzentrum), formalisierte Eltern- und SchülerInnengespräche, individuelle Betreuung durch die BerufsschullehrerInnen u. ä. m.

Trotz dieser vielfältigen Bemühungen konnten wir anfangs die Zahl der SchülerInnen, die direkt in eine Ausbildung übergingen, nicht deutlich erhöhen. Das lag unter anderem daran, dass wir die Defizite, besonders im sozialen und kognitiven Bereich, in den letzten Schuljahren nicht ausreichend ausgleichen konnten. Hierfür brauchten sie einfach ein, zwei oder manche sogar drei Jahre mehr Zeit. Durch die intensive Mitarbeit der beiden neuen Kollegen aus den Berufsschulen und der hinzugekommenen Berufseinstiegsbegleiterinnen (Berebs) verbesserte sich jedoch nach und nach die Quote. Die individuelle Unterstützung der SchülerInnen ab dem 8. Jahrgang durch die ExpertInnen und die Einrichtung von ersten Vorläufern der Praxisklassen im Jahrgang 10, erhöhte nach und nach die Erfolgszahlen.

So zeigten sich, trotz der grundsätzlich weiterhin bestehenden strukturellen Probleme, langfristig erkennbar positive Wirkungen der intensiven Arbeit in diesem Bereich. Im Gegensatz zu früher, als nur einzelne Schülerinnen und Schüler direkt einen dualen Ausbildungsplatz fanden, stieg nicht nur diese Zahl deutlich an, sondern wir konnten immer mehr erfolgreiche Ausbildungs- und Berufskarrieren von unseren abgehenden SchülerInnen vorweisen, was ich am Beispiel von M. kurz konkret darstellen möchte.

Über kleine Leute groß schreiben ... ihnen ein Denkmal setzen ... dauerhafter als Erz, lachte ich.

Ulla Hahn, Spiel der Zeit

M. war ein Jugendlicher aus einem afrikanischen Land, kräftig, sportlich und selbstbewusst, der erst in der 8. Klasse zu uns kam, zunächst einige negative Verhaltensauffälligkeiten und große Sprachprobleme zeigte. Er hatte aber auch einen besonderen Charme und eine sehr offene, kommunikative Art. Er neigte anfangs zur Selbstüberschätzung, die häufig dazu führte, dass er keine große Lust zum Lernen hatte; er könne das doch schon alles. Anfangs war er regelrecht faul, undiszipliniert und immer wieder unpünktlich. Trotzdem verbesserte sich seine Sprachfähigkeit zunehmend. Am Ende der 9. Klasse hatte er aber keine Lust mehr auf die Schule und schaffte gerade noch den Ersten Schulabschluss (ESA). Er schwänzte die letzten Wochen und trieb sich am S-Bahnhof mit Freunden herum. Zufällig traf ich ihn einmal dort und machte ihm sofort sehr deutlich, dass es so nicht weitergehen könne.

Aus meiner Sicht stand er auf der Kippe. Mit den falschen Freunden und ohne richtige Hilfe würde er in eine kriminelle Karriere hineinschlittern können. Es fanden sehr schnell mehrere Gespräche statt, bei denen deutlich wurde, dass er auf der einen Seite unbedingt aus der Schule heraus und gerne eine Metaller-Lehre machen wollte. Andererseits war er aber noch viel zu instabil, unerfahren und auch zu unselbstständig für eine reguläre Ausbildung. Zum Glück konnten wir eine junge, engagierte Berufseinstiegsbegleiterin von unserer Schule für eine intensive Betreuung gewinnen, die ihn dann ab Beginn der 10. Klasse betreute, immer wieder antrieb und ihm Möglichkeiten eröffnete, trotz seiner schwierigen Ausgangsbedingungen, einen Praktikumsplatz im Hamburger Hafen zu finden.

Zunächst waren wir sehr skeptisch, ob das gut gehen würde. Doch schon bei unserem Besuch nach etwa einer Woche zeigte sich, dass M. nun alle seine positiven Charaktereigenschaften zum Vorschein brachte und sich wegen seiner offenen und freundlichen Art in diesem rauen, männlich-weißen Milieu gut zurechtfand. Er wurde von seinen Kollegen, meist älteren, deutschen Hafenarbeitern, voll akzeptiert, besonders wegen seiner fachlichen Kompetenz, seinen sehr guten handwerklichen Fähig-keiten sowie seiner nun gezeigten Zuverlässigkeit und Ausdauer. Im Rahmen dieses Praktikums baute er schon einen großen Wetterhahn aus Metall, der jeden Kirchturm hätte zieren können. Er überließ ihn zum Abschluss als Geschenk und als sein „Denkmal" der Schule.

Man bemühte sich nun von allen Seiten, für ihn einen Ausbildungsplatz zu finden, was aber aufgrund seines schwachen Hauptschulabschlusses nicht einfach war. Schließlich landete er, nach mehreren Zwischenstati-onen, tatsächlich doch noch in seinem Metall-Traumberuf bei einem großen, weltweit operierenden Unternehmen, das ihn besonders förderte. Schon ein Jahr später gehörte er zu den besten Auszubildenden Hamburgs.

Am Beispiel von M. wird deutlich, dass eine Vielzahl von sich positiv ergänzenden Faktoren zusammenkommen muss, um am Ende der Schul-zeit bildungsbenachteiligten Jugendlichen eine gute berufliche Einstiegs-chance geben zu können. Neben der engen persönlichen Begleitung durch die TutorInnen war es vor allem die intensive, kompetente und individuelle Betreuung (hier der sehr engagierten Berufseinstiegsbeglei-terin), die dazu führte, dass ein großes Unternehmen einen Auszubil-denden wie M. nahm. Viele Unternehmen haben sich diesbezüglich zum

Glück verändert und geöffnet, weil sie dringend junge Nachwuchskräfte brauchen. Zudem hat gerade in diesen Betrieben ein Stimmungs- und Bewusstseinswandel stattgefunden: „Keine Diskriminierung und kein Rassismus", das sind heute Grundsätze und Leitbilder vieler großer Firmen.

In den letzten Jahren sind im BO-Bereich zudem neue konzeptionelle Veränderungen, in Verbindung mit eher praktisch ausgerichteten Modellen in den Abschlussjahrgängen (wie an unserer Schule „Berufs-start:Jetzt" oder „JUMP") und die mittlerweile hamburgweit einge-führten Praxisklassen hinzugekommen. Sie tragen zu einer Stabilisierung und Verbesserung der direkten Übergangszahlen in die Ausbildung bei - auch bei bis dahin eher schwer zu vermittelnden SchülerInnen.

Alle diese Anstrengungen und mühsam errungenen Erfolge können jedoch nicht die in früheren Jahren an den Schulen vernachlässigten praktischen Fächer, besonders Arbeitslehre, sowie den deutlichen Rück-stand unserer SchülerInnen in vielen fachlichen Bereichen und in der sozialen Entwicklung ausgleichen. Um so wichtiger ist es, dass die Jugendlichen immer wieder, vielfältig und verstärkt positive praktische Erfahrungen wie etwa bei den im Jahrgang 8 durchgeführten „Werkstatt-tagen" machen können. Hier sammeln sie nach einer vorangegangen „Potenzialanalyse" in ein oder zwei Wochen in fünf verschiedenen Berufsfeldern nicht nur Erfahrungen, sondern sie werden auch von den externen AnleiterInnen am Ende beurteilt.

Neben Gesundheit und Kosmetik durchlaufen alle noch andere Bereiche wie Metall, Friseur, Mediengestaltung und Rechnungswesen. Besonders bei den Tagen mit einem älteren Handwerksmeister im Metallbereich ist mir sehr deutlich geworden, was unsere Jugendlichen in und neben der Schule besonders brauchen, um ihre (häufig negativen und eingeschlif-fenen) Verhaltensmuster zu ändern, um für das Leben nach der Schule motiviert zu werden und sich, darauf aufbauend, schließlich konkrete, berufliche Perspektiven in den letzten beiden Schuljahren erschließen zu können:

Sie brauchen viel mehr praktische Erfahrungen, überschaubare Struk-turen, fachkompetente Bezugspersonen und Vorbilder. Sie brauchen klare

Regeln, erreichbare Ziele und am Ende eine klare Beurteilung. Wäre es zudem nicht sinnvoll, das 10. Schuljahr von vornherein viele stärker für den Übergang von der Schule in den Beruf zu nutzen? Die oben schon angedeuteten Praxisklassen sind ein gutes Beispiel. Erfolgreiche andere Modelle von abschluss- und berufsbezogenen Profilmittelstufen oder die im Folgenden beschriebenen Profilklassen sollten in diese Richtung weiterentwickelt werden.

Profilklasse ZEBRA

Seltsam, dass Du so guter Laune bist, dachte er, woher kommt das?
Weil Du Dich frei fühlst und auf neuen Wegen.

Hanns-Josef Orteil, Der von den Löwen träumt

„Ahoi" ertönte es zu Beginn des 3. Maritimen Stadtteildinners auf dem Stübenplatz im Wilhelmsburger Rweiherstiegviertel. Das Maritime Dinner war eines der vielen attraktiven Stadtteil- und Bildungsprojekte des lokalen Bildungsnetzwerkes, des Forums Bildung Wilhelmsburg (FBW), das von den Schülerinnen und Schülern der Profilklasse ZEBRA unterstützt und mitorganisiert wurde. An einer langen, schön dekorierten Tafel kamen für ein paar Stunden über einhundert Menschen aus dem Stadtteil und dem weiteren Umfeld der Schule zusammen. Es gab Musik und Unterhaltung. Die Jugendlichen der Profilklasse luden dazu ein, bauten auf und dekorierten. Es wurde gekocht, serviert und wieder abgebaut. Das machten die ZEBRAs meist nicht nur mit viel Spaß und Engagement - dafür bekamen sie von den Gästen große Anerkennung und sammelten dabei vielfältige Erfahrungen.

Es zeigte sich immer wieder, dass neben dem intellektuellen und sozialen Hinterherhinken vieler unserer Schüler auch die handwerklichen Fähigkeiten bei den meisten überhaupt nicht ausgebildet waren. Das lag nicht nur daran, dass Kinder immer weniger zuhause bastelten oder mit den Eltern zusammen handwerkliche Tätigkeiten ausübten, sondern auch daran, dass das Fach Arbeitslehre mehr und mehr an Bedeutung verloren hatte und in einigen Jahrgängen überhaupt nicht mehr unterrichtet wurde.

Eine weitere Ursache hierfür könnte sein, dass von Seiten der Schulleitungen und der Behörde eine höhere Zahl an OberstufenschülerInnen sich für das Image der Schule besser anhörte, als grundlegende handwerkliche Fähigkeiten für alle und dass das Fach Arbeitslehre im Vergleich zu anderen (Lern-)Fächern deutlich teurer war. Denn neben den besonderen Arbeitsräumen mit Maschinen und den notwendigen Sicherheitsbedingungen, konnte man in der Regel Arbeitslehre nur in Halb- oder Zweidrittelgruppen unterrichten.

Mit den Profilklassen wurde nach langen Diskussionen schließlich auch an unserer Schule ein Format entwickelt, das den Mangel in der Arbeitslehre für einen Teil der SchülerInnen kompensieren und sie in Ansätzen auf eine spätere praktische Ausbildung vorbereiten sollte. Zunächst vorwiegend unter handwerklichen Aspekten wurde an einem Tag der Woche ein neuer Profilunterricht etabliert. Nach und nach entstanden neben den handwerklich orientierten Profilen weitere Profile mit anderen Schwerpunkten.

In meinen letzten Jahren als Lehrer baute ich meine eigene Profilklasse ZEBRA (Zirkus, Event, Berufsvorbereitung und Agentur) auf. Sie soll hier als Beispiel für viele interessante Profilklassen und Schülerfirmen, für einen offenen und erfolgversprechenden Ansatz von Schule sowie vom Übergang in den Beruf dienen.

Ich startete nach den Sommerferien 2014 mit meiner Kollegin eine 8. Klasse, meine erste dreijährige Profilklasse ZEBRA. Neben dem normalen Unterricht arbeiteten wir an einem Tag in der Woche nun daran, dass die Jugendlichen hier schrittweise immer selbstständiger kleinere sowie nach und nach auch besondere, größere Veranstaltungen planen und durchführen konnten. Im Profilunterricht sollten die SchülerInnen viel offener und an ihren Interessen orientiert arbeiten dürfen. Hier konnten sie sich individuell und mehr nach ihrem eigenen Tempo einbringen und lernen. Zwar sollten auch hier Produkte am Ende stehen, doch lag der Schwerpunkt auf dem Prozess. Die Kunst bestand darin, die verschiedenen Interessen und Qualitäten der Arbeiten der SchülerInnen immer mehr zu einem möglichst guten Ganzen zusammenzufügen. Dazu sollte jede/r einen positiven Beitrag leisten. Dies war im Rahmen des Profils besonders gut möglich, weil es am Ende eben keine Vergleichsarbeiten oder Ähnliches gab. Das war und ist für mich der zentrale Unterschied zwischen dem Alltags-Unterricht und einem Profil.

134

Ich kannte die meisten SchülerInnen schon seit ein paar Jahren. Der Großteil hatte in der Grundschule und bis zur 7. Klasse selbst Theater gespielt und beim Zirkus Willibald mitgemacht. Nun war es das Ziel, im Rahmen des Profilunterrichts, gemeinsam organisieren zu lernen, dabei kaufmännische und gestalterische Grundkenntnisse zu erwerben und vielfältige Erfahrungen zu sammeln, die die Jugendlichen nicht nur fachlich, sondern auch in ihrer Gesamtentwicklung und bei ihrer Berufsorientierung weiterbringen sollten. Dabei spielten für mich als Lehrer die Softskills wie gegenseitiges Vertrauen, Zusammenarbeit, Verlässlichkeit, Pünktlichkeit, ordentliches Auftreten u. ä. m. eine zentrale Rolle.

Anfangs wurden besonders Zirkusveranstaltungen unterstützt, mitgeplant und durchgeführt. Die ZEBRAs übernahmen dabei immer mehr Verantwortung für jüngere Schüler und Schülerinnen aus Wilhelmsburg und zeigten sich bereit, ihr Wissen und Können weiterzugeben. Später sollten sie bei den Lese-, Forschungs- und Kochwochen auf der Elbinsel sowie bei Schüleraustauschen, -besuchen und -reisen immer mehr verantwortungsvolle Aufgaben übernehmen. Dabei stellten sie mit Profis zusammen auch Filme, Fotos und Dokumentationen her.

Das Konzept war inhaltlich breit angelegt und weitete sich nach und nach immer mehr über den eigentlichen Profiltag aus. Nur so konnte es praxisnah den Übergang der beteiligten Jugendlichen von der Schule in den Beruf erleichtern. Die Profilklasse war im ersten Jahr zunächst als reines Organisations- und Eventmanagement-Profil gedacht und unterstützte besonders die lokalen Projekte des Forums Bildung Wilhelmsburg.

Ab dem zweiten Jahr im Sommer 2015 veränderte sich die Arbeit des FBW und damit auch der Profilklasse aufgrund der damals zunehmenden Flüchtlingsthematik. Neben der bis dahin eher stadtteil- und bildungsorientierten Arbeit kam nun eine stärker flüchtlings- und entwicklungspolitische Ausrichtung hinzu, was sich durch neue konkrete Projekte mit Geflüchteten vor Ort und Kontakten mit und nach Südamerika (der peruanische Jugendzirkus Arena y Esteras) und Afrika (ARISE, eine Grundschule in Ghana), zeigte. Im Jahrgang 9 wuchs so die Notwendigkeit und auch das Interesse, mit den Jugendlichen von ZEBRA gemeinsam eine bessere inhaltliche Einbindung in die neuen gesellschaftspolitischen Herausforderungen vorzunehmen. Wie konnten die bisherige Arbeit des FBW und der Profilklasse im Stadtteil, wie das Maritime Dinner, die Aktivitäten im benachbarten Flüchtlingscamp und die Kontakte mit und nach Südamerika und Afrika, unter einen Hut gebracht werden? Der damalige Wettbewerb des Bundespräsidenten „alle für EINE WELT für alle" erschien uns geeignet, dies in Verbindung mit dem Gesellschaftsunterricht gemeinsam anzugehen. Eine, gemeinsam mit den SchülerInnen neu gestaltete Broschüre stellte über die Bewerbung für den Wettbewerb hinaus einen Leitfaden für unsere kommende, inhaltlich nun ausgeweitete Profilarbeit dar.

Das neue Konzept hatten wir mit allen schrittweise gemeinsam entwickelt und es wurde auf drei Ebenen konkretisiert:

Die Ausgangsebene war die bisherige lokale Unterstützung der bestehenden Projekte des Forums Bildung Wilhelmsburg. Beispielhaft förderten wir weiterhin die bildungsbenachteiligten Kinder und Jugendlichen vor Ort, indem die Profilklasse die Lese- und Forschungswochen, den Zirkus Willibald und das Maritime Dinner nicht nur weiter unterstützten, sondern jeweils noch stärker in die inhaltliche und organisatorische Vorbereitung eingebunden wurde.

Eine zweite Ebene lag in der Unterstützung von geflüchteten Kindern. Beim Projekt des Zirkus Willibald „Zirkus im Camp" war das Ziel, die neu angekommenen Kinder willkommen zu heißen, ihnen den Einstieg in die hiesige Gesellschaft zu erleichtern und ihnen zumindest für ein paar Stunden Freude zu bereiten. Diese Arbeit stabilisierte sich und wurde schrittweise auf weitere Camps in Wilhelmsburg ausgeweitet. Darüber hinaus entwickelten wir mit den geflüchteten Kindern auch andere Bildungsprojekte (wie das regelmäßige Deutsch-Lern-Projekt „Face to Face", spezielle Angebote im Rahmen der Lese- und Forschungswoche sowie ein großes „Kinderfest für Alle"). Die meisten dieser Tätigkeiten fanden auf freiwilliger Basis und zusätzlich an Nachmittagen statt.

Die dritte Ebene deutete sich schon mit den gegenseitigen Zirkusbesuchen mit Peru und dem Skype-Projekt mit Sambia an, bei denen es zunächst um den Austausch mit und das Kennenlernen von anderen

Ländern und Kulturen ging. Im Rahmen des Gesellschaftsunterrichts war es um die Frage gegangen, wie wir beispielhaft dazu beitragen können, die (Bildungs-)Situation in diesen Ländern zu verbessern, damit nicht immer mehr Menschen gezwungen würden, ihr Zuhause zu verlassen und ihr Glück in Deutschland zu suchen. Darüber hinaus wurde schon bei zwei zusätzlichen entwicklungspolitischen Seminaren und im Philosophieunterricht der von Elendsbildern geprägte Blick auf die Länder des Südens durch eine positive Sichtweise ergänzt und gefragt, was wir von diesen Ländern lernen und mitnehmen können. Die konkrete Unterstützung des Schulprojekts ARISE in Ghana sowie die regelmäßigen Skype-Kontakte mit Sambia entwickelten sich unter der Einbindung des Englischunterrichts schließlich zu einem weiteren Schwerpunkt der Profilarbeit.

All diese Projekte führten die beteiligten SchülerInnen im dritten Jahr noch eigenständiger durch.

Diese drei sehr arbeitsreichen, aber auch spannenden Jahre brachten uns alle weiter voran und schweißten uns über die gemeinsamen positiven Erfahrungen zusammen. Wir hatten das Glück, nicht nur fast einen ganzen Profil-Tag relativ frei und selbstständig arbeiten zu können, sondern auch die von uns beiden verantwortlichen Lehrern unterrichteten Fächer in die Profilarbeit einbinden zu können (besonders Gesellschaft, Philosophie, Deutsch, Englisch, Sport und Berufsorientierung).

So war es fast eine logische Folge, dass alle SchülerInnen dieser Klasse sich auch im normalen Unterricht weiter entwickelten. Sie unterstützten sich gegenseitig, arbeiteten aktiver, selbstständiger und aufmerksamer und lernten aus ihren Fehlern. Sie wurden immer selbstbewusster und zielstrebiger. Alle schafften am Ende den ersten Schulabschluss ESA, viele den Mittleren (MSA) und einige gingen weiter in die Oberstufe. Überdurchschnittlich viele SchülerInnen begannen direkt nach der Schule eine Ausbildung. Bis heute treffen wir uns regelmäßig. Die meisten sind nun zu verantwortungsbewussten jungen Frauen und Männern gereift, keiner hat seine Ausbildung abgebrochen. Fast alle wollen sich weiterbilden und streben höhere Ziele an.

Nach dem Abschluss mit dieser Gruppe hatte ich in einer zweiten Runde die Möglichkeit, nochmals mit neuen Jugendlichen drei Jahre intensiv und frei am Profiltag zusammenzuarbeiten. Obwohl wegen Corona viele der geplanten Aktivitäten ausfallen mussten, bestätigten sich zumindest teilweise die oben genannten positiven Erfahrungen. Ich konnte also zum Abschluss meiner jahrelangen pädagogischen Arbeit alle meine Ideen in diesem Profil bündeln, beispielhaft einen großen Teil meiner Vorstellungen einer Pädagogik für Kinder und Jugendliche auf den Elbinseln ausprobieren und die Ergebnisse überprüfen. Somit stellen diese beiden Profilklassen einen Höhepunkt und positiven Abschluss meiner Lehrertätigkeiten auf den Elbinseln dar.

Nach diesen zwei besonderen Klassen würde ich die zentralen Erkenntnisse dieser Arbeit als Lehrer insgesamt so zusammenfassen: Mit viel Engagement und Leidenschaft, durch eine langfristige Arbeit von mindestens drei Jahren an konkreten und vielfältigen Projekten, durch den engen persönlichen Kontakt und das konsequente, authentische Handeln kann es gelingen, große Teile unserer Schülerschaft voran und damit in Ausbildung oder weiterführende Schulen zu bringen. Dazu tragen sicherlich die Orientierung an der Praxis, spannende und soziale Projekte sowie konkrete (sinnvolle) Aufgaben außerhalb der Schule und die enge Zusammenarbeit mit Personen aus unterschiedlichen Berufsgruppen bei. Im Rahmen vieler ZEBRA-Projekte konnten die SchülerInnen nach und nach aus ihrer eigenen (unterprivilegierten) Rolle schlüpfen und wurden selbst zu ExpertInnen und LehrerInnen. So konnten viele ihren Interessen entsprechend besser lernen, in einem sich schrittweise erweiternden Rahmen freier arbeiten, sich weiter entwickeln und einen besseren Zugang zur Arbeitswelt und in die Gesellschaft finden.

Viele meiner früheren Schülerinnen und Schüler wurden später verlässliche MitarbeiterInnen in kleinen, mittleren und auch großen Unternehmen, ob in der Pflege, im Handwerk und in der Industrie. Einige schafften es zu studieren, wurden Lehrerinnen, oder sie promovierten und arbeiten wissenschaftlich an der Uni. Ein ehemaliger Schüler beschritt nach seiner erfolgreich abgeschlossenen handwerklichen Ausbildung einen ganz besonderen Weg: Er wurde erfolgreiches Model und Stuntman bei internationalen Filmproduktionen. Ein anderer arbeitete sich nach einigen Jahren Auslandsstudien hoch bis zum Verantwortlichen des IT-Bereichs eines internationalen Konzerns.

Fazit

In diesem Kapitel habe ich die Entwicklungen nach der Jahrtausendwende genauer angeschaut. Zwar ist insgesamt Vieles versucht worden, es sind zahlreiche spezielle Programme und zusätzliche Mittel für „soziale Brennpunkte" und damit für Bildungsbenachteiligte aufgelegt worden. Doch das reichte und reicht bei Weitem nicht aus! Die Chance, durch Schule den Kreislauf der Ungleichheit zu durchbrechen, wurde vertan. Dafür hätte es ein ganzes Bündel an zusätzlichen, umfänglich finanzierten, kontinuierlichen und systematischen Förderprogrammen gebraucht und bräuchte es bis heute.

Um mit den zunehmenden Verhaltensauffälligkeiten der SchülerInnen pädagogisch erfolgreich umgehen zu können, müssen die Schulen wieder kleiner und übersichtlicher werden - mit einfachen, klaren Strukturen. Das ist aus meiner Sicht eine Voraussetzung dafür, dass Unterricht und der Schulbetrieb überhaupt einigermaßen vernünftig durchgeführt werden können.

Zudem dürfen wir die Fehler beim Verändern nicht wiederholen! Pädagogische und schulische Neuerungen müssen schrittweise, mit Pilotphasen, in Ruhe, mit Beteiligung der Betroffenen und ausreichend sachlich begründet eingeführt werden. Zwingend sind transparente Evaluationen.

Die vorn geübte scharfe Kritik an der Kompetenzorientierung und verschiedenen Aspekte der „neuen Lernkultur" würde ich mit dem heutigen Abstand etwas relativieren, meine Gesamtbeurteilung bleibt aber weiterhin kritisch. Zentrale Voraussetzungen für nachhaltiges und erfolgreiches Lernen sind nach pädagogischen und psychologischen Forschungen sowie den Erkenntnissen der Hirnforschung neben der aktiven Beteiligung auch Aufmerksamkeit, Fehlerkorrektur und Konsolidierung. Hierzu müssen vor Ort mit den Beteiligten passende Modelle entwickelt werden, die auch eine bestmögliche Wissensvermittlung gewährleisten.

Bildungsbenachteiligte Kinder und Jugendliche brauchen eine bessere Förderung! Die in Hamburg bestehende Zweigliedrigkeit des Schulsystems - auch auf den Elbinseln - mit Gymnasien und Stadtteilschulen, ist weiterhin kritisch zu hinterfragen.

Die besondere Förderung eines Großteils der Kinder der Elbinseln gelingt nicht mit Lernformen, die vorwiegend an bildungsnahen Schichten ausgerichtet sind. Vielmehr brauchen Kinder aus einem bildungsfernen Milieu zur Veränderung ihrer ungünstigen (Lern-) Einstellungen zunächst klare Regeln und feste Strukturen, Orientierungshilfen und positive Vorbilder. Nur mit Einfühlsamkeit, geschützt und unter kompetenter Anleitung durch erwachsene (und pädagogische) Vorbilder können diese Kinder überhaupt freie Angebote nutzen und dabei ihre Fähigkeiten und Möglichkeiten schrittweise erweitern. Gute LehrerInnen wenden ein breites Spektrum von Methoden an. Sie entscheiden über den Rahmen, den Zeitpunkt und den Einsatz aller, auch offener Lernformen. Selbstständigkeit ist dabei das Ziel am Ende all dieser Bemühungen.

Zusammenfassend liegt die große Kunst der Pädagogik an der Schule aus meiner jetzigen Sicht im richtigen Verhältnis zwischen Lenken, Führen und Vorgaben machen einerseits und den zur Verfügung gestellten „Räumen gerahmter Freiheit" für eigene Entscheidungen der Kinder und Jugendlichen andererseits. Die Lehrerin ist dabei immer Vorbild und Führende, die den Kindern hinreichende und motivierende Erfahrungsräume schafft und öffnet. Dabei muss der Lehrer immer die beiden Pole des Lernens in der Schule, den persönlichen Sinn und Nutzen für die Kinder und Jugendlichen, aber auch die gesellschaftliche Bedeutung im Auge haben.

Die Inklusion bleibt ein Schlüsselthema. Leider gelang es bisher nicht, trotz der allgemeinen gesellschaftlichen Akzeptanz, die ungleichen Startchancen systematisch und im notwendigen Maße auszugleichen. Die Umsetzung kann nur gelingen, wenn ausreichend - vor allem personelle -

Ressourcen vorhanden sind sowie auch konzeptionell und methodisch vieles neu überdacht wird.

Digitalisierung ist das (Bildungs-)Thema der Zukunft. Die Coronakrise ab 2020 hat in dieser Hinsicht viele Probleme aufgedeckt und einiges in Bewegung gebracht. Die Erfahrungen dieser schwierigen Phase müssen genutzt werden, um nicht nur die notwendige Hard- und Software - besonders für bildungs- und sozial benachteiligte Gruppen - zur Verfügung zu stellen, sondern auch angemessene Lern- und Nutzungskonzepte im Sinne nachhaltigen Lernens zu entwickeln.

Trotz aller Notwendigkeiten sollte man bei der Ausweitung der digitalen Möglichkeiten, besonders in der Grundschule, mit Achtsamkeit vorgehen, und zwar aus pädagogischen, sozialen und politischen Gründen. Digitale Medien in der Schule sind Hilfsmittel und kein Selbstzweck! Sinnvolle und notwendige Bereiche des Einsatzes sind eindeutig zu definieren, die dann das Finden, Erklären, Beschreiben und somit das Lernen vereinfachen, die es abwechslungsreicher, kindgemäßer und auch interessanter machen. Den Lehrer ersetzen digitale Medien nicht! Die Rolle der Lehrkräfte wird sich aber zwangsläufig verändern, sie wird vielfältiger und bedeutender, neben dem Wissensvermittler auch als Coach, als Begleiter und als Sozialarbeiter.

Auf alle Fälle brauchen Kinder und Jugendliche klare Vorgaben zur Nutzung der digitalen Medien, in der Schule und auch privat. Schule und Eltern müssen dabei an einem Strang ziehen.

Der ganztägige Unterricht ist eine sehr wichtige Stellschraube zur Verbesserung der Bildungssituation und damit für mehr Bildungsgerechtigkeit. Auch hier gilt, dass die Veränderungen schrittweise, behutsam und mit einer angemessenen Beteiligungskultur eingeführt sowie ausreichende Ressourcen zur Verfügung gestellt werden müssen. Vor allem braucht es eine eigene und neue Qualität, besonders an den Nachmittagen, mit multiprofessionellen Teams, die durchdachte Konzepte sowie Ideen und Angebote entwickeln, die Bildungsbenachteiligten die Möglichkeit eröffnen, neue und vielfältige Erfahrungen zu sammeln.

Darüber hinaus sind baulich angemessene Räume zu schaffen, denn diese sind die „dritten Pädagogen". Die neuen pädagogischen Herausforderungen wie der schulische Ganztag oder die Inklusion brauchen als Grundvoraussetzung ausreichende, passende und schöne Orte. SchülerInnen und LehrerInnen benötigen für eine erfolgreiche Pädagogik eine möglichst flexible Raumgestaltung für Kommunikation, Kooperation, für Kreativität, aber auch für Orientierung sowie Ruhe und Rückzug. Um all diesen Ansprüchen genügen zu können, benötigen wir ein ganzheitliches Lern-Raumkonzept.

Ein Schultag muss gut rhythmisiert sein, dann ist er lernfördernd und entspannend. So sollten sich Arbeits-, Ruhe- und Bewegungsphasen in sinnvoller Weise abwechseln. Der Tag muss einfach und übersichtlich strukturiert, das tägliche Mittagessen kostenlos und die Nachmittagsangebote sollten mit einer neuen Qualität mit vielfältigen Anregungen und besonders auch mit viel Spaß und Bewegung verbunden sein!

Wir brauchen zudem eine eigene Jungenpädagogik! Dazu gehört deutlich mehr männliches pädagogisches Personal - von der Kita an. Die existierenden, zum Teil guten und sich langsam entwickelnden Ansätze müssen deutlich intensiver weiterverfolgt und ausgeweitet sowie durchgängige und klare Konzepte entwickelt werden. Ähnliches gilt im Umgang mit Gewalt.

Die aus meiner Sicht insgesamt positiven Bemühungen beim Übergang von der Schule in den Beruf sind konsequent weiterzuführen und mit umfangreichen finanziellen und personellen Mitteln langfristig zu stützen. Außerdem müssen die vielen positiven Ideen und konkreten Ansätze sowie das Engagement in den Schulen wieder stärker durch die Behörde berücksichtigt werden. Hier ist ein Bottom-Up-Prozess der beste Weg. Statt Zentralismus ist Pluralismus notwendig!

Die Einrichtung von Profilen an unserer Schule hat gezeigt, dass durch die vielfältigen, über den Unterricht und die Schule hinausgehenden Angebote neue und „günstige" Erfahrungsräume eröffnet werden, die die Jugendlichen ermutigen und inspirieren. Dadurch bekommen sie Erfolgserlebnisse und werden auch auf den Übergang in den Beruf gut vorbereitet. Solche Profilklassen sind weiter auszuweiten und intensiver zu fördern.

Drittes Kapitel

Außerunterrichtliche und stadtteilweite Projekte beleben die Elbinseln

Solange du hier bleibst, wirst du nur ein Schuljunge sein. Denk an unsere Schule ... Wir lernten, wie andere etwas machten und wie es gemacht werden müßte, aber wir taten nie selbst etwas ... Irgendwo in dieser Welt muß ein Ort sein, den du dir zu eigen machen kannst. ... Weißt du, an welches Land ich in der letzten Zeit so viel gedacht habe? ... Afrika!

Irving Stone, Vincent van Gogh —Ein Leben in Leidenschaft

In diesem Kapitel möchte ich auf andere mögliche Einflussgrößen außerhalb des Unterrichts und der Schule blicken, die durch eine besondere Förderung von bildungsfernen Kindern und Jugendlichen zu mehr Bildungsgerechtigkeit beitragen können.

Meine persönlichen Erfahrungen haben die Erkenntnis untermauert, dass Unterricht und Schule allein die notwendige Förderung nicht umfassend bewerkstelligen können. Es braucht, wie das bekannte afrikanische Sprichwort sagt, ein „ganzes Dorf" - auf unseren Stadtteil bezogen: eine „ganze Insel" - und ein erweitertes Bildungsverständnis, das deutlich über Unterricht und Schule hinausgeht.

Besonders prägende Erfahrungen außerhalb des klassischen Unterrichts und der Schule habe ich während meiner Zeit in Afrika gesammelt. Deshalb komme ich am Anfang dieses Kapitel noch einmal kurz darauf zurück.

Club- und Sportaktivitäten in Simbabwe

Wie bereits beschrieben, waren die einzigen regelmäßigen Abwechslungen des sehr langen und streng geregelten Unterrichtsalltags an der Magwenya Secondary School die „Clubs". Mittwochs lief der Unterricht nur bis zum Mittag. Am Nachmittag fanden dann die Clubaktivitäten und das Sportprogramm, vor allem das Training der Fußballteams, statt. Am Anfang war hier der Wettkampfsport, wie in vielen angelsächsisch geprägten Ländern, der einzige und zentrale Bereich. Die große Mehrzahl der SchülerInnen, besonders die Mädchen, wurde in diesem Bereich allerdings zu Zuschauern degradiert. Meist an den Wochenenden wurden die Spiele gegen andere lokale Mannschaften ausgetragen. Daneben gab es schon einzelne kleine Initiativen von ein paar aktiven Jugendlichen, die jedoch anfangs - auch aufgrund des fehlenden Materials - von der Schulleitung nicht unterstützt wurden.

Als Sportlehrer setzte ich mich nach ein paar Wochen mit dem damaligen Sport- und Cluborganisator zusammen, und wir entwickelten gemeinsam ein paar erste Ideen, wie wir nicht nur mehr SchülerInnen aktiver am Sportgeschehen beteiligen sondern auch stärker die Eltern und das lokale Umfeld einbeziehen konnten. Ich wollte zunächst neben den bestehenden Fußballteams zwei neue Volleyballmannschaften aufbauen, eine für Jungen und eine für Mädchen. Im Laufe des ersten Jahres erfuhr ich darüber hinaus immer mehr über andere mögliche Clubs, die es im englischen Schulsystem, im Nachmittagsbereich der Boardingschulen, gab und die auch früher hier an der Schule schon einmal angeboten worden waren.

Nach und nach erweckten wir diese Aktivitäten zu neuem Leben. In meinem zweiten Jahr wurde ich vom Kollegium zum neuen Club- und Sportorganisator gewählt und ging mit größter Freude an diese spannende Aufgabe heran. Wir richteten regelmäßig durchgeführte neue Clubs wie Erste Hilfe, Wildlife & Conservation, Bibelkunde, Traditioneller Tanz & Trommeln, Gitarre, Schulbücherei, Debattieren und Theater ein. Parallel zum Training der Schulteams organisierten wir Freizeitsportaktivitäten, vor allem Volleyball für Anfänger, mit vier weiteren Feldern zum Spielen, und sogar einen Jonglierkurs mit Bällen und selbstgebastelten Keulen. Die meisten Clubs leiteten die älteren SchülerInnen, die besondere Interessen und Fähigkeiten mitbrachten. Nach einiger Zeit gelang es mir, immer mehr Gelder und Material für diese Aktivitäten zu beschaffen, die ich meist mit meinem Motorrad („ne Mududu") aus der Hauptstadt zur Schule transportierte.

Zum Abschluss und als kultureller Höhepunkt jedes der drei „Terms" fanden schließlich besondere „Clubtage" statt. Diese begannen nun nicht nur mit dem Fußballspiel der Jungen gegen eine gegnerische

144

Mannschaft, sondern auch mit einem Volleyballspiel der Mädchen. Daran schlossen sich die Präsentationen der Ergebnisse der verschiedenen Clubs vor der gesamten Schüler- und Lehrerschaft, Eltern sowie geladenen Gästen an, die auch zur Geldsammlung dienten. Die Schule wurde an diesen Tagen zum kulturellen Zentrum der gesamten Region. Diese Großveranstaltungen mit Hunderten von Menschen endeten - verbunden mit dem Schlachten einer Kuh sowie dem Kochen von riesigen Mengen „Sazza ne Muriwo" (dem traditionelle Maisbrei mit Gemüse) - in einem tollen Fest, das die ganze Nacht hindurch dauerte. Mit den eingenommenen Spenden (meist waren es am Ende ein paar hundert 10-Cent-Stücke) wurden weitere Materialien angeschafft und mit meiner zusätzlichen finanziellen Unterstützung auch Besuche und Wettkämpfe in anderen, weiter entfernten Schulen und Regionen (mit einem geliehenen LKW mit großer Ladefläche) organisiert.

Diese Ausflüge waren für alle Beteiligten eine Horizonterweiterung und unvergessliche Ereignisse. Meist ging es am Wochenende vor Sonnenaufgang los. Auf den mehrere Stunden dauernden Fahrten über unwegsame Dustroads auf der Ladefläche eines offenen LKW fuhr nicht nur das männliche Fußballteam mit, sondern auch die Volleyballmädchen und ein paar andere Ausgewählte, wie etwa ein kleines Erste-Hilfe-Team und die „Schulreporter". Diese berichteten anschließend in einer Schulbroschüre oder auf der Schulversammlung vor allen anderen über das Erlebte. Manchmal kamen wir nach solchen Touren erst am nächsten Tag oder tief in der Nacht zurück. Aber auf jeder Rückfahrt wurde hinten getrommelt, es wurden Lieder gesungen und manchmal war die Stimmung trotz all der Anstrengungen der langen Tour geradezu euphorisch.

Wir hatten über die Jahre ein regelmäßiges und attraktives Clubprogramm erstellt, das fast alle SchülerInnen mittwochnachmittags und an vielen Wochenenden aktiv einbezog und das die Jugendlichen in weiten Teilen selbst organisierten. Außerdem öffnete sich die Schule für das lokale Umfeld. Gleichzeitig konnten SchülerInnen durch die Fahrten nach außerhalb ihren sehr begrenzten Horizont deutlich erweitern. So bekamen sie die Chance, sich neben dem strengen und meist vorgegebenen Schulalltag selbstständig und nach ihren Interessen auszuprobieren sowie viele neue Erfahrungen zu sammeln.

Die Clubaktivitäten waren für mich die interessantesten und nachhaltigsten Erfahrungen, die ich als Lehrer in Simbabwe sammeln durfte. Die enorme Bedeutung von außerunterrichtlichen und schulübergreifenden Aktivitäten für die Entwicklung von Kindern und Jugendlichen ebenso wie für die Schule und das regionale Umfeld erlebte ich hier konkret zum ersten Mal. Diese Erfahrung stellte die Grundlage für meine offene und stadtteilbezogene Arbeit in Wilhelmsburg dar.

Das Forum Bildung Wilhelmsburg (FBW) - ein lokales Netzwerk entsteht

Das FBW - Ein Modell für die demokratische Entwicklung einer Bildungslandschaft: „To know the needs of the community" und „To serve the needs of the community".

Wolfgang Steiner, früherer Mitarbeiter des Landesinstituts für Lehrerbildung, zuständig für Demokratiepädagogik

Direkt am Ende der Zukunftskonferenz im März 2002 wurde ich gebeten, zusammen mit zwei anderen KollegInnen für die Bildungsbehörde ein Konzept für das geplante Bildungsnetzwerk, das Forum Bildung Wilhelmsburg (FBW), zu entwickeln. Man kannte mich durch den Zirkus und schätzte meine Kooperationsprojekte mit den Einrichtungen im Stadtteil.

Einen ersten Entwurf stellten wir noch vor den Sommerferien fertig. Er enthielt folgende Eckpunkte: Das FBW sollte ein offenes Netzwerk der lokalen Bildungseinrichtungen unter der Leitung eines Geschäftsführers sein, mit dem Ziel, die Entwicklungsmöglichkeiten und Bildungschancen vorwiegend benachteiligter Kinder der Elbinseln zu verbessern. Ein „Ausschuss" sollte das interne Arbeits- und Planungsgremium sein, der sich aus „Stadtteilbeauftragten", verantwortlichen KoordinatorInnen aller Schulen (und anderer Bildungseinrichtungen) der Elbinseln zusammensetzen würde. Ein Plenum sollte zunächst zweimal im Jahr als Vollversammlung aller Bildungseinrichtungen der Elbinseln tagen.

Ziel war es, unter der Federführung des Geschäftsführers neue und für die Region passende Bildungsprojekte zu entwickeln und durchzuführen.

Noch im gleichen Sommer wurde der vorgelegte Entwurf von den angebundenen Gremien und der Bildungsbehörde akzeptiert. Direkt nach den Sommerferien beauftragte mich der zuständige Oberschulrat, die Arbeit des neu gegründeten FBW als Geschäftsführer mit einer halben Lehrerstelle zu leiten.

Die Stadtteilzeitung „Wilhelmsburger Inselrundblick" (WIR), entwickel-te sich von Anfang an zu einem wichtigen Medium für uns - nicht nur, weil wir monatlich alle Termine und Veranstaltungen zum Thema Bildung kostenfrei ankündigen konnten. Ich hatte darüber hinaus in den ersten Jahren die Möglichkeit, auf einer extra eingerichteten Bildungsseite auf relevante und aktuelle bildungspolitische Themen einzugehen.

Es hatte sich damals eine Bildungspolitik „von oben herab" etabliert. Ein verständliches, transparentes Vorgehen, bei dem im Vorfeld wichtige Entscheidungen mit den Betroffenen diskutiert und die Maßnahmen erprobt wurden, war zu dieser Zeit nicht im Sinne der bildungspolitisch Verantwortlichen. Genau das versuchten wir nun durch die aktive Beteiligung möglichst vieler Menschen aus den lokalen Bildungseinrichtungen zu ändern.

Zudem wollten wir auf spielerischer Ebene unsere Ideen an die Menschen im Stadtteil bringen. „Willibald" sollte uns dabei helfen, das Maskottchen des Kinderzirkus, eine lustige Kinderfigur, die durch Auftritte, Fotos und auch einen Comic im WIR im Stadtteil bekannt war und gerne angeschaut wurde. Wir nutzten nun diese Figur, um auch unsere bildungskritischen Positionen darzustellen.

Ich hatte nach den Sommerferien 2002 meine Arbeit als Geschäftsführer des FBW aufgenommen. Nach und nach fanden sich aus den Schulen interessierte KollegInnen, die regelmäßig als Stadtteilbeauftragte im FBW-Ausschuss mitarbeiteten.

Etwa einmal im Monat trafen wir uns. Hier tauschten wir uns zunächst immer bei Kaffee und Keksen auf den verschiedenen „roten Sofas" über die Probleme und Entwicklungen in den Schulen und den kooperierenden Einrichtungen aus. So hatte jede/r einen guten Überblick über die aktuelle Bildungssituation im Stadtteil. Dann ging es meist um die

Planungen der kommenden Projekte und das Abarbeiten von Arbeitsaufträgen.

Aufgrund des hohen Engagements und der engen Zusammenarbeit bildete diese Gruppe über Jahre hinweg eine Ideenschmiede, eine Art „Think-Tank", aus dem sich immer wieder neue Projekte entwickelten. Auch entstand ein persönlich eng verbundener KollegInnen- und Freundeskreis.

Schon im ersten Jahr begannen wir mit unterschiedlichen Fortbildungsangeboten für die PädagogInnen der Kitas, Schulen und anderer sozialer Einrichtungen. Dazu gehörten auch die regelmäßigen „Inseltouren", bei denen man in Gruppen zu Fuß, mit dem Fahrrad oder auch mit Barkassen die Elbinsel und ihre Bildungseinrichtungen besser kennenlernen und erkunden konnte. Durch die insgesamt rund 50 Fortbildungen im Laufe der Jahre gewannen wir eine Vielzahl neuer Erkenntnisse und immer wieder auch neuer Kontakte.

Ebenfalls im ersten Jahr begannen wir, die Ferienangebote der Kinder- und Jugendhilfeeinrichtungen zu sammeln und zu koordinieren und machten daraus jahrelang den „Wilhelmsburger FerienSpaß".

Ab dem zweiten Jahr entwickelten wir das erste Fortbildungsangebot im Bereich „TanzTheater zur Gewaltprävention" und veranstalteten einzelne Fachtagungen zu den Themen „Bewegung" und „Jungen". Alle diese Projekte waren so angelegt, dass sie möglichst viele Menschen aus unterschiedlichen Bereichen ansprachen. Viele dieser Formate liefen dann lange Zeit sehr erfolgreich.

Nach gut einem Jahr organisierten wir eine erste Sprachtagung unter dem Motto „Gemeinsame Konzepte zur Sprachförderung Wilhelmsburger Kinder", bei dem sich fast fünfzig VertreterInnen aus den lokalen Kitas und Grundschulen mit Experten aus dem Landesinstitut (LI) und den zuständigen Behörden zusammensetzten und gemeinsame Positionen erarbeiteten. Bei der Nachbetrachtung der Sprachfördertagung kam eine neue Idee auf, nämlich die einer gemeinsamen lokalen Lesewoche.

Projekte des FBW beleben die Elbinseln

Die Wilhelmsburger Lesewochen

Die Grenzen meiner Sprache bedeuten die Grenzen meiner Welt.

Ludwig Wittgenstein, österreichisch-britischer Philosoph

Unter dem Titel „Die Insel liest" fand zum ersten Mal im November 2004 die Lesewoche auf den Elbinseln statt. Auf diesen Erfahrungen aufbauend konnten später die beiden anderen großen Projekte des FBW, die jährlich stattfindende „Wilhelmsburger Forscherwoche - Die Insel forscht" und die „Wilhelmsburger Kochwoche - Die Insel kocht" zu ihren großen Erfolgen gelangen. Dabei ging es immer darum, den Kindern neue Erfahrungsräume und mit vielfältigen Angeboten bessere Bildungschancen zu eröffnen, unabhängig von ihrer sozialen Herkunft. An einer Chancenverbesserung sollte später im Rahmen der „Bildungsoffensive Elbinseln" (BOE) systematisch versucht werden weiterzuarbeiten.

Im FBW-Ausschuss wurden mit den Stadtteilbeauftragten, darunter viele Deutschlehrerinnen, die Projekte inhaltlich entwickelt und konkret vorbereitet. Die Kinderbuchautorin Kirsten Boie übernahm vom ersten Jahr an über zehn Jahre hinweg die Schirmherrschaft. Nach dem PISA-Schock und alarmierenden Ergebnissen von Untersuchungen aus dem Frühjahr 2004, nach denen etwa 40 Prozent der Wilhelmsburger Kinder einen Sprachförderbedarf besaßen, rückte ein zentraler Aspekt der Sprache und des Lernens allgemein, das Lesen, in unseren Arbeitsmittelpunkt.

Durch die großzügige Unterstützung von Sponsoren, etwa dem Verein „Kinder helfen Kindern" vom Hamburger Abendblatt, prominenten Schauspielern wie Peter Lohmeyer sowie durch die rege Mitarbeit von vielen Wilhelmsburger Bildungseinrichtungen (Kitas, Schulen, Bücherhallen, Türkischer Elternbund u. a.), wurde die erste Lesewoche auf den Weg gebracht. Besonders der Zentrale Lesetag im Bürgerhaus stieß auf sehr positive Resonanz, am Vormittag mit einer Ausstellung und einem Lesewettbewerb der Viertklässler aller Schulen der Elbinseln und am Nachmittag mit einem bunten Programm für Kinder und Eltern. Nach diesem ersten großen Erfolg gab es in den folgenden Jahren in schulinternen und gemeinsamen großen Veranstaltungen immer neue Impulse, die gesammelten positiven Ansätze wurden weiter vertieft und ausgebaut.

Während der Lesewoche kann man auch zur Bücherhalle. Und in der Schule auch ein Buch schreiben - und lesen!

Arda Kaan und Kisha in: Willipedia - Ein Elbinselführer

Die 2. Wilhelmsburger Lesewoche fand genau ein Jahr später statt. Der zentrale Aspekt war diesmal das „muttersprachliche Lesen". In diesem Zusammenhang fanden Fortbildungen und Schulungen für Eltern, ErzieherInnen und LehrerInnen statt. Besondere Aktionen, z. B. ein Plakatmalwettbewerb oder das Weiterschreiben einer von Kirsten Boie „angeschriebenen" Gute-Nacht-Geschichte, ermunterten die Kinder und Eltern auf unterschiedlichste Weisen zur aktiven Teilnahme. Beim abschließenden zentralen Lesetag wurden die Ergebnisse der vielfältigen Aktionen der beteiligten Einrichtungen wieder in einer lebendigen Ausstellung im Foyer vorgestellt und beim Vorlesewettbewerb wieder die besten VorleserInnen ermittelt.

Auch in diesem Jahr unterstützten erneut viele lokale Einrichtungen und Persönlichkeiten aus unterschiedlichen gesellschaftlichen Bereichen dieses besondere, inselweite Leseprojekt. So kamen etwa die Hamburger Sozialsenatorin und die bekannten Journalisten Bettina Tietjen und Bedo in dieser Woche auf die Elbinseln.

So ging und geht es in jedem November weiter - mit bis zu einhundert besonderen Lese- und Schreib-Veranstaltungen jährlich! Es gibt kaum noch eine Wilhelmsburger Einrichtung oder Institution, die nicht an den Lesewochen mitwirkt – längst sind z. B. auch die Polizei, das Inselmuseum und der einzige örtliche Buchhändler dabei. Etwa 5.000 Wilhelmsburger und Veddeler Kinder beteiligen sich jedes Mal an den zahlreichen Aktionen. Allein am Vorlesewettbewerb der 4. Klassen nehmen bei den internen Wettbewerben jeweils zehn Schulen mit bis zu 700 Kindern teil.

Ich erinnere mich heute noch gerne an die zum zentralen Lesetag im Foyer des Bürgerhauses ausgestellten „Geschichten im Karton" oder an die über einhundert Mobilés von Kinderbuchfiguren, die lustig von der

Decke hingen. Zu jedem zentralen Lesetag im Bürgerhaus entwickelten wir gemeinsam solche vorbereitenden und begleitenden Aktionen, jedes Jahr eine andere.

Mit wie viel Liebe waren die „Geschichten im Karton" von den beteiligten Kindern im Rahmen der Lesewoche gebastelt worden und mit wie viel Sorgfalt am Lesetag aufgestellt! Oder ein paar Jahre später: In wochenlanger Vorarbeit hatten die Kinder in den Klassen ihre Lieblingsfiguren der Bücher vergrößert nachgezeichnet, ausgeschnitten, bunt angemalt und lustig beklebt. Wie stolz waren sie, wenn sie am Lesetag von den vielen Besuchern, den anderen Kindern, ihren Eltern und Gäste bewundert wurden!

Und wie viel Freude empfanden wir OrganisatorInnen am Ende des Lesewettbewerbs beim strahlenden Lächeln der SiegerInnen und beim tosenden Applaus der über hundert anwesenden Kinder und Gäste!

Ziel der Lesewochen war es immer, innovative, kooperative und nachhaltige Projekte zu organisieren und möglichst viele Kinder an das Lesen heranzuführen und auch zum Schreiben zu ermutigen. Jedes Jahr hatten wir einen anderen Schwerpunkt, etwa „zusätzliche Projekte mit und für Jungen", „positive Bestärkung von Zweisprachigkeit bei Kindern" oder „verbesserte Einbindung bildungs- und leseferner Eltern".

Mit den genannten vorbereitenden Aktionen, etwa den „Geschichten im Karton", stimmten sich die Kinder und Einrichtungen mit „Kopf und Hand" auf die Lesewochen ein. Den Kern dieser Wochen bildeten dabei die von den einzelnen Einrichtungen in eigener Regie durchgeführten Projekte.

Das Spektrum der Veranstaltungen reichte von muttersprachlichem Vorlesen von Eltern, Lesungen und Gesprächen mit Prominenten, Märchenerzählern und KinderbuchautorInnen über eine Leserallye für GrundschülerInnen, die Herstellung von „Familienbüchern" mit Kita-Müttern, interne Lesewettbewerbe bis hin zu einem afrikanischen Lesefest und einem gemeinsamen türkischen Lesewettbewerb.

Höhepunkt der Lesewochen war von Anfang an der zentrale Lesetag mit dem Lesewettbewerb der Viertklässler aus ganz Wilhelmsburg und von der Veddel im Bürgerhaus. Meist mit und vor prominenten Gästen wurden die besten VorleserInnen, eingebettet in ein buntes Programm, ermittelt.

Wer jemals einen Lesewettbewerb im Bürgerhaus erlebt hat, ahnt, mit welchem Einsatz die Lehrer dieser Kinder auf das große Ereignis hingearbeitet haben.

Lisa Zahn, Schulleiterin i. R.
und langjährige Unterstützerin der Lesewochen

Eine überwältigende Resonanz gab es in den ersten Jahren auch bei den Familien-Lese-Festen am Nachmittag im ganzen Bürgerhaus. Das Konzept bestand darin, mit attraktiven, niedrigschwelligen Angeboten besonders bildungsferne Gruppen anzusprechen. Die Angebote reichten von Basteln und Spielen für Kleine, Gedichten für Kinder, Märchenerzählern, Schriftmalerei über eine Ausstellung deutscher und internationaler Kinderbücher, diverse Lesungen, Bilderbuchkino bis hin zu einem großen Bühnenprogramm, Spiel-, Bewegungs- und Mitmachaktionen sowie Kaffee und Kuchen. Eingeladen waren Kinder, Eltern und Familien, Kita- und Schulgruppen. Der Eintritt war immer frei!

Anfangs kamen Hunderte von Besuchern, die den ganzen Nachmittag schauten, lauschten, stöberten und diskutierten und so teilweise zum ersten Mal in ihrem Leben Zugang zu Büchern und zum Lesen fanden.

Später folgten über das ganze Jahr hinweg weitere umfangreiche und anspruchsvolle Lese- und Schreibprojekte für Kinder, Jugendliche und Erwachsene, u. a. das Schreiben eines „Kollektivromans" und eines „Elbinselführers", literarische Barkassenfahrten, Schreibwerkstätten, die Auslobung des Preuschhof-Preises (eines jährlichen bundesweiten Kinderliteraturpreises), musikalisch-literarische Großveranstaltungen mit Paul Maar, ganze Lesereihen mit bekannten KinderbuchautorInnen sowie Kooperationsprojekte mit den Bücherhallen (z. B. „Seite an Seite – einmal um die Insel lesen"), dem Landesinstitut für Lehrerbildung, der Universität und mit Hamburgs Partnerstadt Prag („Lesebrücke").

Wir lesen und gucken Theater. Unsere Lehrerin liest uns vor. Wir machen uns das richtig gemütlich.

Grundschülerin Selin in: Willipedia - Ein Elbinselführer

152

Vor allem aber wurde das regelmäßige Vorlesen in vielen Schulklassen und Kitagruppen zu einem festen Ritual, das den Kindern auf unterschiedlichen Ebenen sehr gut tat.

Die Forschungs- und Kochwochen

Mit den sehr positiven Erfahrungen der Lesewochen im Rücken, versuchten wir mit den Stadtteilbeauftragten unsere Projekte im FBW immer weiter zu stabilisieren und auszubauen. Aus dem Modell der Lesewochen entstand so die Idee einer lokalen Forscherwoche.

Experiment erfolgreich!

Überschrift im WIR nach der ersten Kinderforscherwoche

Im Frühjahr 2007 fand die erste Wilhelmsburger Forscherwoche „Die Insel forscht" statt. Hier waren neben den Schulen besonders die Kitas aktiv.

Es war wieder eine große Freude, die Kinder zu beobachten, wenn sie am Zentralen Forschungstag in den großen Saal des Bürgerhauses eintraten und zunächst gespannt auf die vielen aufgestellten Experimentiertische schauten. Begeisternd wurde es, wenn sie schließlich an die Tische herantreten und die spannenden Experimente selbst ausprobieren durften. Von dieser Begeisterung ließ sich auch die langjährige Hamburger Wissenschaftssenatorin Dr. Herlind Gundelach anstecken, die für viele Jahre die Schirmherrschaft übernahm.

In Zusammenarbeit mit dem kurz zuvor bundesweit gegründeten „Haus der kleinen Forscher" organisierten wir von Anfang an regelmäßige Fortbildungen, zudem gemeinsame einleitende Aktionen, wie etwa einen Sandturmbau-Wettbewerb. Ziel aller Aktivitäten war es, die beteiligten Einrichtungen anzuregen, zusätzliche neue und interessante Angebote im Bereich der Naturwissenschaften und des Forschens für die Kinder zu entwickeln und sich dabei auch mit ungewöhnlichen Fragestellungen und Aussagen auseinanderzusetzen. Dafür mussten auch Kooperationspartner gefunden (z. B. Viva con Agua und die Internationale Gartenschau) sowie die Eltern stärker mit eingebunden werden. In den vielen Jahren experimentierten bis heute Tausende von Kindern in den Kitas und Grundschulen, Hunderte nahmen jedes Jahr am Zentralen

Forschungstag im Bürgerhaus teil. Wir ermutigten sie immer weiter, mit neuen und vielfältigen Erfahrungen die in ihnen angelegten Potenziale zu entfalten.

Im Jahr 2008 veranstalteten wir unter dem Gesundheitsaspekt „Bewegung und Ernährung" die erste Wilhelmsburger Kochwoche „Die Insel kocht". In Zusammenarbeit mit dem Zirkus Willibald fanden auf lebendige und interaktive, für Hamburg einzigartige Weise einige Kinderkochfeste für jeweils Hunderte von Kindern und Jugendlichen sowie später mehrere große Dinnerzirkusse, Stadtteilessen und Maritime Dinner (2017) auf öffentlichen Plätzen statt. Besonders an das Stadtteildinner auf dem Wilhelmsburger Stübenplatz, mit einer festlich gedeckten langen Tafel für gut einhundert Gäste, mit Musik, Zirkus-Theater und leckerem Essen, erinnern sich viele Menschen bis heute sehr gerne.

Ich habe mich sehr gefreut, dass das Kinderkochfestival einen Platz in der sozialen und kulturellen Vielfalt Wilhelmsburgs gefunden hat.

Hermann Teiner, Ideengeber und Unterstützer der Kochfeste

Zirkus Willibald – ein außergewöhnliches pädagogisches Projekt

Sowas wie Willibald, das nimmt man ins Leben mit!

Sophia Gertler, machte als Kind und Jugendliche
Ein paar Jahre beim Zirkus Willibald mit

Parallel zu den Lese-, Forschungs- und Kochwochen entwickelte sich der Zirkus Willibald im Rahmen der Bildungs- und Netzwerkarbeit des FBW im Stadtteil immer weiter. Ich stürzte mich immer leidenschaftlicher in das expandierende circensische Milieu, immer mehr - meist junge ZirkustrainerInnen und Artisten - zogen mit. Das Bürgerhaus Wilhelmsburg wurde ab 2001 der neue Träger des Stadtteilzirkus. Damit konnte das Angebot über die Schule hinaus für alle Kinder Wilhelmsburgs und der Veddel geöffnet, das Projekt „Kinder machen Zirkus" mit regelmäßigen Auftritten und Mitmachaktionen im Bürgerhaus aufgebaut und eine langfristige Verankerung im Stadtteil gewährleistet werden. Der Zirkus konnte aufgrund der personellen und räumlichen Unterstützung besser in den Stadtteil hineingehen und viel enger mit anderen Gruppen und Einrichtungen zusammenarbeiten.

Das Bürgerhaus ist bis heute als Träger und somit auch für die finanzielle Abwicklung zuständig. Das Haus bietet die Räume für die wöchentlichen Proben, für die unterschiedlichen Formate sowie mit der Bühne im großen und kleinen Saal und den hervorragenden technischen Voraussetzungen einen idealen Ort für die großen Zirkusveranstaltungen.

Hunderte von Kindern haben seitdem aktiv, Tausende als Zuschauer und bei den Mitmachaktionen teilgenommen. Die Zirkusgruppen und Zirkusprojekte wurden inhaltlich und organisatorisch immer weiterentwickelt, engagierte HelferInnen und ausgebildete BetreuerInnen kamen hinzu. Vielfältige und völlig neuartige Formate entstanden. Neue Partner und Unterstützer wurden gefunden und finanzieren uns bis heute. Parallel zu den regelmäßigen Kursen im Bürgerhaus führten wir immer wieder schulübergreifende Projekte mit anderen Schulen in Wilhelmsburg, auf der Veddel und in Hamburg durch.

Mindestens einmal im Jahr fand eine Zirkusfahrt statt. Angefangen mit einer einwöchigen Fahrradtour mit Trecker und Zirkuswagen im Landkreis, ging es schon bald weiter mit einer Schiffstour auf der Elbe bis Hitzacker, einer Tournee an die Ostsee und Kooperationen mit Hameln und anderen deutschen Städten. In den letzten Jahren reisten wir zu internationalen Austauschen bis nach Prag und sogar nach Peru.

War der Kinderzirkus lange eher lokal und organisatorisch überschaubar angelegt, so entwickelten wir später im Rahmen der IBA und der igs ein Konzept, in dem wir das Motto der Hamburger Stadtentwicklung, den „Sprung über die Elbe", ein wenig ironisierend aufgriffen und ihn einfach als wechselseitigen Prozess verstanden. Wir wollten stärker mit unseren besonderen und eigenen Qualitäten gesehen werden. Das drückte sich lange in unserem Plakat mit der Überschrift: „Zirkus Willibald - springt über die Elbe" aus.

Zirkus Willibald trat jetzt verstärkt gemeinsam mit anderen Kinder- und Jugendzirkussen bei Hamburg weiten und internationalen Zirkusfestivals auf. Wir waren 2002 bei „tabaluga tivi" und flogen dafür mit SchülerInnen zu Fernsehaufnahmen nach München. Später wurde der ganze Zirkus im Rahmen der Kindersendung im ZDF und im Kinderkanal gezeigt.

Zum 15. Jubiläum betteten wir die Zirkusarbeit unter dem übergeordneten Aspekt „Gesundheit - Bewegung und Ernährung" konzeptionell neu ein. In Kooperation mit anderen Wilhelmsburger Schulen führten wir im Rahmen des Ganztags regelmäßige Nachmittagsangebote durch. Ein Dinner-Zirkus im Bürgerhaus schloss die verschiedenen Aktivitäten zum Jubiläum, u. a. die eingebundene Kochwoche und das Kinderkochfest, ab.

Bis zum 25-jährigen Jubiläum 2018 fanden unzählige Auftritte und Projekte statt. Wir entwickelten immer neue Ideen und Kooperationen mit lokalen und internationalen Partnern. Dazu gehörten die „Hamburger Kinder- und Jugendzirkusfestivals", ein „Internationales Zirkusfest" auf dem igs-Gelände, das dreijährige Zirkus-Musik-Theater „Mimi Loop", oder auch mehrere Austausche mit einem peruanischen und einem palästinensischen Jugendzirkus. Die beteiligten Kinder der Elbinseln wirkten an all diesen regelmäßigen und besonderen Aktivitäten mit großer Freude mit, sammelten dabei vielfältige und für sie einmalige Erfahrungen, erweiterten ihren Horizont, fühlten sich zugehörig und geborgen. All das prägte ihre weitere Entwicklung.

Es zeigt sich, dass das Proben, das Hineinschlüpfen in Rollen, das gemeinsame Schauspielen und nicht zuletzt die eigene Beteiligung an der Entwicklung des Stückes die Kinder wachsen lässt.

Volkmar Hoffmann, langjähriger Projektleiter
im Bürgerhaus Wilhelmsburg

Nicht denkbar ohne das FBW

Alle in diesem Kapitel genannten Aktivitäten, vom Zirkus über die Lese-, Forschungs- und Kochwochen bis hin zu den Austauschen, wurden durch die enge Zusammenarbeit meist ehrenamtlich engagierter KollegInnen und der beteiligten Einrichtungen unter dem Dach des FBW und der Trägerschaft des Bürgerhauses ermöglicht. Finanziert wurden sie zum größten Teil mit privaten Spenden und Preisgeldern. Mit viel Arbeit wurden zehntausende Euro eingeworben. Erst später erhielten wir strukturelle Unterstützung, als die Projekte in die IBA und die BOE-Aktivitäten eingebunden wurden.

Leider schien die Bildungsbehörde direkt nach der IBA 2013 das große Engagement der vielen Beteiligten und die außergewöhnlichen Erfolge der Projekte, vor allem die Bedeutung und den Nutzen für unsere Kinder und Jugendlichen, nicht mehr zu sehen. Meine Stelle als Geschäftsführer des FBW wurde zunächst deutlich gekürzt und letztlich ganz gestrichen. Damit standen besonders der Zirkus Willibald, die Lesewoche und die Forschungswoche vor dem Aus. Zum Glück wollten meine neue Schulleiterin und die Verantwortlichen im Bürgerhaus sich genauso wenig damit abfinden wie ich, und wir fanden kurze Zeit später einen großzügigen Mäzen, einen stadtteilengagierten lokalen Unternehmer. Mit seiner finanziellen Hilfe konnten wir einen langfristig angelegten Bildungsfonds aufbauen, der die Weiterführung der Projekte sicherstellte.

Exkurs: Außerschulische Projekte und die Kommune als günstiger Erfahrungsraum

Wie wir aus Gerhard Hüthers Darstellung der aktuellen Erkenntnisse der Hirnforschung erfahren haben, ist es unsere primäre Aufgabe, Kindern und Heranwachsenden hinreichend offene und komplexe (Frei-)Räume anzubieten und sie zu ermutigen, sich immer wieder neuen Herausforderungen zu stellen, sich neues Wissen anzueignen und neue Beziehungen einzugehen. Nur so können Kinder und Jugendliche positive Erfahrungen sammeln und diese auch in ihrem Gehirn verankern. Vor allem aber brauchen sie Menschen, die bereits über ein breites Spektrum an Erfahrungen verfügen und die selbst noch Lust am Entdecken und Gestalten, an der eigenen Weiterentwicklung haben. Menschen, mit denen sie sich emotional verbunden fühlen, die sie wertschätzen und die Vorbilder für sie sind. Vor dem Hintergrund dieser Erkenntnisse möchte ich nun die Bedeutung von außerschulischen Projekten und außerschulischen Erfahrungsräumen genauer betrachten.

Nach Hüther ist der erste und zunächst wichtigste Erfahrungsraum für Kinder die Familie. Aus den in der Familie, später in der Kita, der Schule und im sich immer weiter ausweitenden Umfeld gemachten

157

Erfahrungen entstehen Haltungen und Überzeugungen, die günstig oder auch ungünstig für die weitere Entwicklung sind. Sie bestimmen das, wofür sich zunächst das Kind, dann der Jugendliche und später der Erwachsene interessiert. Diese Erfahrungen lenken alle Wahrnehmungen, Bewertungen und Entscheidungen - auch in Bezug auf das Lernen. Wenn einmal ungünstige Überzeugungen und Haltungen entstanden sind, ist es sehr schwer, sie wieder zu ändern. Dabei helfen keine (klugen) Ratschläge, langfristig auch nicht Belohnung und Bestrafung, sondern nur neue, positive Erfahrungsräume und eine gute Beziehung zu einer Person, die einlädt, inspiriert und ermutigt, sich auf das Lernen - auf neue, „günstige Erfahrungen" - einzulassen.

Das gelingt in der Regel nicht so leicht in der Schule, wenn dort vorher negative Erfahrungen gemacht wurden. Es gelingt besser außerhalb der Schule, in einer Gemeinschaft mit anderen, in der viele gemeinsam ein bestimmtes, attraktives Ziel verfolgen. Hierbei spielen Projekte und konkrete Handlungsmöglichkeiten neben und außerhalb der Schule, insbesondere im lokalen, kommunalen Umfeld, eine entscheidende Rolle. Kinder und Jugendliche sollten in diesen Bereichen selbstbestimmt, mit anderen zusammen in Freiräumen neue, positive Erfahrungen sammeln können. Erst wenn sie aktiv mitgestalten können, wenn sie ernsthafte Angebote erhalten, wenn sie wirklich „gebraucht" werden und dabei erfahren, dass sie umso mehr bewirken je mehr sie wissen und können - dann wird Lernen nicht mehr zu einer lästigen Pflicht, sondern geschieht von selbst und macht Spaß.

Das bedeutet jedoch nicht, dass einfach nur „freie Räume" zur Verfügung gestellt werden müssen. Vielmehr braucht es nach Hüther einen Rahmen, Orientierungshilfen und Vorbilder. Nur unter einem einfühlsamen Schutz und kompetenter Anleitung durch erwachsene Vorbilder können Kinder vielfältige Gestaltungsangebote kreativ nutzen und dabei ihre eigenen Fähigkeiten und Möglichkeiten erweitern.

Wer könnten diese Erwachsenen im lokalen Umfeld sein? Zum Beispiel ein Sozialarbeiter im Jugendzentrum, ein Fußballtrainer, eine Vorleseoma, eine experimentierfreudige Erzieherin, ein Kinderzirkusdirektor ... im Grunde genommen jedes aktive Mitglied eines Stadtteils! Wenn die verantwortlichen Politiker und die Kommune sich hierfür einsetzen und solche Projekte und Initiativen unterstützen, indem sie geeignete Voraussetzungen und günstige Rahmenbedingungen dafür schaffen, dann tragen diese Ansätze zu einer gelungenen „Community Education" bei, dann verfügt ein Stadtteil über „kommunale Intelligenz" und nutzt diese.

Fazit

Das FBW hatte den Auftrag erhalten, die Bildungschancen benachteiligter Kinder der Elbinseln zu verbessern. So organisierten wir Modellprojekte, ganz bewusst außerhalb des Schul- und Unterrichtsalltags, weil wir dies für den richtigen Weg hielten. Wir waren überzeugt, dass positive Erfahrungsräume außerhalb des Unterrichtsalltags, besonders im kommunalen Umfeld, eine entscheidende Rolle für die Entwicklung spielen. Wir waren der Ansicht, um unsere bildungsbenachteiligten Kinder und Jugendlichen umfassend zu fördern und sie tatsächlich voranzubringen, benötigten wir die „ganze Insel", ein ganzheitliches Bildungskonzept und vielfältige, anregende Angebote, die deutlich über Unterricht und Schule hinausgingen.

Die Praxis, die hervorragenden Erfahrungen, die wir mit unseren Projekten sammelten, gaben uns recht - ebenso die Erkenntnisse der Hirnforschung. Gerade außerschulische Projekte im Stadtteil sind zwingend notwendig, um Kindern und Jugendlichen vielfältige und günstige Erfahrungen zu ermöglichen. Deshalb müssen Projekte wie die Lese-, Forschungs- und Kochwochen sowie der Zirkus Willibald nicht nur weitergeführt, sondern ausgebaut und ergänzt werden!

Viertes Kapitel
Die Idee einer Bildungslandschaft

Insel im Fluss - Brücken in die Zukunft

Untertitel des „Weissbuchs" der Zukunftskonferenz Wilhelmsburg 2002

Schon bei der Wilhelmsburger Zukunftskonferenz 2001 hatten der Hamburger Senat und besonders die Behörde für Stadtentwicklung und Umwelt (BSU) erkannt, dass in sozialen Brennpunkten wie den Hamburger Elbinseln zwingend Veränderungen notwendig waren und dass dabei die Menschen, die dort lebten und arbeiteten, aktiv mit eingebunden werden mussten. Dadurch entstand eine Aufbruchstimmung. Viele engagierten sich daher auch in der Folgezeit in unterschiedlichen Gremien. Im Bildungsbereich führte das zur schnellen Gründung und später zur erfolgreichen Arbeit des Forums Bildung Wilhelmsburg (FBW).

Im Laufe der Zeit entstand zudem eine lebendige Diskussionskultur mit engagierten Mitarbeiterinnen und Mitarbeitern aus den lokalen Bildungseinrichtungen und interessierten Bürgern, die sich später über das Offene Bildungsforum (OBF) zu den Regionalen Bildungskonferenzen (RBK) formalisierte.

Schon in der Anfangsphase des FBW wurde sehr früh über die Themen „Lernen im Stadtteil", „Stadtteilkooperationen" und sogar „Regionale Bildungslandschaften" diskutiert. Ideen und konkrete Vorbilder gab es schon einige, die in den Zeitschriften „Hamburg macht Schule - Schule und Nachbarschaft" (1998) und „Pädagogik - Schulentwicklung in der Region" (2000) beschrieben wurden. Später sollten wir noch viele weitere Anregungen dazu bekommen.

Auch die beiden Großveranstaltungen, die seit 2005 in Vorbereitung befindliche Internationale Bauausstellung (IBA) und die Internationale Gartenschau (igs), standen bereits regelmäßig auf der Tagesordnung bei den Diskussionen in den ersten Jahren des FBW. Denn als überschaubares, offenes Netzwerk der lokalen Bildungseinrichtungen und mit den zahlreichen erfolgreichen Projekten für Kinder stellten wir eine gute Ausgangsbasis für weitergehende Kooperationen und für eine umfassende Bildungsentwicklung dar.

Die Elbinseln verändern sich

Wilhelmsburg ist eine Insel mit vielen Menschen aus verschiedenen Nationen und mit verschiedenen Religionen. Wilhelmsburg hatte auch eine Internationale Gartenschau und hat einen Bunker, wofür die Touristen kommen.

Mehmet, Emin und Ajdin, GrundschülerInnen in Wilhelmsburg,
in: Willipedia - Ein Elbinselführer

Nach der Zukunftskonferenz 2001/02 waren Wilhelmsburg und die Veddel in den Fokus der Hamburger Politik und des öffentlichen Interesses gerückt. Immer mehr sah man die Potenziale, die auf den Inseln in der Elbe schlummerten. Durch eine Internationale Gartenschau (igs) und besonders durch eine Internationale Bauausstellung, die IBA Hamburg, sollten sich die beiden Elbinseln von der ehemaligen „Müllhalde Hamburgs" zum Vorzeige-Stadtteil entwickeln.

Mit den ersten Planungen um das Jahr 2005 begann ein enormer Veränderungsprozess, der bis zum Präsentationsjahr der IBA 2013 deutliche Konturen hinterließ. Neben den bekannten Bevölkerungsgruppen hatten sich nun auch neue „Szenen" im Alltagsleben der Elbinseln etabliert. Immer mehr StudentInnen und KünstlerInnen, „hippe" Leute, neu hinzugezogene, junge Familien mit kleinen Kindern sowie die im legeren offenen Jackett auftretenden Macher und Organisatoren des angestrebten Wandels prägten nun das Straßenbild.

Die Hafenkais und Industrieanlagen wurden jetzt häufig zur Kulisse für große Musikevents, z. B. das Dockville-Festival. Zwischen den alten dörflichen Strukturen Kirchdorfs und dem traditionsreichen Gründerzeit-Wohnviertel im Reiherstieg fielen neue, ökologisch und architektonisch anspruchsvolle Häuser und Komplexe in der „Neuen Mitte" der Insel ins Auge. Ein ganz neues Quartier am Rand des Gartenschaugeländes entstand. Eine Vielzahl neuer und ganz unterschiedlicher Cafés und Restaurants belebte in den Sommermonaten die Straßen und Plätze vornehmlich des Reiherstiegviertels - man sprach schon von einer „zweiten Schanze". Sogar ein marodes Kino wurde einen IBA-Sommer lang zu neuem Leben erweckt. Um die alten Schrebergärten, kleinen

Kanäle und Naturschutzgebiete herum entstanden moderne Garten- und Naturlandschaften. Im igs-Park vergnügten sich junge Menschen auf frei zugänglichen Volleyball- und Basketball-Spielflächen, der Skaterbahn und im Hochseilgarten. Andere schlenderten entspannt auf den neu geschaffenen, mit herrlichen Blumen umgrenzten Wegen entlang. Das, was bisher im Verborgenen geschlummert hatte, galt es nun für viele Einheimische und auch Auswärtige zu entdecken und zu genießen.

Und, natürlich: Man baute moderne, attraktive Zentren und „Knotenpunkte" der Bildung.

Sollte sich das langjährige Engagement der Wilhelmsburger Aktiven, die sich für die Elbinseln als qualitätsvollen Ort des Wohnens, Lebens und Arbeitens eingesetzt hatten, gelohnt haben? Konnte der Verschärfung der sozialen Lage, der steigenden Armut und Arbeitslosigkeit endlich etwas entgegengesetzt werden? Entstand auf der anderen Seite aber durch die Gentrifizierung, also die Verdrängung der alteingesessenen Bevölkerung durch neue, zahlungskräftige Gruppen, nicht ein neues Problem?

Kurzum: Sind bis 2013 mit IBA und igs die seit Jahren schwerwiegenden Probleme bei den Themen Umwelt, Verkehr, Soziales, Wohnen und eben Bildung angegangen und vielleicht sogar gelöst worden?

Zunächst sah es ganz danach aus, als ob die bis dahin eher negativen Bilder der Insel langsam verschwinden würden. Eine dreistellige Millionensumme war investiert worden, attraktive Gebäude und moderne Kulturlandschaften waren entstanden. Ein Stadtentwicklungsprozess wurde über die IBA in Gang gesetzt, bei dem auch die Bildung durch die eingegliederte Bildungsoffensive Elbinseln (BOE) eine sehr wichtige Rolle spielte. Ob sich dieser wahrzunehmende Trend aber über 2013 hinaus halten sollte, blieb abzuwarten. Etwa acht Jahre lang hatten sehr viele Menschen, darunter auch ich, im Bildungsbereich darauf hingearbeitet und kleine sowie große Projekte bei der Planung, im Aufbau und bei der Durchführung bis ins Präsentationsjahr der IBA 2013 begleitet.

Die Veränderungen im Stadtteil kurz nach der IBA mit seiner weiter wachsenden, überdurchschnittlich jungen Bevölkerung wurden unterschiedlich wahrgenommen. Viele Hinzugezogene fühlten sich in ihrem neuen Umfeld sichtbar wohl. Ein Teil der Alteingesessenen kritisierte den zu schnellen Wandel. Einige Journalisten nahmen bei ihren Recherchen zum aufkommenden Basketballfieber durch die „Hamburg Towers" auf der „Insel mit zwei Körben" weiterhin die besondere Tristesse des immer noch an vielen Stellen erkennbar armen Stadtteils wahr: Zwölfstöckige Hochhäuser im Osten, Straßenzüge, in denen sich „Wettbude an Wettbude und Sonnenstudio an Sonnenstudio" reihte. Oder die bulgarischen Tagelöhner im Westen der Insel, im Reiherstiegviertel, die ihre Arbeitskraft frühmorgens auf dem „Arbeiterstrich" anbieten mussten. Ein Viertel der WilhelmsburgerInnen lebte ein Jahr nach der IBA, 2014, weiterhin von Hartz IV, die Kinderarmut hatte sogar noch zugenommen.

Die Verelendung großer Bevölkerungsgruppen blieb bestehen - parallel dazu zogen jedoch immer mehr junge Familien aus einer eher bildungsorientierten Mittelschicht nach Wilhelmsburg und damit eine neue Schülergeneration. Welche Auswirkungen würde das auf die Kitas und Schulen haben?

Ein Teil der Bildungs-Vorhaben war im Rahmen der BOE nach vielen Jahren Vorbereitung an den Schulen und neuen Bildungszentren umgesetzt worden. Die Anmeldezahlen von GrundschülerInnen an der neuen „Elbinselschule", als Teil des ebenfalls neuen „Tor-zur-Welt-Bildungszentrums", waren dementsprechend enorm angestiegen. Immer mehr bildungsorientierte Familien schickten ihre Kinder an die wenigen, besonders attraktiven neuen Kitas und Schulen. Für die weniger glamourösen Stadtteilschulen sah es dagegen nicht so gut aus. An der Zusammensetzung der Schülerschaft veränderte sich insgesamt kaum etwas. Es wurde sogar eher schwieriger, weil nun noch weniger Kinder mit gutem Bildungshintergrund die Klassen „durchmischten".

Das FBW beteiligt sich am Stadtentwicklungsprozess

Das FBW hatte seit 2002 nicht nur die vielen stadtteilübergreifenden Projekte wie den Zirkus Willibald oder die Lese- und Forschungswochen durchgeführt, sondern an den großen Entwicklungsprozessen, vor allem an der Verbesserung der Bildungssituation, von Beginn an mitgearbeitet. Im Vordergrund stand die Frage: Welchen Beitrag konnte das FBW mit seinen Strukturen und Projekten zur besonderen Förderung von bildungsbenachteiligten Kindern und Jugendlichen leisten?

„Die IBA braucht eine IBA"

Die Idee, im Rahmen der Internationalen Bauausstellung eine (internationale) „Bildungsausstellung" zu integrieren, lieferte 2005 ein Kollege aus Wilhelmsburg. Sie wurde schnell von den Verantwortlichen aufgegriffen, denn die Erkenntnis hatte sich durchgesetzt, dass eine gute Stadtentwicklung nur mit einer vernünftigen Bildungsentwicklung zu erreichen sein würde. Kinder seien die Zukunft. Ganz wichtig waren deshalb die Themen Kitas und Schulen, und so wurde dieser Aspekt zu einem der Schwerpunktthemen der IBA.

Im Rahmen des Querschnittprojekts Bildungsoffensive Elbinseln (BOE) sollte bis 2013 auf den Elbinseln „Hamburgs modernste Bildungslandschaft" entstehen - mit im gemeinsamen Prozess erarbeiteten Konzepten, mit Investitionen und baulicher Fantasie sowie in enger Kooperation mit verschiedenen lokalen Initiativen, den zuständigen Fachbehörden und dem Bezirk. Die Bildungseinrichtungen, besonders die Schulen, sollten sich immer mehr zu offenen Orten entwickeln, an denen Menschen unterschiedlichen Alters optimale Bedingungen vorfänden, um gemeinsam mit- und voneinander zu lernen.

Die Stadt ist ein zentraler Lernort für Jung und Alt,
und Bildungshäuser müssen so gestaltet sein, dass sich alle
dort zuhause fühlen.

Uli Hellweg, damaliger Geschäftsführer der IBA GmbH

Alle Wilhelmsburger Schülerinnen und Schüler sollten in Zukunft die Chance bekommen, einen guten Abschluss zu erreichen. Man strebte besondere Formen der Sprachförderung an sowie neue Lernangebote auch für die Eltern. Völlig neuartige Schul- und Bildungsgebäude, wie das Sprach- und Bewegungszentrum, das Media Dock und das „Tor zur Welt" waren schon in den Köpfen und sollten gebaut werden. Die Vielfalt und Heterogenität des Stadtteils sollte aktiv einbezogen werden, um die Elbinseln lebenswerter und für alle HamburgerInnen attraktiv zu machen.

So interessant und vielversprechend sich diese von der IBA propagierte Entwicklung auch anhörte, so gab es unter den lokalen Aktiven unterschiedliche Bewertungen und vor allem viele Fragen dazu: Wie würde die IBA die Menschen im Stadtteil tatsächlich einbinden? Wie würde der Beteiligungsprozess konkret aussehen? Wie konnte es nach der IBA weitergehen? Auf der anderen Seite: Wie sollte man sonst den Stadtteil verändern? Wer sonst würde die notwendigen Mittel - besonders zur Verbesserung der Bildungssituation von sozial Benachteiligten - zur Verfügung stellen? Musste man nicht zwangsläufig die IBA annehmen und mit ihr zusammenarbeiten? Zunächst stellte sich die Mehrheit der politisch Interessierten und auch der Engagierten im Bildungsbereich auf eine Zusammenarbeit mit der IBA ein. Der positive Ersteindruck überwog und man war gespannt und offen, wollte diese einmalige Chance für den Stadtteil nutzen!

Mitte 2005 begann dadurch für mich eine neue Phase; eine spannende, aber auch sehr arbeitsreiche Zeit. Man betrachtete mich am Anfang von Seiten der die IBA vorbereitenden Behörde für Stadtentwicklung und Umwelt (BSU), als wichtigen lokalen Ansprechpartner für die Bildungsfragen in Wilhelmsburg.

Vom Beispielhaften zur langfristigen und systematischen Veränderung

Ich wurde im Frühjar 2005 von der BSU zur Gründung einer „AG Bildung" eingeladen. In den ersten Sitzungen fand ich mich als einzigen Bildungsvertreter unter lauter ExpertInnen der Stadtentwicklung wieder, um erste Vorstellungen für eine „Bildungsoffensive" als Teil des „Sprungs über die Elbe" und der geplanten IBA zu erarbeiten.

Nach und nach kamen immer mehr Interessierte und Delegierte aus den Bildungseinrichtungen der Elbinseln sowie von anderen relevanten Projekten und Behörden hinzu. Auf der Grundlage der Diskussionen der AG-Treffen präsentierte ich Ende November 2005 erste konkrete Vorschläge vor einem „Expertenforum" im Bürgerhaus. Dabei formulierte ich die zentralen Leitziele für die Bildungsoffensive im Rahmen der IBA, die im Grunde genommen bis 2013 ihre Gültigkeit hatten: Die

Elbinseln sollten bevölkerungs- und bildungspolitisch attraktiv gestaltet werden. Es waren richtungsweisende Bildungsprojekte zu entwickeln. Den Kindern aus sozial benachteiligten Familien (insbesondere mit Migrationshintergrund) mussten bessere und gerechtere Bildungs- chancen gegeben werden.

Dieser Prozess sollte von einer behördenübergreifenden Arbeitsgruppe gesteuert werden. Die vier zentral beteiligten Behörden würden dafür verantwortliche KoordinatorInnen benennen. Ich schlug weiter vor, eine Koordinierungsstelle vor Ort einzurichten. Über das FBW sollten die lokalen Bildungsakteure aktiv beteiligt werden. Hinzu kamen noch erste konkrete Maßnahmen und ein Zeitplan zur Umsetzung.

Am Anfang hatte ich das Gefühl gehabt, dass die eigentlich zuständige Bildungsbehörde nur recht wenig Interesse an dieser Entwicklung zeigte und wenig darin involviert sein wollte. Erst langsam fanden sich die Verantwortlichen ein, bis sie schließlich das Steuer in die Hand nahmen.

Ab dem Jahreswechsel ging es dann Schlag auf Schlag. Eine neue Dynamik und Professionalität entstand, als tatsächlich weitgehend nach unseren Vorstellungen Mitte 2006 offiziell die Koordinierungsstelle der BOE mit zwei vollen Stellen, einem Kollegen aus der Volkshochschule und einer Kollegin aus der BSU, eingerichtet wurde. Später, nach langem Ringen, kamen noch weitere Mitarbeiterinnen hinzu. Meine Rolle war zunächst unklar. Scheinbar war es für alle Seiten zwar sinnvoll, dass ich irgendwie dazu gehörte, aber es äußerte sich keiner – zumindest nicht in der für mich zuständigen Bildungsbehörde – öffentlich und mir gegen- über, wie das FBW und ich, auch formal, in diesen Prozess eingebunden werden sollten.

In einem enormen Arbeitstempo wurden die zentralen Handlungsfelder definiert: Sprachförderung, Profilierung der Bildungseinrichtungen und Übergang Schule/Ausbildung/Arbeit. Gleichzeitig wurden die dazugehö- rigen Ziele, Maßnahmen und Erfolgskriterien ausgearbeitet. Es war für mich faszinierend mitzuwirken und die Ideen, die wir früher im Kleinen beispielhaft erprobt hatten, nun systematisch, im großen Rahmen und langfristig umsetzen zu können. So stürzte ich mich mit vielen anderen auf den Elbinseln in ein großes, bildungspolitisches Abenteuer.

Anfang 2007 fand die mit großer Spannung erwartete Auftaktveranstaltung der Bildungsoffensive Elbinseln unter dem Motto „Eine BOE kann nur mit allen erfolgreich sein" statt. Es war vorher überhaupt nicht abzusehen, wie viele Menschen kommen, ihr Interesse bekunden oder auch scharfe Kritik äußern würden. Schließlich nahmen mehr als 200 Personen interessiert und aktiv teil. Konkrete Ergebnisse waren zunächst kaum zu verzeichnen, aber der Auftakt war gelungen. Er gab auch mir die Motivation, in den nächsten Jahren bis 2013 engagiert mitzuarbeiten und mich aktiv an der Veränderung vom Modellhaften hin zu einer langfristigen, systematischen und strukturellen Verbesserung der Bildungssituation auf den Elbinseln zu beteiligen.

Exkurs: Über den Tellerrand schauen

Während der ganzen Jahre auf den Elbinseln war es mir immer wichtig gewesen, über den Unterricht, die Schule und auch den Stadtteil hinauszublicken und außerhalb neue Erfahrungen zu sammeln, um sie danach wieder in meine Arbeit auf den Elbinseln einfließen zu lassen.

Nach meinen Reisen in viele Länder der Welt, den unterschiedlichen Tätigkeiten nach dem Referendariat und vor allem den Erfahrungen in Afrika, ergaben sich zunächst über den Kinderzirkus vielfältige hamburg- und deutschlandweite Treffen und Kooperationen, die über die eigentliche Zirkusarbeit weit hinausgingen. Schon im ersten Jahr traten wir beim berühmten Circus Roncalli auf, dessen Direktor Bernhard Paul eine Patenschaft übernahm und uns bis zu unserem 10. Geburtstag begleitete. Ich schrieb mein erstes Buch „Kinder machen Zirkus", in dem ich die pädagogischen Aspekte der Zirkusarbeit hervorhob.

Ich knüpfte weitere Kontakte und lernte viele interessante Menschen und Einrichtungen kennen. So hatte ich zusammen mit anderen engagierten KollegInnen bald die Möglichkeit, den damaligen Bundespräsidenten Roman Herzog in Berlin zu besuchen und in diesem Umfeld in einen regen Austausch über pädagogische und schulische Fragen zu treten.

Über das Landesinstitut für Lehrerbildung und die Ganztagsschulgesellschaft nahm ich zudem regelmäßig an Seminaren, Workshops und

Veranstaltungen in Hamburg und anderen deutschen Städten zu Themen wie „Schule und Stadtteil gemeinsam entwickeln" teil.

In der Position als Geschäftsführer des FBW sammelte ich noch einmal viele Erfahrungen in nationalen und internationalen Austauschen. Wir nahmen Kontakt zur „Imaginata" in Jena auf, einem interaktiven naturwissenschaftlichen Museum. Nach unserem Besuch dort kam es zu weiteren, wechselseitigen Interaktionen, und wir wollten schließlich sogar ein ähnliches Museum in Wilhelmsburg aufbauen.

Mit diversen Gruppen von den Elbinseln reiste ich regelmäßig zu Modell-Schulen und neu entstandenen Bildungsnetzwerken, u. a. nach Berlin, Bielefeld und Holland. Ich absolvierte eine zweijährige, bundesweite Fortbildung zur Demokratiepädagogik mit den Schwerpunkten Selbstwirksamkeit, Projektmanagement und Projektdidaktik.

Ermöglicht von der Körberstiftung besuchte ich im Rahmen des Projekts IntegrationXChange diverse Einrichtungen und Schulen in New York und konnte mich über ihre Vernetzungsstrukturen und pädagogischen Ansätze informieren.

„Empowerment" – Verantwortung statt Beteiligung

Bei einem europäischen Austauschprogramm der Entwicklungspartnerschaft Elbinseln (EP) trafen wir uns mehrfach mit Bildungsexperten aus Italien und England in Hamburg und Birmingham. Inhaltlich war für mich hier besonders der Begriff „Empowerment" spannend und wie er zur damaligen Zeit in England konkret umgesetzt wurde. Empowerment verstand man dort als Gesamtkonzept. Es bedeutete mehr als „Beteiligung"; es befasste sich mit der Frage der schrittweisen Übergabe von Verantwortung und letztlich von Entscheidungen und Macht in die Hände der unmittelbar Handelnden oder Betroffenen. Es war also die Beschreibung eines Prozesses von der anfänglichen Information/ Kommunikation und Motivation über die Beteiligung und Qualifizierung bis schließlich hin zur Übernahme von Verantwortung der Akteure.

Auch in meinen letzten Arbeitsjahren boten sich noch vielfältige Ausblicke über die Elbinseln hinaus, etwa bei den vielen Austauschen und Fahrten mit dem Kinderzirkus und den Gegenbesuchen von Jugendzirkussen aus Peru, Palästina und Afrika. Auch die Projekte mit Geflüchteten, die Unterstützungsaktionen für die Schule „Arise" in Ghana oder die Skype-Kontakte mit der Ukraine, Sambia und anderen Ländern waren für meine SchülerInnen und mich immer wieder willkommene Anlässe für einen Blick über den Tellerrand.

Zu guter Letzt lernte ich 2019 bei der bundesweiten interdisziplinären Tagung „Bildungsgerechtigkeit", auf der es um die Darstellung und Behebung von Bildungshemmnissen bei sozial schwachen Kindern ging, eine Menge Neues – und durfte persönlich über meine Erfahrungen von den Elbinseln zu diesem Thema referieren. Von dem Migrationsforscher Prof. Jens Schneider, dem Erziehungssoziologen Dr. Markus Gamper und dem Autor und Reporter Marco Maurer (der in seinem 2015 erschienenen Buch „Du bleibst was du bist" die Hindernisse, die sich Kindern aus bildungsfernen Schichten entgegenstellen, beschreibt) erfuhr ich außerdem viel über die Schwierigkeiten beim Aufstieg in der Einwanderungsgesellschaft. All diese Erfahrungen prägten entscheidend meine Bildungsarbeit in der Schule, meine Bildungsprojekte und die Vernetzungsarbeit im Stadtteil.

Bildungsoffensive mit allen und zum Nutzen aller?

Es dauerte nicht lange, und ich fühlte mich, bei aller vorhandenen Begeisterung, fast immer zwiegespalten. Einerseits liefen wir langsam aus den Startlöchern in eine Entwicklung, die wir uns für die Elbinseln immer schon gewünscht hatten und die nun, viele Jahre nach der Zukunftskonferenz, endlich vom Senat personell und finanziell einigermaßen verlässlich unterstützt und auf feste Füße gestellt werden sollte. Andererseits sah ich die bisher selbstorganisierte, erfolgreiche Netzwerkarbeit im Rahmen des FBW und speziell die Projekte zur Förderung der Kinder mehr und mehr verschwimmen. Obwohl verbal immer betont wurde, alles solle mit den lokalen Akteuren und ihren bestehenden Projekten zusammen weiterentwickelt werden, sah ich konkret immer weniger Maßnahmen und Konzepte, die tatsächlich auf dem von uns Erarbeiteten aufbauten und mit uns gemeinsam geschaffen wurden.

Das lag auch daran, dass zunehmend Externe - Leute aus den verantwortlichen Behörden in Hamburg und von der IBA - den Ton angaben, die die bisherigen Projekte, die Stadtteilarbeit mit den bestehenden Strukturen und die Elbinseln insgesamt nur unzureichend kannten und zudem ihre eigenen Interessen durchsetzen wollten. Einige ihrer Ideen erschienen mir aufgesetzt und letztlich nicht wirklich im Interesse der bildungsbenachteiligten Kinder. Ich möchte das an zwei Beispielen erläutern:

„Die Neue Weltklasse"

Geplanter Werbeslogan der Bildungsoffensive Elbinseln (BOE)

Mit diesem Slogan wollten die externe Werbeagentur und die Planer der Bildungsoffensive in die Öffentlichkeit treten. Auf den ersten Blick wirkte er tatsächlich interessant und mehrdeutig. Bei genauerer Betrachtung zeigte sich jedoch, dass dieses Motto nichts mit dem am Anfang formulierten Ziel zu tun hatte, Kindern aus sozial benachteiligten (und migrantischen) Familien gerechtere Bildungschancen einzuräumen. Zudem beinhaltete er eine völlig unrealistische Ausrichtung. Dieser Vorschlag zeigte die zunehmende Entfremdung der Verantwortlichen der offiziellen Bildungsoffensive von den lokal Engagierten, ja, von den zu Beginn formulierten Bildungszielen. Bei den Diskussionen, die im Vorfeld der geplanten Kampagne in diversen Gremien stattfanden, äußerten viele von der Basis scharfe Kritik, die jedoch „oben" nicht angenommen wurde.

Schließlich trat die BOE gegen den erklärten Willen vieler Engagierter aus dem Stadtteil offensiv mit dem Slogan nach außen. Schnell zeigte sich, dass dieser Slogan mit der Realität der Bildungssituation auf den Elbinseln nichts zu tun hatte und unverständlich war: Er wurde von der breiten Öffentlichkeit überhaupt nicht angenommen. Die hundertfach gedruckten Plakate und Flyer mussten eingestampft werden. Die gesamte Kampagne wurde stillschweigend wieder eingestellt.

An einem weiteren Beispiel möchte ich die aufgetretenen Widersprüche darstellen. Immer mehr fokussierte sich die Arbeit in den Gremien der BOE auf das „Tor-zur-Welt"-Bildungszentrum (TzW). Zwangsläufig ergab sich für die anderen Bildungsprojekte ein nur zurückhaltendes Interesse und eher vorsichtiger Umsetzungswille, verbunden mit unsicheren personellen wie finanziellen Ressourcen. Es wurde immer offensichtlicher, dass eigentlich das TzW in den oberen Etagen die zentrale Rolle spielte. Es war von Anfang an das Vorzeigeprojekt der Schulbehörde gewesen. Ob man damals darüber hinaus eine grundlegende Verbesserung der Bildungssituation auf den ganzen Elbinseln überhaupt im Auge hatte? Ich weiß es nicht.

Immer mehr Energie und Geld wurden jedenfalls in den Bau und die konzeptionelle Entwicklung des TzW-Zentrums gesteckt. Damit konnten dort am Ende durchaus viele positive Akzente gesetzt und moderne pädagogische Vorhaben sowie lokale Vernetzungsprojekte umgesetzt werden.

Ein Modell zur deutlichen Verbesserung der Bildungschancen für sozial benachteiligte Kinder konnte es aber nicht werden. Das lag daran, dass neben der damaligen Sprachheilschule, einer Grundschule und anderen Bildungseinrichtungen, ein Gymnasium (!) beteiligt war. Immer wieder hatten kritische Stimmen darauf hingewiesen, dass für ein solches Modell-Projekt eine „normale" weiterführende Schule eingebunden sein müsse, also am besten eine Stadtteilschule, die für alle Kinder und Jugendlichen offen stehe. Denn nur mit einer solchen Anbindung könne das Modell eines „Bildungszentrums für alle!" in einem sozial benachteiligten Stadtteil geschaffen werden. Ein Gymnasium als zentrale Schule im Projekt bedeute doch, bei einer Gymnasialprognose von unter 30 Prozent für die Grundschulkinder der Elbinseln, von vornherein die Ausgrenzung großer Teile der Kinder und Eltern des Stadtteils.

In seiner Form stellte das TzW zwar ein herausragendes Vorhaben für eine positive Bildungsentwicklung des Stadtteils dar, nicht aber ein Modell für die grundlegende Verbesserung der Bildungschancen *von sozial benachteiligten Kindern*. Der Schluss liegt nahe, dass es vor allem dazu dienen sollte, bildungsnahen Bevölkerungsschichten auf den Elbinseln ein attraktives Bildungsangebot zu machen bzw. diese Schichten nach Wilhelmsburg zu locken.

Dies sind nur zwei Beispiele für die Widersprüche und möglichen Interessen der IBA, der BOE und insbesondere der Bildungsbehörde. Die Kritik an ihrem Vorgehen wurde immer massiver und ging in Teilen der engagierten Basis sogar so weit, die Offensive für eine neue Bildung wieder von der IBA zu trennen oder sich an diesem Prozess überhaupt nicht mehr zu beteiligen. Anfang 2009 formulierte ich schriftlich und auf verschiedenen Veranstaltungen meine Position zum Stand der BOE:

> *Seit dem Beginn der Bildungsoffensive hat sich viel auf der Elbinsel positiv entwickelt. Die Kommunikation unter den Einrichtungen hat sich deutlich intensiviert. Zunächst ist eine positive Stimmung in Richtung einer Verbesserung durch verstärkte Beteiligung, Vernetzung und Profilierung bei den Bildungseinrichtungen entstanden. Ein Konzept der BOE sowie eine Vielzahl von konkreten und konstruktiven Vorschlägen zur vernetzten Bildungsarbeit liegen vor. Das FBW hat in seinen Möglichkeiten diesen Prozess begleitet und unterstützt. Im Moment ist aber immer weniger zu erkennen, ob man auf den bisherigen Erfahrungen und Erfolgen der Projekte des FBW aufbauen und in welcher Form man wirklich die Aktiven vor Ort in den Veränderungsprozess mit einbinden möchte. (...) Und die Frage stellt sich, ob man neben dem Bau von „Leuchttürmen" tatsächlich die angestrebte, flächendeckende Verbesserung der Bildungssituation auf den Elbinseln im Auge hat.*

Die Diskussionen darum flammten zwar in den verschiedenen Beteiligungsgremien immer wieder auf, in den oberen Etagen traf die Problematik jedoch eher auf Unverständnis und Desinteresse.

Exkurs: Lebende Systeme

Im Rahmen seiner Forschungen beschäftigt sich der Neurobiologe Gerhard Hüther auch mit „lebenden Systemen". Seine Erkenntnisse stellen für mich die Grundlage von Beteiligungskonzepten und einer engagierten Netzwerkarbeit dar, wie wir sie über Jahre auf den Elbinseln umgesetzt haben. Ich möchte daher an dieser Stelle ein paar zentrale Aussagen dazu aus seinem genannten Buch zitieren:

> *Wer heute genau hinschaut erkennt, dass in fast allen Bereichen unseres gesellschaftlichen Lebens, in Schulen, in Unternehmen, in Organisationen und auch bei Veränderungsprojekten, ob in Bund, Ländern und Gemeinden, sich immer mehr Hierarchien und starre*

Verwaltungsstrukturen herausgebildet haben. So wird das Zusammenleben, -wirken und -arbeiten der Menschen organisiert, um die notwendigen Aufgaben und Ziele umzusetzen. Im vorigen Jahrhundert erwiesen sich der Ausbau und die Weiterentwicklung dieser Strukturen als sinnvoll.

Heute erleben sich Menschen dadurch aber eher als Objekte, als Abhängige und sogar als Opfer dieser Strukturen. Es fehlt an Mitbestimmung, an Beteiligungs- und Gestaltungsspielraum. Die Menschen verlieren fortschreitend nicht nur die Intention, sondern auch die Fähigkeit, ihr Leben und ihre Arbeit selbst zu gestalten.

Doch es gibt neuere Tendenzen und schon einige gute Beispiele in unterschiedlichen Lebensbereichen, die eine neue und günstigere Beziehungs- und Organisationsstruktur aufzeigen, nämlich weg von tradierten, durch Vorschriften und Verwaltungsmaßnahmen organisierte Formen des Zusammenlebens, hin zu einer selbstbestimmten und eigenverantwortlichen Gestaltung. Es geht also bei allen Bereichen um einen Transformationsprozess in Richtung aktiver Beteiligung, Mitsprache und der Entfaltung der in jedem angelegten Potenziale.

„Selbstorganisation" ist dabei der Schlüssel zum Erfolg in allen lebenden Systemen, wie z. B. einer Schule oder einem Projekt im Stadtteil. Auch bei größeren „lebenden Systemen" zeigt sich, dass man Entwicklungsprozesse nicht von außen durch irgendwelche Maßnahmen oder Programme auf Dauer steuern kann.

Aus Sicht des Hirnforschers lässt sich das Zusammenleben der Menschen nicht durch Anweisungen und durch Vorschriften von oben organisieren, geschweige denn langfristig verbessern. Verantwortliche können nur geeignete Voraussetzungen und günstige Rahmenbedingungen dafür schaffen, dass alle Beteiligten das Zusammenwirken als bereichernd empfinden und sich aktiv an Veränderungsprozessen beteiligen. Eine Entwicklung muss allen am Herzen liegen, sie müssen ihre Talente einbringen und ihre Potenziale dabei entfalten können.

Netzwerkarbeit: Das FBW-Plenum wird zum Offenen Bildungsforum und ringt um eine gemeinsame Orientierung

Seit Beginn des FBW hatten wir versucht, neben dem FBW-Ausschuss
und diversen Arbeitsgruppen, regelmäßige Plenarsitzungen mit allen an
der Bildungsentwicklung auf den Elbinseln Interessierten durchzuführen.
Doch zunächst war es sehr schwierig, dieses übergeordnete Gremium zu
etablieren. Die eigentlich Interessierten fanden kaum Zeit dafür, mit einer
anfangs noch ungeklärten Aufgabenstellung und ohne jede Entschei-
dungskompetenz. Erst durch die Entstehung der formalisierten BOE
2007 - und besonders die zunehmende Kritik daran - gewann das Plenum
an Bedeutung. Einige Zeit später wurde es erst ein formaler Bestandteil
der BOE, dann, im Rahmen der bezirklichen Regionalen Bildungskonferenzen in „Offenes Bildungsforum" (OBF) umbenannt.

Unter meiner Leitung fanden regelmäßig etwa alle drei Monate Plenarsitzungen in Form von offenen Diskussionsrunden, Vorträgen und
Gesprächskreisen mit Vertretern der lokalen Kitas, Schulen, Jugendhilfeeinrichtungen und der Behörden statt. Es ging dabei sowohl um aktuelle als auch grundsätzliche Fragen der Bildung in Hamburg und auf
den Elbinseln.

Neben der Kritik an bestimmten Punkten der offiziellen Bildungsoffensive und an unserer weiterhin starken, aber immer ambivalenter gese-
henen Einbindung in den IBA/BOE-Prozess, rückte in den Jahren 2008
und 2009 ein zentraler, eigenständiger Aspekt der Arbeit des FBW in den
Mittelpunkt: Die Diskussion um eine gemeinsame Orientierung, um ein
langfristig angelegtes pädagogisches Leitbild.

In vielen Plenarsitzungen rangen wir lange um die Inhalte und die Form
dieses für alle Beteiligten wichtigen Papiers. Schließlich wurde nach
wochenlangen Diskussionen unter Mitwirkung vieler unterschiedlicher
Bildungseinrichtungen das Leitbild einstimmig verabschiedet.

Dieser Prozess hatte uns zusammengebracht. Wir empfanden uns alle in
einer gemeinsamen Verantwortung, konnten auf gleicher Höhe und in
enger Verzahnung zusammenwirken. Alle Bildungseinrichtungen, auch
die Schulen, sahen wir in einen ganzheitlichen Bildungsprozess, eine

Bildungslandschaft, eingebettet. Es erschien vielen von uns als ein für die Pädagogik auf den Elbinseln historischer Moment! Das pädagogische Leitbild nannten wir „Elbinselpädagogik".

Elbinselpädagogik – ein zukunftsweisender pädagogischer Rahmen?

Ein Umdenken hat begonnen: von Zuständigkeiten zu gemeinsamer Verantwortung.

Maria Jedding-Gesterling, Claudia Rehder, Magdalene Baus, „Zusammenarbeit statt Konkurrenz", Jubiläumsbroschüre des FBW

Wegen seiner besonderen Bedeutung - es stellt sowohl eine Zusammenfassung des Stands der damaligen pädagogischen Diskussionen als auch eine echte zukünftige Orientierung dar - drucke ich hier das gesamte Leitbild Elbinselpädagogik, wie wir es damals verabschiedet haben, ab:

Leitbild des Forums Bildung Wilhelmsburg

Mit dem Forum Bildung Wilhelmsburg (FBW) haben wir seit 2002 ein Bildungsnetzwerk, an dem sich lokale Bildungseinrichtungen beteiligen. Hier planen und koordinieren wir gemeinsam Bildungsangebote für Menschen in allen Lebenslagen. Eng verzahnt arbeiten wir daran, die sozialen und ökonomischen Benachteiligungen in den Sozialräumen mit geeigneten Bildungsansätzen auszugleichen.

Wir begreifen Bildung als etwas Ganzheitliches

Sie geht aus von der grundsätzlichen Wertschätzung der Menschen, sie findet lebenslang statt und beinhaltet Kompetenzerwerb, soziales Lernen, ökologisches Bewusstsein, Lebensgestaltung und Alltagsbewältigung.

Vielfalt

Auf den Elbinseln gibt es eine Vielfalt von Menschen und Kulturen. Wir sehen dies als eine Bereicherung an. Wir betrachten besonders kulturelle Vielfalt (Weltverstehen, Sprachen, Feste, Feiertage, Religionen, Gebräuche, Essgewohnheiten etc.) als Möglichkeit des Voneinander-Lernens. Dies fördert Respekt und Toleranz sowie den Dialog untereinander und gibt Einblicke in unsere globalisierte

Welt. Wir nutzen Vielfalt als Ressource und betrachten unsere Bildungseinrichtungen als Orte der sozialen Integration.

Bildungsnetzwerk

Wir gehen davon aus, dass durch Vernetzung der Bildungseinrichtungen einer Region bessere soziale und Bildungs-Chancen für alle geschaffen werden können. Dabei steht informelles, nonformales und formales Lernen gleichwertig nebeneinander und wird aufeinander bezogen und verknüpft. Lernorte sollen zugleich Orte der Begegnung und des Austausches sein. Hier sind alle Bewohner des Stadtteils willkommen. Durch Beratungs-, Bildungs- und Unterstützungsangebote werden die Teilnehmenden gestärkt.

Lebensweltorientierung

Unsere Angebote orientieren sich an den Erfahrungen der Menschen und an ihrer Lebenslage und Arbeitswelt. Sie richten sich an alle Altersstufen. Dabei eröffnen wir in Kooperation mit anderen Einrichtungen, Unternehmen und Personen weitergehende Erfahrungsräume.

Interessen- und Kompetenzorientierung

*Wichtige Gelingensbedingung für Bildung sind Selbstvertrauen und Freude. Wir richten unseren Blick auf die Stärken eines Menschen und fördern diese. Dabei setzen wir auf die Wirkung einer allgemein angenehmen Begegnungsatmosphäre und eines positiven Lernklimas, das bei den Lernenden das Gefühl der Verstehbarkeit („ich blicke durch"), Machbarkeit („ich kann es schaffen") und Sinnhaftigkeit („es lohnt sich") stärkt.
Wir entwickeln in den Einrichtungen eigene Profile und schaffen für unsere Zielgruppen optimale und individualisierte, den Interessen und Begabungen der Beteiligten entsprechende Angebote.*

Lernende PädagogInnen

Wir lernen die Lebenswelt der Menschen kennen. Wir bereiten uns durch vielfältige und regelmäßige Fortbildungen auf zukünftige Herausforderungen gut vor und können flexibel auf Veränderungen reagieren. *Wir reflektieren unsere Arbeit gemeinsam mit den anderen lokalen Einrichtungen, wir arbeiten Berufsgruppen-übergreifend und entwickeln die bestehenden Elbinsel-spezifischen Fortbildungsangebote - auch mit Anregungen und Kooperationen von außen - weiter.*

Aktive Lebensgestaltung

Alle Aktivitäten und Maßnahmen zielen darauf ab, die Bewohner der Elbinseln in die Lage zu versetzen, sich aktiv und selbstverantwortlich in einer komplexen Gesellschaft je nach ihren persönlichen Fähigkeiten und dem Stand ihrer Entwicklung individuell, gleichberechtigt, kulturell, sozial und beruflich selbstverantwortlich zu verwirklichen. Die mit der Bildung befassten Einrichtungen der Elbinseln werden sich weiter um eine Öffnung bemühen, denn eine aktive Einbeziehung und eine hohe Beteiligung an allen Bildungsprozessen durch möglichst viele gesellschaftliche Gruppen ist eine Grundvoraussetzung für das Gelingen der Elbinselpädagogik im Rahmen der Bildungsoffensive.

Für Kinder und Jugendliche ist uns wichtig:

Ganztägig lernen

Wir stellen in Kooperation zwischen Kitas, Schulen, Jugendhilfeeinrichtungen, Vereinen und anderen Einrichtungen des öffentlichen Lebens für die Kinder und Jugendlichen der Elbinseln ein ganztägiges Angebot bereit. Die Kinder werden an einem rhythmisierten Tag durch wechselnde Lern-, Bewegungs-, Ruhephasen, kreative und musische Angebote in ihrem Selbstbewusstsein und ihren Kompetenzen gestärkt. Ganztagsangebote bieten für Kinder und Jugendliche auch verbesserte Möglichkeiten für Maßnahmen der Gesundheitsförderung. Eine wichtige Rolle spielen gute Verpflegungsangebote der Einrichtungen, die sich letztlich auch positiv auf den Bildungserfolg der Kinder und Jugendlichen auswirken.

Elternbeteiligung

Wir suchen den Dialog mit den Eltern, auch und besonders aus anderen Kulturen und bemühen uns verstärkt um deren Beteiligung an unseren Angeboten. Dafür schaffen wir Begegnungsorte und -zeiten, fördern somit besonders geeignete Formen zur verbesserten Kommunikation und entwickeln Modelle und Strategien von Beteiligung und Empowerment. Dabei legen wir großen Wert auf einen respektvollen Umgang miteinander sowie Anerkennung der Kompetenzen und Raumgebung für die Ressourcen der Eltern.

Zur Erziehung eines Kindes gehört eine ganze Insel. *(Abgewandeltes afrikanisches Sprichwort)*

Wir bewerten den Erfolg unserer Arbeit an ...

- *der stärkeren aktiven Beteiligung der Menschen im Stadtteil,*
- *der erhöhten Attraktivität der Bildungsangebote auf den Elbinseln,*
- *den besseren Bildungsabschlüssen bei Jugendlichen sowie*
- *der Verbesserung der sozialen Situation der Menschen und auch*
- *daran, dass die PädagogInnen gern auf den Elbinseln arbeiten und sich unterstützt fühlen.*

Zu guter Letzt bewerten wir den Erfolg unserer Arbeit auch an der Zufriedenheit der Menschen.

Dieses Leitbild wurde anschließend in den Kitas, Schulen und der Jugendhilfe diskutiert und von vielen akzeptiert. Es hätte für die kommenden Jahre in Verbindung mit der BOE einen verbindlichen Rahmen für die Bildungsentwicklung auf den Elbinseln darstellen können. Leider konnte die Diskussion aber nie bis in die Entscheidungsgremien der BOE und die Behörden hinein konsequent weitergeführt werden. So blieb das Leitbild nicht mehr als eine politisch-pädagogische Willenserklärung vieler lokaler Bildungseinrichtungen unter dem Dach des FBW.

Es zeigten sich nach und nach auch andere Grenzen eines solchen Leitbildes. So wichtig eine gemeinsame pädagogische Orientierung war, so wenig konnte dieser Rahmen die negativen Entwicklungen, die damals auf die einzelnen Bereiche eindrangen, berücksichtigen; etwa die ständigen Kürzungen im Jugendhilfebereich und bei den freien Bildungsträgern und die damit verbundenen strukturellen Verschlechterungen.

Auch die rasanten Veränderungen in den Schulen führten dazu, dass viele der im Leitbild formulierten Aspekte nicht umgesetzt werden konnten. Dazu zählten beispielsweise die engere Verknüpfung der unterschiedlichen Lernorte, die übergreifende Zusammenarbeit der verschiedenen Berufsgruppen, die Entwicklung von spezifischen Fortbildungs-angeboten sowie die regelmäßige Evaluation.

> *Die Elbinselpädagogik lebt! Das zeigen viele gelungene Kooperationen zwischen Jugendhilfe, Schulen, Kitas, Wirtschaft und Erwachsenenbildung.*
>
> Maria Jedding-Gesterling, Claudia Rehder, Magdalene Baus, „Zusammenarbeit statt Konkurrenz", Jubiläumsbroschüre des FBW

Trotzdem: Das Leitbild fasste zum ersten Mal die grundsätzlichen Ideen einer zukunftsweisenden Pädagogik für die Elbinseln im Sinne besserer Bildungschancen für alle zusammen. Diese können nur über einen ständigen Dialog, gemeinsam mit den Beteiligten vor Ort, durch die Schaffung zusätzlicher Erfahrungsräume und durch ein ganzheitliches Verständnis von Bildung errungen werden. Grundlage ist eine intensive Vernetzung der Bildungseinrichtungen, wobei das informelle, nonformale und das formale Lernen gleichwertig miteinander verknüpft sein müssen.

Diese Ideen beruhten auch auf dem Ansatz von Benedikt Sturzenhecker, Professor im Fachbereich Sozialpädagogik in Hamburg, den er damals auf verschiedenen Veranstaltungen vorstellte.

Für ihn bedeutet Bildung mehr als Schule. Unter der Fragestellung „Wo lernt Hakan?" konstruiert er beispielhaft eine „Karte der Bildungswelten" für einen bildungsfernen Jungen. Er verortet diese Karte im sozialen Raum, im persönlichen Umfeld des Jungen und teilt sie in vier Quadranten ein. Das sind der formelle Bereich (vor allem die Schule), der nicht-formelle Bereich (z. B. Häuser der Jugend), der informelle Bereich (u. a. Peer-Groups, Freunde, Familie) und der „wilde" Bereich (individueller Grenz-Bereich, Internet- und Mediennutzung, Sprayen ...). Hiermit beschreibt er die vielfältigen Möglichkeiten zur Potenzialentfaltung von Kindern und Jugendlichen auf der Grundlage eines erweiterten bzw. ganzheitlichen Bildungsbegriffs.

Diese Zusammenhänge und Abhängigkeiten genauer zu verstehen, zu beschreiben und sie auf die Elbinseln zu übertragen, ist aus meiner Sicht eine zentrale Aufgabe für eine bessere Bildungsentwicklung, vielleicht sogar der Schlüssel zu mehr Bildungserfolgen und damit zu größerer Bildungsgerechtigkeit.

Offenes Bildungsforum und Regionale Bildungskonferenzen
- lokale bildungspolitische Entscheidungen durch Partizipation

Das Forum Bildung Wilhelmsburg ist zentraler Träger der Bildungslandschaft Elbinseln und ich freue mich, dass mit der regionalen Bildungskonferenz die bisherige Arbeit nun auch institutionell verankert fortgeführt wird.

Uli Hellweg, Geschäftsführer der IBA GmbH,
zum 10-jährigen Jubiläum des FBW 2012

Schon 2001/02 bei der Zukunftskonferenz hatte sich gezeigt, wie sinnvoll und notwendig die strukturierte Einbindung von Beteiligten und Betroffenen in Entscheidungsprozesse für die Stadtplanung und Bildungsentwicklung einer Region sein kann. Ein Paradigmenwechsel war eingetreten. Die bis dahin vorherrschenden starren Organisations- und Verwaltungsstrukturen wurden durch eine neue Veränderungs- und Beziehungskultur ersetzt. So konnten viele neue Ideen von „unten" (also Bottom-Up) entstehen und zumindest einige selbstorganisierte Prozesse, wie die Arbeit des FBW, auf den Weg gebracht werden.

In diesem Zusammenhang ist wohl auch die 2009 von der Hamburger Bürgerschaft und dem schwarz-grünen Senat beschlossene flächendeckende Einführung der Regionalen Bildungskonferenzen (RBK) zu sehen. Wir machten uns auf den Elbinseln gleich an die Arbeit und entwickelten für alle Bildungs-, Beratungs- und Erziehungseinrichtungen ein weiterführendes Beteiligungsmodell. Wir hofften, die Bildungssituation auf den Elbinseln nun systematisch und nachhaltig, mit Hilfe verbindlicher partizipativer Strukturen verbessern zu können.

In einem fast zweijährigen Informations- und Diskussionsprozess und angeregt durch einige Besuche bei Vorbildern in den Niederlanden und

180

Deutschland, z. B. bei „Ein Quadratkilometer Bildung" in Berlin-Neukölln, entwickelten wir unsere Ideen.

„Kein Kind, kein Jugendlicher geht verloren", so lautet das Leitziel von „Ein Quadratkilometer Bildung". Das von der Freudenberg-Stiftung und der „Karl Konrad und Ria Groeben"-Stiftung in Berlin-Neukölln initiierte Programm wird mittlerweile in zehn Stadtteilen bundesweit umgesetzt. Ziel ist es, durch den Aufbau lokaler Bildungsnetzwerke auf gerechte Bildungschancen für alle Kinder und Jugendlichen hinzuwirken. Es werden Formate und Strukturen entwickelt, wie Bildungsprozesse in Stadtteilen und Kommunen, die unter besonderem sozialen Druck stehen, so organisiert werden können, dass sie ineinandergreifen und den Bildungserfolg aller Kinder und Jugendlichen sichern.

So hatten wir nicht nur eine *Idee* von einer „Bildungslandschaft Elbinseln" bekommen. Wir entwickelten zudem ein konkretes, praktikables Modell für einen institutionalisierten Diskussions- und Entscheidungsprozess. Dieser baute auf den lokalen Gruppen und Gremien sowie den inhaltlich orientierten Arbeitsgruppen auf und setzte sich über das Offene Bildungsforum bis zur Vollversammlung (später: Regionale Bildungskonferenzen, RBK) fort. Die intensiv erarbeiteten und vielfach diskutierten Empfehlungen zur Verbesserung der Bildungssituation würden, so unsere Vorstellung, auf der Vollversammlung/RBK abgestimmt und danach über die bezirklichen Gremien den zuständigen Behörden vorgelegt werden. Diese sollten nach etwa sechs Wochen dazu Stellung nehmen. Soweit die Theorie!

In der Praxis stellte sich das Ganze deutlich anders dar: Die Bearbeitung unserer Empfehlungen durch die zuständigen Behörden wurde immer weiter hinausgezögert und letztlich abgebrochen. Eine ernsthafte inhaltliche Diskussion dazu fand nicht statt. Der gesamte, über viele Jahre entwickelte aufwändige Beteiligungsprozess siechte langsam dahin. Wir mussten immer mehr formale Absprachen treffen und einhalten. Die inhaltlich notwendigen Auseinander-setzungen fanden mit den Behördenvertretern kaum noch statt. Unsere Selbstorganisation und die neu geschaffene Arbeits- und Beziehungskultur wurden immer mehr durch Verwaltungs- und Hierarchiestrukturen ersetzt und letztlich ausgehebelt.

Aus meiner Sicht zeigt sich an diesem Beispiel, dass eine wirkliche Mitbestimmung bei bildungspolitischen Entscheidungen und die Idee einer Bildungslandschaft, wie sie sich bei der Zukunftskonferenz zum ersten Mal angedeutet hatte, am Ende nicht mehr gewollt waren. Natürlich wurden immer wieder zusätzliche, zum Teil sehr umfangreiche und aufwändige Projekte zur Verbesserung der Bildungssituation auf den Elbinseln von der Behörde initiiert (zum Beispiel das Projekt 23+). Doch hieran wurden die lokalen Kolleginnen und Kollegen kaum beteiligt. Es waren zudem vorwiegend rein auf die Schule bezogene Projekte mit hohem Verwaltungsaufwand.

Über die Ergebnisse der eingeführten Neuerungen, etwa wie sich die Situation in den Schulen entwickelt bzw. für benachteiligte Kinder verbessert hatte, wurde die lokale Öffentlichkeit selten informiert, geschweige denn mit ihr darüber diskutiert.

Die Möglichkeit einer systematischen und nachhaltigen Entwicklung im Bildungsbereich auf den Elbinseln, unter Beteiligung der lokal Engagierten, wurde von der Basis als immer geringer eingeschätzt. Neben vielen anderen zog auch ich mich nach und nach aus der bildungspolitischen Gremienarbeit im Stadtteil zurück. Die Blase einer Bildungslandschaft Elbinseln war geplatzt.

Der Wilhelmsburger Bildungsfonds (WBF) - Weiterführung der Projekte des FBW

Nach diesen schmerzhaften Erfahrungen - und nachdem die Bildungsbehörde schließlich 2016 meine halbe Stelle als Netzwerkkoordinator und Projektleiter des FBW endgültig gestrichen hatte - sah es so aus, als ob nun auch das FBW als Bildungsnetzwerk und damit alle jahrelang erfolgreichen Kinderprojekte zusammenbrechen würden.

In dieser Zeit traf ich einen erfolgreichen Wilhelmsburger Unternehmer, der unsere Projekte schon lange kannte und uns regelmäßig im überschaubaren Rahmen unterstützt hatte. Ich berichtete ihm über die schwierige Situation. Er sagte zu, für die nächsten fünf Jahre die Weiterführung aller laufenden Projekte sicherzustellen. Nach weiteren intensiven Gesprächen besiegelten wir schließlich die Gründung des WBF, des Wilhelmsburger Bildungsfonds. Daran mitgewirkt hatten vor allem das Bürgerhaus und meine Schule. Der WBF würde ab dem folgenden Jahr die organisatorischen und personellen Rahmenbedingungen für eine langfristige Weiterführung aller Projekte schaffen. Mit dem finanziell gut ausgestatteten Bildungsfonds sowie der aktiven Unterstützung des Bürgerhauses und meiner Schule war ein großer Schritt in Richtung einer dauerhaften Verankerung und Weiterentwicklung der Bildungs-projekte des ehemaligen FBW getan. Unsere Ziele fassten wir folgen-dermaßen zusammen:

Erstes Ziel des Fonds ist es, Kindern und Jugendlichen der Elbin-seln durch zusätzliche außerschulische und stadtteilweite Projekte Erfahrungs- und Lebenswelten zugänglich zu machen, die sie in ihrer individuellen Entwicklung fördern und ihre Chancen zur Erlangung guter Bildungs- und berufsqualifizierender Abschlüsse erhöhen. Um diese Ziele zu verwirklichen, fördert der Fonds besonders die Durchführung und Entwicklung der Projekte des FBW, wie den Zirkus Willibald, die Lese- und Forschungswochen, die Aktivitäten der Profilklasse Zebra und integrierende Flücht-lingsprojekte. Neben den bestehenden FBW-Projekten sollen nach und nach weitere Projektideen aufgegriffen werden, die aus den mitwirkenden Kitas, Schulen und anderen Einrichtungen des Stadtteils kommen. Zudem wird angestrebt, Eltern stärker in die Projektarbeit einzubinden.

Das erste Schuljahr 2018/2019 wurde als Pilot- und Einstiegsphase gesehen. In diesem Jahr konnten die neuen ProjektleiterInnen schritt-weise immer mehr Verantwortung übernehmen und sich die Abläufe einspielen (etwa durch regelmäßige Treffen der Steuer- und Projekt-leitungsgruppe). Später kam ein Beirat hinzu, der seitdem die Wirkung des Mitteleinsatzes überprüft, fachlich berät und die Entwicklung des Fonds unterstützt.

Perspektivisch soll die stetige Ausweitung des Fonds eine nachhaltige Bildungsentwicklung auf den Elbinseln insgesamt fördern. Dies wollen wir erreichen, indem wir die Projekte langfristig absichern, qualitativ und quantitativ ausbauen und eng aufeinander abstimmen.

"Hamburgs bester Stadtteil"?

Wie ich eingangs zu beschreiben versuchte, hing die Idee der Bildungslandschaft Elbinseln eng mit der Stadtentwicklung in Wilhelmsburg und
auf der Veddel zusammen. Deshalb muss man auch die Ergebnisse beider
Entwicklungen in ihrem gemeinsamen Kontext betrachten.

Ist also Wilhelmsburg zu "Hamburgs bestem Stadtteil" - so der Titel
einer Serie im Hamburger Abendblatt 2019 - geworden?

Die Elbinseln, insbesondere Wilhelmsburg, haben sich im Laufe der
Jahre verändert, vieles durchaus zum Positiven!

Die igs und die IBA hatten in wenigen Jahren bis 2013 das Image
verbessert und den Blick auf Europas größte bewohnte Flussinsel
geschärft. Es entstanden über eintausend neue und sanierte Wohnungen,
im Inselpark kamen neben den vielen attraktiven Gebäuden über siebzig
Hektar Grünflächen hinzu. Der aufwändig umgebaute Energiebunker
sowie das futuristisch geschwungene Gebäude der Behörde für
Stadtentwicklung und Umwelt (BSU) entwickelten sich zu den neuen
Wahrzeichen und Touristenattraktionen Wilhelmsburgs. Zudem gab es
einige modern gestaltete Schulen und Kitas, neue, interessante Lernorte, von den Planern "Netzwerkknoten" genannt. Jetzt zeichneten
neben der Vielfalt auch besondere Kontraste und Events die Elbinseln
aus, von der Soulkitchen über die runderneuerte Honigfabrik bis hin zum
angesagten "Dockville-Festival" und den Spielen der Basketball-Towers.

Es vollzog sich tatsächlich in Teilen ein "Wandel zur Moderne" mit
"Blick nach vorne". Dies zeigte sich an der zunehmenden Zahl von
jungen Menschen und Familien ebenso wie an der Verlegung der
Wilhelmsburger Reichsstraße an die Gleise der Bahn im Jahr 2019.
Anstelle der alten Schnellstraße sollen bis 2025 nochmals rund 6.000
neue Wohnungen, Gewerbe, Gastronomie und Hotels entstehen, mit
einem Investitionsvolumen von zwei Milliarden Euro.

15.000 NeubürgerInnen erwartet man in den kommenden Jahren in
Wilhelmsburg. Damit würde die Bevölkerungszahl auf ca. 70.000 steigen.

Was ist daran eigentlich auszusetzen? Sind dies nicht genau die Entwicklungen, die sich besonders die engagierten WilhelmsburgerInnen in den

90er-Jahren und bei der Zukunftskonferenz 2001/02 gewünscht hatten? Andererseits: Ist dieses sehr positiv gezeichnete Bild der Elbinseln überhaupt vollständig? Wie passen die beschriebenen schwierigen Entwicklungen im Bildungsbereich dazu? Mit meinen persönlichen, zum Teil eher negativen Erfahrungen in verschiedenen pädagogischen Bereichen stimmt das Bild jedenfalls nicht überein.

„Bildungsoffensive Elbinseln: Hopp oder Top?"

So lautete das Thema einer Veranstaltung des Vereins Zukunft Elbinsel Wilhelmsburg im April 2019. Dort wurde eine Reihe von wichtigen Daten als Diskussionsgrundlage verwendet. Schauen wir uns zunächst diese Zahlen zur Sozialstruktur und zur Bildung ein wenig genauer an. Beginnen wir mit den Bereichen Wohnen, Mieten und Soziales.

Um den Wilhelmsburger S-Bahnhof herum wurden innerhalb von drei Jahren die Mieten um 17% angehoben, in anderen Quartieren sind sie von 2013 bis 2018 um 20% angestiegen. Gab es vor 15 Jahren an verschiedenen Orten im Stadtteil noch Wohnungsleerstand, so hat die Elbinsel durch die Dynamik der letzten Jahre mittlerweile Anschluss an den Hamburger Wohnungsmarkt gefunden. Die Mieten stiegen von 2007 bis 2018 um gut 70%.

Demgegenüber haben sich die Armutszahlen auf den Elbinseln in den vergangenen 20 Jahren kaum verändert (alle Zahlen: Statistikamt Nord 2019). Nach wie vor ist das Durchschnittseinkommen der WilhelmsburgerInnen mit 22.000 Euro im Jahr nur gut halb so groß wie im Hamburger Durchschnitt. Es gab 2019 (bei einer Bevölkerungszahl von 55.000) 3.400 Arbeitslose und 11.800 LeistungsempfängerInnen nach SGB II (21,6%). Fast 40% der unter 15-Jährigen leben in der Mindestsicherung. Von der Milliarde Euro, die im Rahmen der IBA zwischen 2006 und 2013 auf den Elbinseln investiert wurde, hat ein großer Teil der Menschen nicht profitiert.

Kommen wir zur Bildung:

Trotz der Anstrengungen von IBA und BOE bis 2013 und der nachfolgenden Aktivitäten der Stadtteilentwicklung hat sich die Situation in

185

Bezug auf die Bevölkerungsstruktur und die Bildungssituation im Stadt-teil nicht verbessert. So stellte das Institut für Bildungsmonitoring (ifbq) fest (Zahlen gerundet):

- 80% aller SchülerInnen in Wilhelmsburg haben einen niedrigen bzw. sehr niedrigen Sozialstatus (HH ges.: 25%)

- 80% der Kinder haben einen Migrationshintergrund (HH: 50%)

- 75% der Schulanfänger sprechen eine nicht-deutsche Familien-sprache (HH: gut 30%)

- 30% bekommen vorschulische Sprachförderung (HH: gut 10%)

- 75% aller SchülerInnen besuchen die Stadtteilschule (HH: gut 50%)

- Gut 30% aller SchülerInnen macht das Abitur (HH fast 60%)

- Je etwa 30% schaffen den ESA und MSA (HH: 17% und 19%)

- 12% erreichen keinen Schulabschluss (HH: 6%).

Auch die regelmäßigen KERMIT-Testungen, die für jede Schülerin und jeden Schüler die jeweiligen Kompetenzen und Entwicklungen in ausgewählten Bereichen ermitteln, sprechen eine eindeutige Sprache. Sie weisen heute schon Lernrückstände bei Wilhelmsburger Schüler-Innen von bis zu zwei Jahren auf. Beispielhaft hier die 2018 (intern) veröffentlichten KERMIT-Ergebnisse in Mathematik für eine Wilhelmsburger 9. Klasse: Fast 75% aller SchülerInnen befanden sich in der untersten Kompetenzstufe 1a (unter dem Mindeststandard!) und gut 20 Prozent in Kompetenzstufe 1b (Mindeststandard). Bei den Vergleichsschulen im Stadtteil liegen rund 80 Prozent in den Kompe-tenzstufen 1.

Auf den Elbinseln haben fast 15% der Kinder einen diagnostizierten Förderbedarf (die Behörde orientiert sich in Bezug auf die zur Verfü-gung gestellten Ressourcen allerdings nur an einem Anteil von 7%). Zum Sommer 2019 sollten an einer Stadtteilschule in Wilhelmsburg im Jahrgang 5 insgesamt 40 Förderschüler neu hinzukommen, das wären im Schnitt pro Klasse 8,6 Förderkinder. Auch die anderen Stadtteilschulen auf den Elbinseln lagen nur knapp darunter. Dies belastet die Lernsituation aller ganz erheblich.

Ungerechte Verteilung von Bildungschancen

Wer aus Wilhelmsburg kommt, hat schlechtere Bildungschancen als Kinder in den Elbvororten oder in Eimsbüttel! Denn nach wie vor hängt in Deutschland der Bildungserfolg von der sozialen Herkunft und dem Wohnort ab. Dies lässt sich nicht nur aus eigener Anschauung ableiten, sondern ist auch das Ergebnis unterschiedlicher Studien; es war z. B. die zentrale Aussage der PISA-Studie vom Dezember 2019. Dies untermauert auch eine Feststellung in der OECD-Studie von 2018: Sie besagt, dass in Deutschland fast die Hälfte der Kinder mit erschwerten sozialen Bedingungen in Schulen geschickt wird, in denen sie auf andere benachteiligte Kinder treffen.

Entsprechendes lässt sich auch zum Thema Übergang von Schule in den Beruf feststellen. Nur 30% der SchulabgängerInnen von Schulen mit niedrigem Sozialindex in Stadtteilen wie Wilhelmsburg und der Veddel bekommen einen Ausbildungsplatz. In Schulen mit besserem Sozialindex sind es dagegen fast die Hälfte.

Zusammenfassend muss trotz der sichtbaren Veränderungen im Stadtteil die Bildungssituation auf den Elbinseln wie folgt beschrieben werden: Damals wie heute handelt sich bei der Schülerschaft fast durchgängig um ethnisch vielfältige, aber sozial kaum gemischte Gruppen von Kindern und Jugendlichen, deren direktes Umfeld durch Armut, Migration und Bildungsferne gekennzeichnet ist. Die Bildungssituation im Stadtteil hat sich trotz intensiver Bemühungen bis heute nicht grundlegend verändert. Die schwache Hoffnung bleibt, dass sich in den kommenden Jahren durch den möglichen Zuzug einer größeren Anzahl bildungsnaher Familien die soziale Durchmischung und somit auch die Bildungssituation insgesamt verbessern könnte.

Fazit

Um die große Gruppe der bildungsbenachteiligten Kinder und Jugendlichen in Wilhelmsburg und auf der Veddel zu fördern, benötigt man die „ganze Insel" und ein umfassendes Bildungskonzept. Nur mit durchgängigen und aufeinander aufbauenden Bildungs- und Förderketten, vom Kleinkindalter bis zur Oberstufe, ist es möglich, Benachteiligung schrittweise abzubauen. Unser damals formuliertes Leitbild „Elbinselpädagogik" stellt hierfür eine gute Grundlage dar.

Zudem ist es dringend notwendig, wieder ein gut funktionierendes, aktives Netzwerk von Bildungseinrichtungen im Stadtteil zu etablieren. Nur über eine breit angelegte, langfristige und systematische Vernetzung, möglichst im Rahmen einer Bildungslandschaft, ist eine Verbesserung der Bildungssituation zu erreichen. Dazu gehören auch lokale und verbindende Fortbildungsangebote für alle PädagogInnen der Elbinseln.

Konsequente und langfristige „Selbstorganisation" ist dabei der Schlüssel zum Erfolg. Menschen müssen Subjekte und Beteiligte sein. Sie müssen ausreichend Gestaltungsspielräume besitzen, sie müssen mitbestimmen und mitentscheiden.

Die konkreten Projekte des Wilhelmsburger Bildungsfonds (WBF) sind langfristig weiterzuführen. Hier ist wieder eine umfangreiche und regelhafte staatliche Beteiligung gefordert! Doch auch das reicht nicht aus. Viel mehr Personen und Einrichtungen sollten sich aktiv bei der Weiterführung und Ausweitung aller außerschulischen und stadtteilweiten Projekte für Kinder und Jugendliche engagieren!

Schlussbemerkung

Ich kann keine Lösungen anbieten, aber Fragen stellen. Nicht alle werden einverstanden sein, aber die Hauptsache ist, sie diskutieren.

Fatih Akin zu seinem Film „Aus dem Nichts"

Neben der umfangreichen und zum Teil scharfen Kritik, die ich an einigen Aspekten der Bildung in den vielen Jahren auf den Elbinseln geübt habe, versuchte ich immer auch konstruktive und praktische

Antworten zu finden sowie Entwicklungsperspektiven aufzuzeigen. Viele meiner Darstellungen sind vor dem Hintergrund der jeweiligen Zeit zu sehen. Am Schluss jedes Kapitels habe ich die für mich wichtigsten Ergebnisse noch einmal aus meiner heutigen Sicht zusammengefasst und versucht, positive Anregungen für eine bessere Pädagogik für die Elbinseln zu geben. Dabei konnte ich jedoch nicht jeden Aspekt umfänglich ansprechen und wollte auch keine fertigen „Rezepte" abliefern. Es sind also mehr Fragen als Antworten entstanden. Und genau das ist hoffentlich der Ausgangspunkt für viele weitere Diskussionen um eine Weiterentwicklung der Bildung auf den Elbinseln.

Brauchen wir eine neue Elbinsel-Pädagogik?

Die pädagogische Arbeit in sozialen Brennpunkten ist eine sehr wichtige Aufgabe, aber kein leichter Job. Es war schon immer eine bis an die eigenen Grenzen fordernde Tätigkeit! Nicht nur die alltäglich zu bewältigenden pädagogischen und formalen Anforderungen haben zugenommen, auch die physischen und psychischen Belastungen sind in den letzten Jahren enorm gestiegen. Dazu trugen vor allem die weiterhin bestehenden sehr schwierigen familiären Hintergründe der SchülerInnen und die prekären sozialen Verhältnisse im Schulumfeld bei.

Es braucht nicht nur besonders engagierte PädagogInnen, die sich auf soziale Probleme und ein bildungsfernes Milieu einlassen (können). Es braucht nicht nur deutlich bessere Rahmenbedingungen für die Schulen und die anderen Bildungseinrichtungen. Nein, um grundlegende Verbesserungen und mehr Bildungsgerechtigkeit zu erreichen, benötigen wir im Kern eine andere Wirtschafts- und Sozialpolitik! Die besondere gesellschaftliche Bedeutung und der Wert von Bildung müssen dabei stärker in den Mittelpunkt rücken und der Anteil der Ausgaben dafür muss sich insgesamt deutlich erhöhen.

Doch kommen wir noch einmal zum Bildungsbereich und konkreten pädagogischen Maßnahmen zurück, die als Ausgangspunkt besonders geeignet erscheinen, bildungsbenachteiligte Kinder und Jugendliche in Wilhelmsburg und anderswo voranzubringen. Meine Darstellungen und Einschätzungen machen deutlich, dass dies bisher nicht geglückt ist.

189

Leider sind auch die regelmäßigen und lebendigen Diskussionen um die in diesem Buch gestellten Fragen in meinen letzten Arbeitsjahren abge-ebbt. Es existiert keine offene Diskussionskultur mehr; sie wurde abge-löst durch eine Entscheidungskultur „von oben herab". Für die PädagogInnen bleibt bei der zunehmenden Verdichtung, Komplexität und Reglementierung ihrer Arbeitsbereiche auch kaum noch Zeit und Kraft für aktive Auseinandersetzungen.

Und genau deshalb brauchen wir eine neue Elbinsel-Pädagogik! Das vor vielen Jahren erarbeitete Leitbild könnte eine gute Grundlage für mehr Bildungsgerechtigkeit sein. Auf alle Fälle brauchen wir bessere, eng zusammenarbeitende Kitas, Schulen und Jugendhilfeeinrichtungen. Wir brauchen an den Bildungsorten mehr Überschaubarkeit, Ruhe und Frei-räume. Es muss wieder eine Mitbestimmungs- und Entscheidungskultur „von unten" geben!

Da müssen wir ansetzen! Wir brauchen eine neue Leitidee und weiter-führende Diskussionen um eine passende und bessere Pädagogik auf den Elbinseln. Wir sollten mit mehr Mut, mit Engagement und Leiden-schaft an diese Aufgabe herangehen. Selbstbestimmtes Handeln auf der Grundlage unserer eigenen, konkreten Erfahrungen ist gefragt. Wir können und müssen selbst darüber nachdenken, was die richtige Erziehung und der richtige Unterricht sind und wie Schule und Bildung insgesamt zukünftig aussehen sollen.

Anregungen für eine bessere Pädagogik

Die Möglichkeiten, eine Geschichte zu erzählen, sind quasi unendlich. Da triff mal die beste. Und: Hast du nicht noch etwas vergessen? Immer hast du etwas vergessen.

Sasa Stanisic, Herkunft

In wenigen Sätzen komprimiert lauten meine zentralen Erkenntnisse:

Ein finanziell und personell gut ausgestattetes Bildungssystem kann soziale Benachteiligung zwar nicht für alle abschaffen, aber für viele abschwächen.

190

Wir müssen mehr auf eine Pädagogik setzen, die sich an anerkannten, in der Praxis erprobten und erfolgreichen Modellen sowie an neurowissenschaftlichen Erkenntnissen orientiert.

Besonders Kinder aus benachteiligten Milieus benötigen zum guten Lernen Überschaubarkeit, Verlässlichkeit und klare Regeln. Sie brauchen engagierte und motivierte ErzieherInnen und LehrerInnen, die sie in ihrem Entwicklungs- und Bildungsprozess nicht nur begleiten, sondern auch lenken und führen und die ihnen immer wieder neue Erfahrungsräume eröffnen. Diese Kinder benötigen Sicherheit und einen Rahmen. Sie müssen schrittweise und verantwortungsvoll zum selbstständigen Lernen hingeführt werden.

Benachteiligte Kinder brauchen durchgängige und aufeinander aufbauende Bildungs- und Förderketten. Schule alleine kann die vielfältigen Probleme der Kinder und Jugendlichen nicht bewältigen. Der qualitative Ausbau der Ganztagsbetreuung bietet gute Ansatzpunkte, um Ungleichheiten abzubauen. Neben der Schule muss es aber noch gut verzahnte stadtteilweite Projekte geben, bei denen die Schülerinnen und Schüler sich ausprobieren und vielfältige positive Erfahrungen sammeln können.

Im Hintergrund ist ein aktives Netzwerk in einer strukturierten, langfristig abgesicherten Bildungslandschaft notwendig. In dem Netzwerk müssen die beteiligten Menschen und Einrichtungen eng miteinander und auf Augenhöhe zusammenarbeiten. Alle sollen sich engagiert, mit Freude und selbstbestimmt einbringen können und an den Entscheidungen beteiligt sein.

Hierzu müssen wir das Rad nicht neu erfinden. Wir sollten einfach viele neue *rote Sofas* in unseren Bildungseinrichtungen aufstellen oder, besser noch, gleich *aus der Reihe tanzen* und unsere eigenen *Bildungsfestivals* veranstalten. Wir brauchen mehr *Komplizen für die Zukunft*, regelmäßige *Pegelstände* sowie viel Rückenwind. Es muss heißen *Schau hin, hör zu, wechsle die Perspektive* - und wir müssen *Durchhalten*. All diese Parolen, Projekte und Ideen verschiedener Bildungseinrichtungen und Netzwerke der vergangenen Jahre können uns in Zukunft weiterhelfen, wenn sie von unten getragen werden und wir uns alle gemeinsam mit vollem Elan einsetzen. Dann kommen wir gemeinsam aus der Sackgasse heraus und gehen neue Bildungswege.

Zu guter Letzt müssen wir uns viel stärker und konkreter in die Entscheidungsprozesse einmischen, uns Gehör verschaffen und ganz real Einfluss nehmen. Wir müssen die Bildung selbst in die Hand nehmen. Ein wirkliches Empowerment-Konzept, das viel mehr als Mitsprache und Beteiligung bedeutet - das würde helfen.

Nachwort

Im Rückblick hat sie
eine Wahl, die vorwärts blickend ihr verborgen blieb,
wie man im Dunkeln tappt mit kleinen, folgenschweren
Schritten, weil man nicht stehenbleiben kann, sondern
sich fortbewegen muss.

Anne Weber, Anette, ein Heldinnenepos

Bildungsgerechtigkeit kann nur im politischen, wirtschaftlichen und sozialen Kontext gesehen werden. Schon über eineinhalb Jahre hat uns die Pandemie das Leben und Lernen schwer gemacht. Das Coronavirus hat - wie im Vorwort angedeutet - die ganze Welt, Deutschland und eben auch Bildung und Schule auf den Elbinseln verändert.

Die Pandemie hat uns gezeigt, dass wir einen langen Atem brauchen, dass wir uns neben unserem Erfahrungswissen auf wissenschaftliche Erkenntnisse berufen müssen und dass man mit Engagement und Argumenten versuchen muss, die Menschen mitzunehmen, um Krisen zu bewältigen.

Auf dieser Grundlage können wir aus meiner Sicht gemeinsam die großen kommenden Herausforderungen angehen. Dafür brauchen wir viele wie Ugur Sahin, den Vorstandsvorsitzenden von BioNTech oder Marvin Willoughby, der heute auf den Elbinseln die Basketball Towers anführt, die Deutschland und die Elbinseln nicht nur bunter und vielfältiger, sondern auch erfolgreicher machen. Wir brauchen viel mehr junge Menschen aus allen Schichten, die die zentralen sozialen und gesellschaftspolitischen Fragen sowie die großen Herausforderungen der Zukunft - die hier behandelte Bildungsgerechtigkeit, aber auch Bewahrung des Friedens, ausreichend Wasser und Nahrung für alle, Flucht und Migration, die Verhinderung bzw. die Eindämmung weiterer Pandemien sowie den Klimawandel - aktiv angehen.

Und noch ein bescheidener, persönlicher Wunsch zum Schluss: Die Vielzahl der im letzten Jahr entwickelten Formen des digitalen Lebens und Lernens haben mich auf der einen Seite zwar fasziniert, aber auch häufig an meine persönlichen Grenzen gebracht. An unserer Schule gab es ständig Veränderungen mit immer neuen Herausforderungen.

Irgendwann begann ich, mich dennoch auch privat stärker auf die digitalen Kommunikations- und Lernformen einzulassen. So trafen wir uns regelmäßig mit Freunden über Skype und Jitsi, sangen über Zoom gemeinsam im Chor und lernten über Salsa- und Tangovideos neue Tanzschritte. Sehr gerne schaute ich mir im Internet Natur- und Kulturdokumentationen sowie Berichte von interessanten Ländern an. Später probierte ich diverse Sprach-Lern-Apps aus und lerne nun seit mehreren Monaten eine neue Sprache.

Letztlich bleibt aber der Wunsch nach einer offenen Welt, persönlichen Kontakten und richtigen Reisen, jetzt auch, um all diese digitalen Erfahrungen in der realen Welt anwenden und ausleben zu können. Ich wünsche mir, einfach wieder mit vielen Menschen zusammen das Leben genießen zu können.

Bye bye! Adios! Au revoir! Arrivederci! ... und Tschüss!

... Und die Tränen von gestern wird die Sonne trocknen,
die Spuren der Verzweiflung wird der Wind verweh'n.
Die durstigen Lippen wird der Regen trösten
und die längst verlor'n Geglaubten
werden von den Toten aufersteh'n.

Ton Steine Scherben

Danksagung

Ich danke allen Kolleginnen und Kollegen der Schulen, Kitas und Jugendhilfeeinrichtungen der Elbinseln, die bei den vielen Projekten aktiv mitgewirkt und diese vorangetrieben haben, insbesondere den LeiterInnen und MitarbeiterInnen meiner Schule.

Ich danke dem Bürgerhaus Wilhelmsburg für die jahrzehntelange Förderung, die Übernahme der Trägerschaft für das FBW und die Projekte.

Ich möchte auch die behördlichen VertreterInnen des Landesinstituts für Lehrerbildung (LI), der Kultur- und Schulbehörde sowie von den Bezirksämtern Harburg und Mitte in diesen Dank einschließen, die mich jahrelang bei meiner Arbeit unterstützt und für die öffentlichen Finanzierungsanteile (auch meiner Teilstelle über die BSB) gesorgt haben. Mein besonderer Dank gilt Wolfgang Steiner und Regine Hartung vom LI, Werner Frömming von der Kulturbehörde und stellvertretend für die zuständigen Oberschulräte Ulrich Rother und Bernd Heckmann sowie dem ehemaligen Landesschulrat Norbert Rosenboom von der BSB.

Kein Projekt hätte über eine so lange Zeit erfolgreich durchgeführt werden können, wenn sich nicht viele Hamburger Privatpersonen, Einrichtungen, Vereine, Stiftungen und Unternehmen so engagiert an der Arbeit beteiligt und diese finanziert hätten. Nennen möchte ich an dieser Stelle stellvertretend für viele andere:

Kirsten Boie, Herlind Gundelach, Renate Schneider, Sabine Tesche, Eberhard Möbius, Peter Lohmeyer, Bettina Tietjen, Ingo Zamperoni, Aydan Özoguz, Lisa Zahn, Marvin Willoughby, Martin Kliewer, Tobias Fiedler und Andreas Schmiedel sowie Karola Leenen, Gabriele Wöhlke, Werner Preuschhof, Holger Cassens und Michael Grau. Hinzu kommen die IBA Hamburg, igs, Zirkus macht stark, Kinder Kultur Karawane, die Hamburger Kinder- und Jugendzirkusse, Kinder helfen Kindern, Budnianer Hilfe, FreiRäume, Patriotische Gesellschaft, Stiftung Füreinander, Körber Stiftung, Holger-Cassens-Stiftung und die Preuschhof Stiftung sowie besonders die Firmen Aurubis und Mankiewicz.

Schließlich gilt mein herzlichster Dank meinen langjährigen KollegInnen, Begleitern, Mitarbeiterinnen und Unterstützern in der Schule und im Stadtteil. Sie haben den Projekten ihren Stempel aufgedrückt und ihnen erst das Leben eingehaucht. Hervorheben möchte ich hier stellvertretend für viele andere:

Heinz Wernicke, Uriel Gross, Annika Gleisenberg und Christel Strass, Ulla Schulz und Kerstin Sachau, Detlef Kunst und Christoph Klempke sowie Katja Schlünzen, Sigrun Clausen und Roswitha Stein, Manuel Humburg, Lutz Cassel, Egon Martens und Barbara Kopf sowie Torsten Pagel, Serdar Bozkurt und Sabine von Eitzen.

Zudem danke ich Axel Trappe, Bettina Kiehn, Katja Scheer, Volkmar Hoffmann und Ulrike Ritter, Theda von Kalben, Jürgen Dege-Rüger und Gottfried Eich, Michael Sandfort und Anke Lorenz sowie Mona und Sarah, Tiki, Bernd und Martin, Anke Krahe, Kodjo Wendt und Manfred Burbach.

Ich danke Maren Töbermann, Susanne Garz, Bettina Schmidt und Beate Drews, Hermann Teiner und Jörg Amelung, Irinell Ruf, Ciya Taycimen und Uli Gomolzig, Ute Albers, Evans Lukomona, Andreas Böttcher, Johanna Eisenschmidt, Ute und Ehrhard Erichsen, Ralf Classen und Walter Breger, Olaf und Annelie Stötefalke.

Dank an die Stadtteilbeauftragten Hans Urbig, Gabriele Glatz-Levermann, Stefanie Schoop, Maria Jedding-Gesterling, Peter Kogge, Wolfgang Scheer und Veronika Schulz.

Zu guter Letzt bedanke ich mich herzlichst bei meinen drei langjährigen Co-Tutorinnen Cornelia Glatz, Ines Navarra und Angela Behn, die mir immer den Rücken freigehalten und in vielfältiger Weise zum Gelingen der Projekte beigetragen haben.

Literatur- und Quellenhinweise

Bauer, Volker; Dege-Rüger, Jürgen: Gesellschaftliche Beteiligungsprozesse, in: IBA Hamburg (Hrsg.) (2012): Metropole: Zivilgesellschaft. jovis Verlag, Berlin, S. 326 – 336.

Biegert, Hans (2012):
https://www.adhs-deutschland.de/desktopdefault.aspx/tabid-1125/1170_read-6845/.

Bildungspläne Hamburg (2011):
https://www.hamburg.de/bildungsplaene/2363316/start-stadtteilschule/.

Bourdieu, Pierre (1982): Die feinen Unterschiede. Suhrkamp Taschenbuch Wissenschaft, Frankfurt am Main.

Brandbrief der Schulleiter (2012):
https://www.welt.de/print/die_welt/hamburg/article111938119/Schulleiter-schicken-Brandbrief-an-Senator.html

Bürgerhaus Wilhelmsburg (2001): https://www.buewi.de/aktivitaeten/zirkus-willibald.

Burchardt, Matthias (2016): https://www1.swr.de/podcast/xml/swr2/aula.xml.

Castaignède, Frédéric (2020):
https://www.arte.tv/de/videos/075778-001-A/die-schule-von-morgen/ („Schule und Hirn").

Castaignède, Frédéric (2020):
https://www.arte.tv/de/videos/075778-002-A/die-schule-von-morgen-2-2/ („Schule und Innovation").

Die Insel forscht (2007):
https://www.buewi.de/aktivitaeten/die-insel-forscht.

Die Insel liest (2004): https://www.buewi.de/node/5596.

Die Insel kocht (2008):
https://www.stadtteilschule-wilhelmsburg.de/unsere-videos/.

Dräger, Jörg (2015):
https://www.abendblatt.de/hamburg/harburg/article206317325/Joerg-Draeger-spricht-an-der-TUHH-ueber-Digitalisierung.html.

Ein Quadratkilometer Bildung (2016):
https://www.ein-quadratkilometer-bildung.org.

El-Mafaalani, Aladin (2020): Mythos Bildung. Kiepenheuer & Witsch, Köln.

Enquête-Kommission der Bürgerschaft zu den Schulstrukturen in Hamburg (2007): „Konsequenzen aus PISA für Hamburgs Schulentwicklung", Abschlussbericht.

FBW - Forum Bildung Wilhelmsburg (Hrsg.) (2018): Willipedia - Ein Elbinselführer. Eigendruck, Hamburg.

Freitag, Frau (2011): Chill mal, Frau Freitag. Ullstein Verlag, Berlin.

Gewerkschaft Erziehung und Wissenschaft (Hrsg.) (2021): E&W, Erziehung und Wissenschaft, Ganztag. Heft 01/21.

Giesecke, Hermann (2003): Warum die Schule soziale Ungleichheiten verstärkt - ein Zwischenruf. In: Neue Sammlung H. 2/2003, S. 254 - 256.

Hamburg macht Schule, Schule und Nachbarschaft (1998): Pädagogische Beiträge Verlag, Hamburg 4/98.

Hattie, John/Anderman, Eric (Ed.) (2013): International Guide to Student Achievement. Routledge ,New York.

Hattie, John (2013):
https://www.zeit.de/2013/02/Paedagogik-John-Hattie-Visible-Learning/komplettansicht.

Hüther, Gerald (2013): Kommunale Intelligenz. Edition Körberstiftung, Hamburg.

IBA-Hamburg (Hrsg.) (2012): Metropole: Zivigesellschaft. jovis Verlag, Berlin.

IBA-Hamburg (2013):
https://www.internationale-bauausstellung-hamburg.de/story/rueckblick/praesentationsjahr-2013.html.

Institut für Bildungsmonitoring (ifbq) (2016):
https://www.hamburg.de/bsb/ifbq/.

Jürgs, Michael (2009): Seichtgebiete - Warum wir hemmungslos
verblöden. C.Bertelsmann Verlag, München, 8. Auflage.

Kelber-Bretz, Wilhelm (1997): Kinder machen Zirkus. Meyer und Meyer
Verlag, Aachen.

Kelber-Bretz, Wilhelm (Hrsg.) (2018): 25 Jahre Zirkus Willibald, Die
Festschrift, Eigendruck.

König, Ingrid (2019): Schule vor dem Kollaps. Penguin Verlag,
München.

Krautz, Jochen (2015):
https://schulforum-berlin.de/kritik-an-der-kompetenzorientierung-von-
unterricht/.

Küchemann, Friedjof (2020):
https://www.faz.net/aktuell/feuilleton/debatten/ein-jahr-stavanger-
erklaerung-eine-zwischenbilanz-16597467.html.

Kuegelgens, Rainer (2012): Individualisiertes Lernen. In Hamburger
Lehrerzeitung HLZ 1-2 / 2012.

Lehrer am Limit (2013):
https://daserste.ndr.de/panorama/archiv/2013/Lehrer-am-
Limit,lehrer297.html.

Maritime Dinner (2017): https://vimeo.com/220423437.

Maritzen, Norbert (2012): Stadtteilschule: eine Frage der Gerechtigkeit.
Vortrag zum 2. Herbstempfang der Stadtteilschulen am 14. November
2012.

Maurer, Marco (2015): Du bleibst was du bist. Drömer Verlag, München.

Ohde, Deniz (2020): Streulicht. Suhrkamp Verlag, Berlin.

PÄDAGOGIK, Schulentwicklung in der Region (2000). Pädagogische
Beiträge Verlag, Hamburg, Heft 7/8.

PISA-Studie (2000):
https://www.pisa.tum.de/pisa-2000-2018/pisa-2000/.

Schnack, Dieter; Neutzling, Rainer (2001): Kleine Helden in Not - Jungen auf der Suche nach Männlichkeit. Rowohlt Taschenbuch Verlag, Reinbek bei Hamburg, 2. Auflage.

Schulfrieden, Rahmenvereinbarungen (2019):
https://www.hamburg.de/contentblob/12789186/e847e1dd83e1ebf9f8248 869f074810f/data/schulfrieden-rahmenvereinbarung.pdf.

Statistikamt Nord (2019): Hamburger Stadtteil-Profile, Berichtsjahr 2019. https://www.statistischebibliothek.de/mir/servlets/MCRFileNode-Servlet/HHAusgabe_derivate_00000555/1221-49-1-21.pdf

Sturzenhecker, Benedikt (2018):
https://www.ew.uni-hamburg.de/ueber-die-fakultaet/personen/ sturzenhecker.html.

tabaluga tv (2002):
https://www.fernsehserien.de/tabaluga-tivi/folgen/230-folge-230-540856.

Tagung Bildungsgerechtigkeit (2109):
https://www.forumdialog.org/events/bildungsgerechtigkeit/.

Tvind-Schule (1979):
https://www.zeit.de/1979/45/schule-die-spass-macht

Thurn, Susanne, Tillmann, Klaus-Jürgen (Hrsg.) (2011): Laborschule - Schule der Zukunft (Impuls-Bd. 5). Bad Heilbrunn (Klinkhardt).

UN-Konvention (2009):
https://www.behindertenbeauftragter.de/DE/Koordinierungsstelle/UNKo nvention/UNKonvention_node.html.

Qualitätskommission zur Schulqualität in Berlin (2020): Abschlussbericht der Expertenkommission.

Weinert, F. E. (2001): Vergleichende Leistungsmessung in Schulen – eine umstrittene Selbstverständlichkeit. In: Weinert, F. E. (Hrsg.): Leistungsmessung in Schulen. Beltz-Verlag, Weinheim und Basel.

www.wikipedia.de (2020): Kompetenz.

Wilhelmsburger Bildungsfonds (WBF) (2018):
https://www.buewi.de/aktivitaeten/wilhelmsburger-bildungsfonds.

Winterhoff, Michael (2008): Warum unsere Kinder Tyrannen werden. Goldmann Verlag, München.

Winterhoff, Michael (2013): SOS Kinderseele. C. Bertelsmann Verlag, München.

Wocken, Hans (2015): Gastkommentar in E&W 7-8/2015, Seite 2.

Zirkus Willibald (1993):
https://www.buewi.de/aktivitaeten/zirkus-willibald

Zukunftskonferenz Wilhelmsburg (Hrsg.) (2002): Zukunftskonferenz Wilhelmsburg - Weissbuch, Hamburg.

Zeitfracht Medien GmbH
Ferdinand-Jühlke-Straße 7
99095 Erfurt, Deutschland
produktsicherheit@kolibri360.de